本书由"教育部人文社会科学研究青年基金项目"资助(项目名称:"新时代语境下的马克思主义幸福观研究",项目编号:18YJC710093);"南京医科大学学术著作出版资助项目"(项目编号:2022XZY01)成果

# 新时代语境下的马克思主义幸福观研究

张国顺 著

·南京·

图书在版编目(CIP)数据

新时代语境下的马克思主义幸福观研究/张国顺著
.—南京:东南大学出版社,2022.11
ISBN 978-7-5766-0297-5

Ⅰ.①新… Ⅱ.①张… Ⅲ.①马克思主义-幸福-研究 Ⅳ.①B82

中国版本图书馆 CIP 数据核字(2022)第 208741 号

责任编辑:陈　淑　　责任校对:子雪莲　　封面设计:顾晓阳　　责任印制:周荣虎

### 新时代语境下的马克思主义幸福观研究

Xin Shidai Yujing Xia de Makesi Zhuyi Xingfuguan Yanjiu

| | |
|---|---|
| 著　　者 | 张国顺 |
| 出版发行 | 东南大学出版社 |
| 社　　址 | 南京四牌楼 2 号　邮编:210096　　电话:025-83793330 |
| 网　　址 | http://www.seupress.com |
| 电子邮箱 | press@seupress.com |
| 经　　销 | 全国各地新华书店 |
| 印　　刷 | 广东虎彩云印刷有限公司 |
| 开　　本 | 700 mm×1 000 mm　1/16 |
| 印　　张 | 15.75 |
| 字　　数 | 266 千字 |
| 版　　次 | 2022 年 11 月第 1 版 |
| 印　　次 | 2022 年 11 月第 1 次印刷 |
| 书　　号 | ISBN 978-7-5766-0297-5 |
| 定　　价 | 78.00 元 |

本社图书若有印装质量问题,请直接与营销部联系。电话(传真):025-83791830

# 目　　录

导论 ·············································································· 1
  一、幸福观的基本问题域 ················································ 1
  二、幸福的追寻与我们的时代 ··········································· 9
  三、研究的总体架构 ····················································· 15

## 第一章　马克思主义幸福观的历史溯源 ······························· 24
### 第一节　古典德性幸福论和希腊化罗马时期快乐主义幸福论传统 ··· 25
  一、德性：以"自我完善"的优良生活为核心关切的古希腊
     幸福伦理学 ···························································· 25
  二、"不动心"的自由：时代变革中的希腊化罗马时期快乐主义
     幸福论 ·································································· 36

### 第二节　基督教幸福观批判及启蒙现代幸福论谱系 ················ 42
  一、"批判快乐主义幸福论，超越理性主义德性论"的基督教
     信仰幸福观 ···························································· 42
  二、启蒙幸福论谱系的感性主义之维：从幸福权、古典经济学
     到功利主义幸福论 ··················································· 46
  三、启蒙幸福论谱系的理性主义之维：从卢梭到康德的道德
     形而上学幸福论 ······················································ 51
  四、黑格尔精神哲学幸福观和青年黑格尔派费尔巴哈人本主义
     幸福论 ·································································· 59

### 第三节　空想社会主义幸福论 ············································ 65
  一、现代性之"殇"：空想社会主义幸福论的出场语境 ··········· 65
  二、空想社会主义幸福论的基本逻辑及其历史意义 ·············· 69

## 第二章　马克思主义幸福观的发展轨迹 …… 74
### 第一节　幸福的显性表达：马克思主义幸福观的初创 …… 74
一、"普罗米修斯"式幸福理想的确立与主观唯心主义的"定在"幸福 …… 74
二、黑格尔法哲学批判中的幸福论唯物主义转向 …… 80
三、解剖市民社会与历史唯物主义幸福论奠基 …… 84
### 第二节　新的哲学世界观：马克思主义幸福观的确立 …… 88
一、历史唯心主义语境中的德国观念论幸福观批判 …… 88
二、历史唯物主义幸福论的出场逻辑 …… 96
### 第三节　论资本与幸福的具体勾连：马克思主义幸福观的深化 …… 103
一、资本的"文明面"与"消极面"：幸福悖论的经典时代 …… 103
二、资本逻辑不幸现实的现象学批判 …… 110
三、资本的自我运动与"自由人联合体"的幸福图景 …… 117

## 第三章　马克思主义幸福观的内在结构 …… 124
### 第一节　马克思主义幸福观的科学内涵和基本立场 …… 125
一、幸福内涵的马克思主义诠释 …… 125
二、马克思主义幸福观的人民立场 …… 132
### 第二节　马克思主义幸福观的核心观点 …… 136
一、自由：马克思主义幸福观的本质关切 …… 136
二、现实：马克思主义幸福观的独特品格 …… 141
三、斗争：马克思主义幸福观的实践道路 …… 144
### 第三节　马克思主义幸福观的方法论 …… 148
一、历史唯物主义双重视野的幸福研究方法 …… 148
二、马克思主义幸福观的辩证叙事方法 …… 158

## 第四章　马克思主义幸福观的当代效应 …… 164
### 第一节　西方马克思主义幸福观的基本逻辑 …… 165
一、西方马克思主义幸福观的核心意涵 …… 165
二、西方马克思主义幸福观的幸福之路 …… 172

第二节　西方马克思主义幸福观的双重审视 ································ 178
　　一、西方马克思主义幸福观的马克思主义立场审视 ················ 178
　　二、新时代西方马克思主义幸福观的中国立场审视 ················ 184

## 第五章　马克思主义幸福观与新时代 ···································· 190
第一节　中国共产党奋斗史：为人民谋幸福 ································ 191
　　一、救亡图存的时代主题与马克思主义幸福观的选择 ············· 191
　　二、中国共产党实践马克思主义幸福观的辩证历程 ················ 195
　　三、马克思主义幸福观中国化的历史经验 ···························· 201
第二节　时代变革之际的中国特色社会主义幸福主题 ··················· 204
　　一、"新时代"：中国特色社会主义新的历史方位 ··················· 204
　　二、新时代中国特色社会主义的幸福主题 ···························· 211
第三节　视域融合：新时代马克思主义幸福观的实践建构 ············· 217
　　一、"两同结合"：中国具体实际和传统幸福观创造性转化、
　　　　创新性发展 ······························································ 217
　　二、习近平新时代中国特色社会主义幸福观体系 ··················· 226

## 参考文献 ······························································································· 237

# 导　　论

## 一、幸福观的基本问题域

恩格斯在《共产主义信条草案》中指出:"在每一个人的意识或感觉中都存在着这样的原理,它们是颠扑不破的原则,是整个历史发展的结果,是无须加以论证的。……例如,每个人都追求幸福。"①康德在《实践理性批判》中也指出,"求得幸福,必然是每一个理性的然而却有限的存在者的热望,因而也是他欲求能力的一个不可避免的决定根据",因此,"每个人应当自求幸福这样一个命令是愚蠢的;因为人们从不命令每个人去做他已经不可避免地自动要做的事情"②。无论是"颠扑不破的原则"还是"自动要做的事情",都说明幸福是人追求的最终目标。即使如儒学以"德"统摄"德福一致",认为幸福就是遵守道德规范本身的实践,康德以"德"作为按比例配享幸福的前提,一再声明他的学说不是教人如何谋得幸福的"幸福学",而是应当如何配享幸福的"道德学",实质上他们所追求的只不过是更高境界(前者是在世道德境界,后者趋向于宗教境界)的幸福罢了。正如费尔巴哈所说,"在康德哲学中,对于幸福的追求就没有被否定,而只是把它放到后面,放在末尾,而不是放在开端;在他的哲学中,当履行义务时,便把对于幸福的追求加以撇弃,并且把幸福的动机看为是某种不纯洁的东西,不让这种动机混入到义务的履行中去"③。一部人类文明的演进史,贯穿的就是人们追求幸福的辩证史,就是人们以自己的活动追求、创造和感受幸福为目的的历史,以历史唯物主义的视野来看,"历史不过是追求着自己目的的人的活动而已"④。

我们知道,人生痛苦论是佛学幸福观的理论前提,其中之一的痛苦便是"求不得",因而探讨幸福观的基本问题域,首先要面对的问题是:幸福"能得"

---

① 《马克思恩格斯全集》(第42卷),北京:人民出版社,1979年版,第373-374页。
② 康德:《实践理性批判》,韩水法译,北京:商务印书馆,1999年版,第24,39页。
③ 《费尔巴哈哲学著作选集》(上卷),北京:生活·读书·新知三联书店,1959年版,第589-590页。
④ 《马克思恩格斯文集》(第1卷),北京:人民出版社,2009年版,第295页。

吗? 幸福"易得"还是"难得"? 这是我们寻找如何获得幸福之道路的前提,因为如果幸福从根本上来说"求不得",那么又谈何"通往幸福之路"呢? 让我们先从古希腊历史学家希罗多德所著的《历史》一书中记载的一个故事开启"幸福"之旅吧。这则故事有两位主人公,一位是古希腊七贤之一、政治家梭伦,另一位是吕底亚王国的国王克洛伊索斯,他们讨论的话题是"谁是世界上最幸福的人"。当时的克洛伊索斯依靠武力征服了希腊等民族,建立起了大的帝国,正志得意满、如日中天,自认为自己是"世界上最幸福的人"。然而,他还是想要借权威的梭伦肯定和确证自己是"世界上最幸福的人",便问梭伦道:"到目前为止在您遇到的所有人中间,怎样的人是最幸福的?"出乎他的预料,梭伦回答说是雅典的泰洛斯,之所以说泰洛斯是"最幸福的",是因为泰洛斯生活在一个繁荣的城邦里,有出色的儿孙,活着时享尽安乐,死得又非常荣耀,为国献身后雅典人为其举行了国葬。克洛伊索斯虽不高兴,但还是接着问梭伦:"除去泰洛斯还有谁是最幸福的?"再次出乎他的期望,梭伦回答说是"克列欧毕斯和比顿",之所以说他们两人是"最幸福的",是因为他们拥有十分充足的财富、非常强壮的体格,在奥林匹亚运动会上获过奖,特别是他们为了送母亲及时地参加祭神大典而代替牛拉车劳累过度致死,受到人们的称赞,为他们立像安放在神殿中。这下克洛伊索斯彻底压制不住心底的怒火而发问道:"为什么您不把我的幸福放在眼里,我竟不如一个普通人?"梭伦由此表达了他的幸福标准,认为在世时拥有幸福的诸多要素还不够,还要看能不能善终,只有"保持到临终的一天,然后又安乐地死去的人,只有这样的人,国王啊,我看才能给他加上幸福的头衔",换言之,只有看到人生的"结尾"处,才能看到人生的整个过程,我们才能作出这个人是否幸福的正确的判断,而很多人却只看到"幸福的影子"。克洛伊索斯当时完全不能接受梭伦的观点,"像这样一个忽视当前的幸福并要他在每件事上等着看收尾的人,是个不折不扣的大傻瓜"。可是,后来他儿子被误杀,自己又被俘,财富没了,权力也没了,他不得不感叹梭伦的远见和智慧。可见,在梭伦看来,"幸福的头衔"不是那么好得的。后来,古希腊德性幸福观的集大成者亚里士多德有选择地继承了梭伦的这一观点:"不过,还要加上'在一生中'。一只燕子或一个好天气造不成春天,一天的或短时间的善也不能使一个人享得福祉。"[①]中国传统"五福"幸福观表述了获得幸福的五个方

---

① 亚里士多德:《尼各马可伦理学》,廖申白译,北京:商务印书馆,2003年版,第20页。

面要素:"寿""富""康宁""攸好德"和"考终命"。其中的"考终命"表达的也正是梭伦所说的"善终",也就是说,幸福不仅是"善生",而且还要"善终",是"善生"和"善终"的统一。

古希腊人非常热衷于追问幸福,无论是对事关幸福的德性的核心关切,还是对"理想国"、理想城邦政体的眷恋和积极建构,都表明对幸福的探寻成为古希腊人生活的主导价值观念,整个古希腊政治伦理学可以说是"幸福论"的政治伦理学。古希腊人之所以如此热衷于追问幸福的真谛,或许是因为他们对于生活的深深忧虑,患得患失地省思:什么样的生活才是好的生活?"我"在有限的一生中过的生活值得过吗?古希腊人对幸福如此地"执着",恰恰也表明真正幸福的获得是相当困难的,至少是不"易得"的。如果幸福"唾手可得",如"探囊取物",又何须如此苦苦地追寻呢?可以说,幸福"难得"是古希腊人的基本信念,难怪尼采感叹古希腊人的人生观是骨子里透着"悲观"的人生观。从苏格拉底到亚里士多德,主导他们幸福观的是知识型幸福观,是对现象世界背后永恒不变的真正的存在(being)的纯粹知识,而非效用知识的探寻,换言之,沉思是最大的、最高的幸福。这样的幸福观具有明显的精英主义倾向,"希腊古典哲学论证幸福在于高于肉欲快乐的知识人生之中,这一基本立场承诺了那些积极追求灵魂完善的人有一个幸福的未来,并非人人都可以轻易获得幸福,因为知识追求依靠智力与勤奋(其实,还需要有足够的闲暇,笔者注)。这与古代希腊的基本信念——幸福难获——是基本一致的"①。幸福难获的基本信念在希腊化时期遭遇了巨大的挑战。希腊化时期处于一个动荡不安的时代,希腊化时期的哲学家们比古典时代的哲学家们更深刻地体察了人间的疾苦,因而他们期望通过哲学"治疗"人们心灵上的痛苦,"哲学家的逻各斯如果不治疗人的任何苦难,就毫无意义。正如医学如果不能驱逐身体的疾病就毫无用处一样,如果哲学不能驱除心灵的苦难也就毫无益处"②。希腊化时期的哲学本质上都是"治疗型哲学",渴望灵魂的宁静和恬适,并以此来追求幸福与至善。斯多亚学派认为,依据理性,过合乎自然的"平静运行的生活"就可获得幸福。怀疑主义哲学通过悬搁判断,切除形而上学理念的知识型幸福的虚妄观念,心灵解除精神包袱之后,

---

① 包利民、徐建芬:《时代巨变之际的希腊幸福论之争》,《伦理学研究》,2014年第6期。
② M. C. Nussbaum. *The therapy of desire: theory and practice in hellenistic ethics*, Princeton University Press, 1994, p.102.

内心释然,豁然开朗,宁静幸福,从而能够快乐幸福地生活。伊壁鸠鲁哲学则从正面以快乐主义幸福观反叛了古典时代的知识型幸福观,认为快乐的人生才是幸福的人生,这样的幸福不是"难得"的,而是人人皆可得,只要能学习理解简明易懂的伊壁鸠鲁哲学即可。通过对欲望的三分界定,伊壁鸠鲁哲学认为自然欲望的满足,快乐增长的上限——痛苦去除之后的内心无纷扰的宁静就是幸福的真谛。由此可见,在伊壁鸠鲁哲学中,幸福不仅可以获得,而且还很容易满足,自然快乐本身就具有内在自足的、有限度的价值,理解珍惜这一点当下即可获得幸福。普通大众认为幸福难得,那是因为他们没有懂得"快乐的界限",把快乐理解为对欲望的无限度追逐,快乐主义幸福被错位地理解为纵欲主义幸福。因而,伊壁鸠鲁简明哲学从形式上就打破了希腊古典时代幸福难获的"魔咒",把幸福归于主体可以自主控制的内心的自由。然而,理论上区分自然的快乐欲望与不自然的快乐欲望是一回事,在复杂的现实生活中欲望的划界又不是那么容易的事!幸福,依然在途中……

正因为幸福是人类永恒的追求,也正因为幸福论题的复杂性,所以古今中外的思想家们不断地孜孜探寻幸福的真谛,在追寻幸福的过程中,形成了幸福观的基本问题域。正如人生观是对人生的意义和目的的总体看法和根本观点一样,幸福观是对幸福的总体看法和根本观点,幸福观是人生观的重要组成部分,本质上涉及的依然是"苏格拉底问题"开启的"人应当如何生活"。具体而言,幸福观的基本问题域包含看待幸福的基本出发点——人是什么,以及与之相关的"什么是幸福"——"何谓幸福",幸福的主体是谁——"谁之幸福",如何获得幸福——"何以幸福"。质言之,在人性论或者人的本质理论的基础上,"何谓幸福"即幸福的内涵、"谁之幸福"即幸福的主体立场和"何以幸福"即通往幸福之路不是截然分开的,而是具有稳定的内在结构,它们共同构成了幸福观问题上的基本问题域。

幸福思想史上占主导地位的传统研究方法是对"幸福"直接下定义,这也符合常规的思维方式。人文社会科学的概念往往歧义丛生,并没有定于一尊的普遍有效准的范式,因而给予概念以明确的内涵界定便显得尤为必要,"人们研究一个问题时,一般总是从对这个问题下定义开始。否则用语本身就会引起混乱和相反的意义。谈到'幸福'这个字的时候,特别如此"[①]。

---

① 沙夫:《个人幸福的社会条件》,《世界哲学》,1962年第1期。

亚里士多德指出,"关于什么是幸福,人们就有争论,一般人的意见与爱智慧者的意见就不一样了。因为一般人把它等同于明显的、可见的东西,如快乐、财富或荣誉。不同的人对于它有不同的看法,甚至同一个人在不同时间也把它说成不同的东西:在生病时说它是健康;在穷困时说它是财富;在感到了自己的无知时,又对那些提出他无法理解的宏论的人无比崇拜"①。康德也指出,"幸福是个很不确定的概念,虽然每个人都想要得到幸福,但他从来不能确定,并且前后一致地对自己说,他所想望的到底是什么"②。所以,对"何谓幸福"即什么是幸福的回答自然而然也成为幸福研究的首要任务,而对幸福是什么的回答则成为划分不同幸福观流派的基本依据之一。毋庸置疑,幸福的主体是与其他存在物相区别的人之存在物,幸福总是属于人的幸福,总是与人的相关问题相联系的,因而对于幸福的定义的界定又离不开如何看待"人",如何理解人性或人的本质,"任何民族的伦理传统的根源都是一种关于人性的看法"③,因而人性论成为幸福研究的逻辑起点。西方思想史上围绕人的本性或本质是肉体性还是精神性、自然性还是社会性、感性还是理性展开了激烈的争论,有的偏执一端,有的试图调和。总体来看,在人性论问题上,形成了理性主义和感性(感觉)主义两种致思路。理性主义思路中又可分为以纯粹的理性人性论、以理性为主导试图调和理性和感性的综合人性论以及理性的极端化发展、倾向于禁欲主义的宗教人性论,感性(感觉)主义的极端化发展则走向享乐主义人性论。与此相适应,在幸福观上形成了理性主义幸福观(完善论的德性幸福观、精神哲学幸福观、义务论幸福观、信仰幸福观等。义务论幸福观和信仰幸福观与纯粹理性主义幸福观具有一定的差异)和感性(感觉)主义幸福观(古代快乐主义幸福观、后果论的启蒙功利主义幸福观等)。

理性主义幸福观把理性看作人区别于其他存在物的本质,认为幸福在于发挥人的理性功能以体现人的高贵,追求的是自身完善或精神领域的幸福。苏格拉底把希腊人从"伦理的人"提升到"道德的人",主体依据自己的理性规定自己,他以人应当如何生活或什么样的生活才是优良生活开启了西方理性主义幸福观,提出了"美德即知识"的美德幸福观。柏拉图认为,现

---

① 亚里士多德:《尼各马可伦理学》,廖申白译,北京:商务印书馆,2003年版,第9页。
② 康德:《道德形而上学原理》,苗力田译,上海:上海人民出版社,2005年版,第36页。
③ 赵敦华:《人性和伦理的跨文化研究》,哈尔滨:黑龙江人民出版社,2004年版,第1页。

实的物质生活世界是不真实的、稍纵即逝的现象世界,只有理念世界才是真实的世界,因而真实、有限度的幸福只能是"看"到理念的幸福。古希腊德性幸福观的集大成者亚里士多德从人与动植物的区别中认定理性是人的独特功能,进而把幸福的内在规定性定位于过最合乎人的理性本性的生活,以此构建他的德性幸福观,认为幸福就在于理性功能的优良发挥,即"灵魂的合乎德性的实现活动"。与苏格拉底和柏拉图相比,亚里士多德也承认财富、朋友等"外在的善"在幸福中的作用。但总体上来看,从柏拉图到亚里士多德,最高的幸福在于"沉思的幸福"是希腊古典时代幸福观的共识。晚期斯多亚主义同样继承了古典时代的自然人性论,认为"对于人类而言,恰当的善好是什么?理性。正是这一点,在正直与完整之时,达成了人类的幸福"[①]。黑格尔则在自身意识的意志自由的精神发展过程中把握幸福,反对把幸福理解为自然欲望的满足,认为幸福是以自由意志为内在价值和规定性的"满足的总和",从而在精神哲学的视野中阐释了理性主义幸福观。理性主义幸福观的极端化表现形式为鄙视和否定人肉体的和感官的一切享受的苦行僧式的禁欲主义,如犬儒学派倡导禁欲生活,以极端简朴的自然生活为幸福,从而追求崇高的精神境界。宗教幸福观具有典型的禁欲主义特征,它把现世的一切物质享受视为来世幸福的障碍,主张通过禁欲主义的修行而使灵魂得到救赎,从而获得彼岸世界的幸福。康德受到近代唯理论和经验论的影响,从"独断论"的迷梦中惊醒,试图调和理性和感性之间的冲突,认为人是"有限的理性存在者",因而幸福在于遵循自由的理性道德法则,摆脱经验感性欲望的束缚,在"意志自由""灵魂不朽""上帝存在"的三公设中获得配享幸福的资格,形成了义务论幸福观,"幸福只有在与理性存在者的德性严格成比例、因而使理性存在者配得幸福时,才构成一个世界的至善"[②]。这里的"至善"与希腊古典时代的"至善"具有不同的内涵。古典时代德性幸福观的"至善"是"最高的善",是以自身为目的的终极的、圆满的善,这个"最高的善"就是幸福,而康德义务论幸福观中的"至善"是实践理性批判"综合论"中的"至善",它包含了"德性"和按德性严格成比例的幸福。理性主义幸福观总体上表现为传统占主导地位的形而上学幸福观,把幸福奠

---

[①] L. A. Seneca. Seneca: *Selected Philosophical Letters*, Brad Inwood (trans.), Oxford University Press, 2007, p.34.
[②] 康德:《纯粹理性批判》,邓晓芒译,北京:人民出版社,2004年版,第617页。

基于超感性之外的非时间性、非历史性的永恒实体之上,忽视人的感性生命,蔑视人的感性幸福,存在"以理杀人"的风险,有可能"成为妨碍和制约幸福生活的独断教条,成为贬损和戕害生活的抽象力量"①。正是针对理性主义哲学幸福观和宗教幸福观对人的活生生的生命的压抑,对现世幸福的冷漠,感性主义幸福观如影随形。

感性主义幸福观着眼于人的自然感性,以感觉作为衡量幸福的标准,把追求快乐和避免痛苦作为幸福的核心意涵。自然的感性的快乐主义幸福观的主要开创者是古希腊晚期的伊壁鸠鲁,他突出强调感官体验的快乐的幸福意义,"快乐是幸福生活的开端,因为我们认为快乐是首要的好,以及天生的好。我们的一切选择和规避都开始于快乐,又回到快乐"②。马克思把伊壁鸠鲁称为"最伟大的希腊启蒙思想家",把伊壁鸠鲁哲学的"身体无痛苦和心灵无纷扰"的快乐主义幸福观直接概括为"善就是逃避恶,而快乐就是脱离痛苦"。在西方启蒙时代,爱尔维修开启、边沁和密尔不断完善的功利主义幸福观声称为了最大多数人的最大幸福,坚持趋乐避苦是人的本性,把感受性作为终极标准,认为快乐具有内在的、终极的价值,"自然把人类置于两位主公——快乐和痛苦——的主宰之下。只有它们才指示我们应当干什么,决定我们将要干什么。是非标准,因果联系,俱由其定夺。凡我们所行、所言、所思,无不由其支配"③,"追求快乐、摆脱痛苦是人生的唯一目的,快乐是衡量好坏的最终标准"④。德国古典哲学的终结者费尔巴哈恢复了唯物主义的权威,把自然和感性作为人的本质,激烈批判了宗教幸福观的虚幻性和黑格尔精神哲学的抽象性,把唯物主义原则立场贯彻到幸福观之中,创立了直观唯物主义的人本主义幸福观,提出"生命本身就是幸福"。在《黑格尔哲学批判》《幸福论》等著作中,费尔巴哈指出,感觉的呼声是第一重要的绝对命令,没有快乐感和不快乐感的地方也就没有善和恶的区别,"假如你们想要改善人们,那么就使他们幸福吧;假如你们若想使人们幸福,那么请到一切幸福、一切欢乐的源泉——感官那里去吧"⑤。感性主义幸福观的极端化

---

① 贺来:《哲学是人幸福生活的仆人》,《吉林大学社会科学学报》,2012年第4期。
② 伊壁鸠鲁、卢克来修:《自然与快乐:伊壁鸠鲁的哲学》,包利民、刘玉鹏、王纬纬译,北京:中国社会科学出版社,2004年版,第32页。
③ 边沁:《道德与立法原理导论》,北京:商务印书馆,2000年版,第56页。
④ J.S. Mill. *Utilitarianism*, China Social Sciences Publishing House, 1999, p.10.
⑤ 《费尔巴哈哲学著作选集》(上卷),荣震华、李金山译,北京:商务印书馆,1984年版,第213页。

发展就是享乐主义幸福观、纵欲主义幸福观，把物质感官享受作为幸福的唯一源泉，把丑恶的物质享受提高到了至高无上的地位，毁掉了一切精神的内容。感性主义幸福观具有显著的启蒙解放意义，肯定了人的自然感性存在，但以纯粹的主观感受作为幸福的标准，容易导致幸福的主观随意性，缺乏客观的效准性，把快乐作为幸福的本质内涵，一定程度可能会消解道德、正义等对人至关重要的精神追求。

任何追求幸福的人都渴望知道如何才能获得幸福，因而对幸福道路的回答是任何幸福观都必须要回答的重大问题。事实上，不同幸福观实现幸福的路径已经内蕴于对幸福内涵的理解之中。当把德性作为幸福的内涵时，那么一切有利于德性养成的方法就是通往幸福的路径。柏拉图的理念幸福观实则就蕴含着超越感性欲望的现象世界、以智慧在纯粹精神世界中探求幸福的方法原则。亚里士多德以道德德性和理智德性阐释幸福的含义，也就道明了习惯的养成和自身的努力是通往幸福的不二法门。宗教幸福观把信仰神灵，获得赐福作为幸福的真蕴，自然就包含着以各种活动表达对神灵的敬仰是获得幸福的道路，这是东方和西方幸福观发轫时期共同的特征，而基督教幸福观则把追求上帝作为实现幸福的方法。当伊壁鸠鲁哲学把内心的宁静作为幸福的核心要义，那么一切消除心灵困扰的方法就是实现幸福的方法。不同的幸福观具有不同的实现幸福路径的方法，这同样也是划分不同幸福观的主要依据之一。此外，立场问题是个根本问题，也就是幸福是为了谁，是"谁的幸福"，是站在谁的立场上言说幸福，这是划分不同幸福观的不同性质的根本依据。正如马克思、恩格斯在《共产党宣言》中所指出的，共产主义运动之前的运动都是少数人的运动，是为了少数人的利益。因此，历史上的幸福观有的直接表明其是为某一阶级或群体的人服务的，如古希腊时代的幸福观明确表示，奴隶、农民、手工业者、商人等不可能获得德性意义上的幸福，其幸福的主体是城邦的贵族和具有自由民身份的公民。启蒙时代以来，启蒙幸福观从表面上承认人的自由、平等、人权，声称为了每一个人的幸福，幸福权是每个人天赋的权利，然而实际上并非如此，由理性的胜利建立起来的社会竟是一幅令人极度失望的讽刺画，理性化为滑稽，幸福化为痛苦。

上述分析表明，由于理性主义幸福观和感性主义幸福观把人的本质抽象地归结为理性或感性，或理性和感性的折中调和，它们都存在着难以调和的内在矛盾。要获得对幸福的科学认识,解答幸福观的基本问题,需要新的逻辑起点和科学的方法论。马克思主义在批判继承西方传统幸福观的基础上,从"现实的、可以通过经验观察到的、在一定条件下进行的发展过程中的人"出发,不仅把人理解为感性的对象,而且理解为感性的活动,以他们的现实生活过程的存在为考察对象,以历史唯物主义为方法,克服了唯心主义幸福观和旧唯物主义幸福观的片面性,创立了历史唯物主义的实现人民的现实幸福的"人民幸福观"。在马克思主义幸福观中,马克思、恩格斯虽然没有直接给幸福以明确的定义,但是从马克思、恩格斯对资本主义不幸现实的批判和未来社会的幸福图景的构想中,可以解读出马克思主义把"人的自由而全面发展"理解为幸福的本质内涵,而幸福的主体则是作为历史活动主体的"人民"。在实现幸福的路径上,马克思主义不同于在改变自我、改变内心意义上增进个人幸福的抽象幸福观,既克服了宗教幸福观的虚幻性,又克服了包括费尔巴哈人本主义幸福观在内的旧唯物主义幸福观脱离一定的经济关系和阶级关系空谈人的平等幸福权利的致命缺陷,"坚决地割断了同纯沉思立场的联系,也不寄托于资产阶级的慈悲和悲悯之心,更不用节制欲望、修身养性之类的话让工人阶级自我麻痹"①,马克思主义以积极行动的立场,通过劳动实践、革命斗争实现无产阶级和全人类的解放和幸福!

## 二、幸福的追寻与我们的时代

马克思主义幸福观不同于其他幸福观的显著特征之一就是拒绝把"幸福"看作永恒的、不变的形而上学概念,而是把"幸福"看作动态的社会历史性概念,从不同历史时代的人们的现实生活过程考察幸福,因为意识在任何时候只能是被意识到了的存在,而人们的存在就是人们的现实生活过程。因此,尽管追求幸福是"无须加以论证"和"颠扑不破的原则",是人的最终目的,但是在不同的社会阶段、不同的文化传统、不同的历史时代,人们对于幸福的内涵、标准和观念的理解也不一样,具有鲜明的民族特色和时代特征,这是历史唯物主义幸福观现实性的具体展现。与之相适应,在不同的历史时代,人们追求幸福的活动又受到社会性质的影响和历史条件的制约,不同时代的幸福具有不同的问题即影响制约因素。正是在克服和超越影响幸福

---

① 王燕:《论马克思"否定的幸福观"及其实践智慧——以亚当·沙夫的幸福方法论为视角》,《南京师大学报(社会科学版)》,2015年第2期。

的制约因素的过程中,人们的幸福呈现出历史过程性和社会进步性。

这里首先要阐释的问题是:我们处在一个什么样的时代之中?只有弄清楚我们所处时代的特征,才能回答幸福的时代之问。"时代"是我们日常生活语言中经常使用的一个概念,从宏观的社会发展领域来说,"时代"概念具有广义和狭义两种内涵。"广义的时代概念是从历史观的角度对人类社会发展大的历史发展进程的判定,狭义的时代概念是从某个特定的角度对某个社会发展阶段的判定。不搞清楚广义的时代概念,即大的'历史时代',就看不清狭义时代所处的大的历史方位和国际条件。要把从历史观出发判断的广义的时代概念与其他视角出发判断的狭义的时代概念区别开来。这两种时代概念既有区别,又是辩证统一的。"①从广义的历史时代来说,我们今天处在"社会主义时代",而从狭义的历史时代来说,我们今天处在"中国特色社会主义新时代"。中国特色社会主义新时代中的新时代"是承前启后、继往开来、在新的历史条件下继续夺取中国特色社会主义伟大胜利的时代,是决胜全面建成小康社会、进而全面建设社会主义现代化强国的时代,是全国各族人民团结奋斗、不断创造美好生活、逐步实现全体人民共同富裕的时代,是全体中华儿女勠力同心、奋力实现中华民族伟大复兴中国梦的时代,是我国日益走近世界舞台中央、不断为人类作出更大贡献的时代"②。新时代中国特色社会主义的最大特征是社会主要矛盾发生了历史性的变化,从"人民日益增长的物质文化需要同落后的社会生产之间的矛盾"转化为"人民日益增长的美好生活需要和不平衡不充分的发展之间的矛盾"。社会主要矛盾的变化是关系全局的历史性变化,它不仅对党和国家的工作提出了许多新要求,而且深刻地影响着人们的幸福美好生活的状况。总的来说,我们讨论幸福及其追寻的方式路径必须建立在中国特色社会主义新时代的时代语境基础之上。

那么,在我们这个时代,幸福的追寻是什么样的状况呢?

"你幸福吗?"抛开对此问题的各种"神回复"而以严肃认真的态度对待这一幸福追问,我们或许可能会"一时哑然""顿感语塞",尽管智慧者给出了种种答案,所谓的"幸福导师"们也在竭力解码幸福,还有各式各样的幸福

---

① 王伟光:《唯物史观大的"历史时代"与习近平新时代中国特色社会主义思想》,《马克思主义研究》,2019年第1期。
② 习近平:《决胜全面建成小康社会 夺取新时代中国特色社会主义伟大胜利》,北京:人民出版社,2017年版,第10-11页。

"心灵鸡汤",我们对此问题的回答还是显得"底气不足"。"你幸福吗"的幸福追问实质上是追问个体对当前生活状态的感受或者满意度。当我们欲要回答"我幸福"时,却可能会"欲言又止",因为现实生活中,可能还有这样或那样的"不如意",比如"我"的财富还不够多,"我"的权力还不够大,"我"的消费层次还不够高,"我"的工作还不够好,"我"的住房还不够宽敞,"我"的孩子的教育还不够满意,"我"的家庭内部的关系还不够和谐,"我"的周围还存在某些不公平的现象,还有其他各种各样的"烦心事"。在影响我们回答"我幸福"的种种制约因素中,有的是个体的主观因素,比如个人感受幸福的能力问题,没有感受幸福的能力,可能会"身在福中不知福",有的是社会的客观条件,比如社会的公平正义问题,有的是文化的传统因素,比如中国人传统意识中尤其重视"家庭的幸福",中国人的幸福世界中,幸福从来不只是单纯"个体"的幸福,而是具有天然的伦理实体性特征,某种意义上,"家庭的幸福"是中国人幸福的"根"。在个体的主观因素中有的是合理的需要,而有的则是不合理的,甚至是"虚假的需要",由此导致占有的、物质的消费主义幸福观;而在社会的客观因素中,由于中国特色社会主义新时代仍然处于社会主义初级阶段,经济的、政治的、文化的、社会的、生态的体制机制还不完善,治理体系和治理能力现代化水平尚待提高,尤其是发展得不平衡不充分严重制约了人们的幸福美好生活需要的满足。这表明,幸福是主观性和客观性、个体性和社会性、物质性和精神性的有机统一。结合时代的特征,我们主要从以下两个方面具体分析当前制约人们幸福追寻的主要因素。

现实的"个人"是历史唯物主义的逻辑起点,也是我们考察不同时代幸福状况的逻辑起点,个体的幸福观直接影响着对于幸福的认识、理解和感受。具体分析不同个体的幸福观是困难的甚至是无法完成的任务,至多只能做到具有典型意义的"个案研究",而对于我们来说,从时代的大背景中分析具有普遍性特征的幸福观念更具价值。当下,每个人都在孜孜追求幸福,然而幸福像"谜"一样扑朔迷离,让现代人烦躁不安,"内卷"中的"焦虑"似乎成了当今中国人普遍的精神景观。在此过程中,有的选择"躺平""佛系",追求所谓的"心神宁静"的幸福,而有的则在占有、消费的物质主义泥淖中找寻人生的意义和幸福的目标。"躺平""佛系"的幸福观念严重偏离了马克思主义劳动实践幸福观和新时代"奋斗幸福观",误认了幸福的源泉。幸福不在于主观内心的逃避,而在于积极、主动和创造的奋斗活动中。而后者所形成的拜金主义、纵欲主义、享乐主义幸福观念深刻地影响着这个时代人们的幸福,误解了幸福的方向,正如古希腊思想家塞涅卡所说,"确实,获得幸福生活是有难度的,难就难在如果一个人把方向搞错了,那么他越是奋力争取,就会越是远离幸福"①。经过改革开放四十余年的发展,我国社会生产力发展水平和物质生活条件得到了极大的改善,一定程度上出现了物质主义的消费主义幸福观念,把幸福的源泉置放于占有、拥有更多的资源和无限度的欲望满足之上。古希腊"地域最大惩罚"的神话中,曾以"罪大恶极者死后被罚舀水装满漏洞累累的瓶子"比喻这种虚假、无度的欲望是无法满足的,而这种虚妄无度的"幸福"只是"幸福的影子",最终会走向不幸。马克思早在《1844 年经济学哲学手稿》中就批判了这种占有幸福观,它让人变得如此"愚蠢"和"片面",把人的丰富性、全面性的存在还原为贫乏的、片面性的占有,从而误解了幸福的真谛。西方马克思主义理论家弗洛姆也批判这种幸福观是一种"占有"幸福观,而主张以"存在"幸福观代替之。"'存在'是指一种生存方式,在这种生存方式中,人不占有什么,也不希求去占有什么,他心中充满欢乐,拥有创造性地去发挥自己的能力,以及与世界融为一体的愿望。"②这种占有幸福观把对物质等资源的占有多寡作为衡量幸福的标准,消费的目的不是满足正当的需要,而是满足被不断刺激、创造出来的"虚假的需求",甚至是身份等"符号"价值追求,在无限度的欲望追逐中寻找快乐幸福。然而,"在现实中,欲望的生产总是要比欲望的满足快得多,因而人民总是感到'不满足'。这就是为什么经济发展了,财富增多了,而人们的'幸福感'却不断下降的原因"③。这就是幸福思想上著名的"幸福悖论"之一——"财福悖论"。这也充分说明,物质只是追求幸福的基础性条件,幸福绝不是单纯地占有物质财富,而是"自由自觉地全面发展自己的生命潜能"。在马克思主义幸福观中,幸福不只是囿于个体的主观感受和体验,它本质上涉及个体的物质生活、社会生活、精神生活等,是个人的全部生活所构成的总体生存方式,是个人表现自己现实生活的一定方式,将其中任何一方面抽象化发展必然导致幸福的疏离。由此可见,树立正确的、科学的符合时代发展要

---

① 塞涅卡:《论幸福生活》,覃学岚译,南京:译林出版社,2015 年版,第 100 页。
② 弗洛姆:《占有还是存在》,李穆等译,北京:世界图书出版公司,2015 年版,第 7 页。
③ 阎孟伟:《对幸福内涵的道德哲学理解》,《道德与文明》,2021 年第 2 期。

求的幸福观是我们这个时代追寻幸福必需的主观条件。

新时代的幸福追寻不仅需要主观条件,还需要客观的社会条件。马克思主义幸福观中的"幸福"具有确定的历史唯物主义内涵,"'幸福'本质上乃是一种关系表达,它直接承载着现实生活主体与社会的制度及其关系结构、体系之间的关系状况。在此意义上,'幸福'决不是仅指人对生活世界的直观感觉或心理感受,而是更指在一定历史阶段、一定社会关系结构中人的本质力量的实现方式与实现状况。简言之,判断幸福与否的最为根本的尺度,是既定的社会关系结构中的人的本质力量的实现方式与实现状况。……社会制度与社会关系的存在的意义就在于为这种实现提供保障与可能性空间"①。马克思主义关照每个个体的幸福,马克思主义的幸福理想就是实现每个人自由而全面的发展,使其成为"自由人",而要实现这样的幸福理想,个体的主观条件当然重要,如马克思、恩格斯明确要求无产阶级在共产主义运动中"抛掉自己身上一切陈旧的肮脏东西",但是马克思主义幸福观的重心更在于创造实现幸福的客观社会条件。马克思、恩格斯深入资本主义生产关系内部探寻造成社会普遍不幸(无产阶级和有产阶级同是人的自我异化)的根源,通过对资本运行逻辑的揭示,深刻认识到社会普遍不幸的根源主要不在个人,不是个人努力不努力的问题,而在于个人之外的社会关系和社会条件中,是资本主义生产方式的制度性问题。因此,马克思主义就是要在揭示普遍不幸根源的基础上,通过革命斗争的实践为社会普遍幸福创造条件,正如波兰哲学家沙夫所言,马克思主义幸福观"不是作为对幸福的意义或构成幸福的那些主观成分的抽象反映,而是作为一种通过排除阻碍幸福生活的社会障碍从而使为幸福生活创造条件成为可能的变革社会关系的革命思想"②。简言之,马克思主义幸福观就是一种为幸福所必需的社会条件的学说。对于我们的时代来说,中国特色社会主义制度的不断完善和发展为新时代人民的幸福提供了根本的制度保障和社会条件。然而,需要是一个社会历史范畴,不断满足新时代人民美好生活的需要,在社会全面进步中推动人的全面发展就是我们时代的幸福主题,创造满足人民美好生活需要所需的各种条件是实现新时代人民幸福的必然要求,也是马克思主义幸福观与新时代实际相结合的必然要求。新时代人民美好生活的需要日益广

---

① 杨楹:《马克思哲学的最高价值诉求:"人民的现实幸福"》,《哲学研究》,2012年第2期。
② Adam Schaff. *A Philosophy of Man*, Lawrence & Wishart, 1963, p.128.

泛,不仅包含更高水平的物质文化需要,还包括民主、法治、公平、正义、安全、生态等方面日益增长的需要,而社会发展得不平衡不充分问题严重制约着这些需要的满足。因此,大力提升发展的质量和效益,不断满足人民在经济、政治、文化、社会和生态等方面日益增长的需要就成为我们时代的任务。为此,首先必须深刻认识到为社会的普遍幸福创造条件是社会主义的价值追求和本质要求,从空想社会主义创立的初衷到现实的社会主义发展,这一价值原则始终贯穿社会主义运动之中。新时代中国特色社会主义坚持科学社会主义的基本原则,它是社会主义而不是其他什么主义,其中的新时代是中国特色社会主义的新时代而不是其他什么主义的新时代,因而新时代中国特色社会主义必须坚持普遍幸福原则。其次,坚持以人民为中心,始终坚守中国共产党为人民谋幸福的初心。中国共产党一经成立就把"为人民谋幸福"作为自己的初心,在革命、建设、改革的不同时期将共产党人的初心贯彻到实践中,不断为中国人民的幸福创造制度基础和政治前提,创造充满活力的体制机制条件。在实现新时代人民幸福美好生活的征途中,中国共产党必须坚持以人民为中心,坚持发展依靠人民,发展为了人民。再次,坚持党的基本路线这条党和国家的生命线、人民的幸福线,坚持中国共产党的领导,坚持四项基本原则,坚持以发展破解现实的各种难题,在新的发展阶段,以创新、协调、绿色、开放、共享的新发展理念引领发展,构建新发展格局,坚持"五位一体"总体布局和"四个全面"战略布局,这是实现新时代人民幸福美好生活的关键。最后,坚持新时代奋斗幸福观,新时代人民的幸福美好生活不会从天而降,别人也不会恩赐我们一个幸福美好的未来,它需要在中国共产党领导下全国人民的团结奋斗,美好的幸福蓝图要靠辛勤的奋斗才能成为现实!

总之,在中华民族伟大复兴战略全局和百年未有之大变局的时代中,我们时代的幸福追寻不仅要在全社会树立正确科学的幸福观,倡导一种有节制的简约生活方式,把幸福建立在人的全面发展的内在价值和家庭和顺、社会关系协调的基础之上,而且要为新时代人民幸福美好生活创造更加充分的客观社会条件。问题是时代的声音,是时代表现自己精神状态最实际的呼声,新时代人民幸福美好生活的实现要以马克思主义幸福观为指导,结合中国具体实际,结合中国传统幸福观,这是新时代中国特色社会主义幸福主题的具体化和现实化的时代要求。

### 三、研究的总体架构

苏格拉底有句名言——"未经反思的生活是不值得过的",这里对生活的"反思"就是要思考什么样的生活才是值得过的生活,什么样的生活才是优良的、美好的生活,实质上就是追求幸福与至善,以此"指教人什么才是至善",并且"指教人什么是求得它的行为"。自此以后,幸福一直是哲学研究的核心问题之一,先贤圣哲们探寻幸福的真谛,提出了幸福的真实、有度性,以德性规范财富、闲暇等极具睿智的哲学洞见和智慧的人生信念,为把人从种种束缚性的、压迫性的生存境遇中解放出来孜孜以求。马克思、恩格斯也深信"改变世界"的哲学的解放力量,深信哲学能够使得人们从残缺的或异化的生存状态中解放出来。然而,吊诡的是,在当前"幸福话语"体系中,哲学话语被淹没在经济学、社会学、心理学等强势学科话语之中,本质意义上的幸福被置换成单一表层意义上的幸福感。"'幸福指数'一词经常见诸论坛和媒介,成为流行话语。从总体上看,在对其内涵进行诠释和具体举证时,经济学、社会学和心理学家们的看法受到足够的关注,而众声喧哗之中,哲学的声音却非常微弱,哲学史上那些论述'幸福哲学'和'快乐哲学'的经典以及哲人们为此所做过的艰辛探索和曲折论证都被束之高阁或抛诸脑后了。'幸福'居然能被抽象地定义进而用'公式'来推导,以'指数'进行测量和统计!"①如《全球幸福指数报告》常把丹麦、挪威等国列为世界上最幸福的国家。亚洲南部的小国不丹,人均GDP仅为700多美元,但因国民生活安逸而被追捧为"不丹模式",甚至引发了社会发展价值从"GDP"(国民生产总值)到"GHP"(国民幸福总值)的激烈讨论。这里笔者虽不赞同某些学者激烈反对幸福指数等主观幸福感的定量研究,因为不断增强人民群众的获得感、幸福感、安全感是我们社会发展的重要价值目标,但是我们又不能忘记从哲学层面对幸福美好生活的思考。马克思主义幸福观继承和发展了西方幸福思想史上关于幸福的深刻洞见,形成了科学的幸福观,它对于新时代中国特色社会主义美好生活的幸福主题具有根本性的指导意义。对此,本课题从以下几个方面展开研究,以期抛砖引玉,深化对马克思主义幸福观的把握和理解,使其更深入地走向新时代。

---

① 聂锦芳:《何为幸福:"从哲学上进行思考"——马克思早期文献〈伊壁鸠鲁哲学〉解读》,《马克思主义与现实》,2016年第1期。

（一）文献综述

马克思主义有无幸福观？这是马克思主义幸福观研究首先要回答的问题。曾几何时，"从马克思主义理论的宣传和研究情况来看，马克思本人关于幸福的诸多论述也没有被认真地梳理进而准确地理解过；在长期流行的解释中，马克思主义'幸福观'部分是最薄弱的，影响很大的教科书一般只是在社会历史观的最后章节论述由必然王国走向自由王国的未来'共产主义社会'时才偶尔提及。给人们留下的印象是，仿佛马克思主义经典作家不屑讨论诸如幸福、快乐一类的问题"[①]。然而，当认真研读马克思主义经典作家的文本，结合马克思主义的批判精神、自由旨趣和解放逻辑，我们可以发现，马克思主义的最高价值追求就是"实现人民的现实幸福"。马克思主义经典作家之所以没有或很少从正面阐释幸福，是因为他们改变了哲学链接世界的方式，转换了哲学的性质和功能，他们不是要思辨地"解释幸福"，而是直面现实生活中包含无产阶级和资产阶级在内的现实的人在资本逻辑统治中的不幸的生存境遇，进而在"改变世界"的基础上实现人类解放和人的自由幸福，使人过上一种自由自主的幸福美好生活。幸福观是马克思主义学说的不可分割的部分，是贯穿马克思主义理论的一根红线，学界对此形成了基本共识。

在确证幸福观是马克思主义理论有机组成部分的基础上，国内外学界对马克思主义幸福观的基本问题展开了较为深入的研究。就国内学界来说，有学者研究比较了亚里士多德、伊壁鸠鲁、康德等的幸福观与马克思主义幸福观的异同关系，在比较中较为清晰地阐明了马克思主义幸福观的相关内容（江德兴、罗晓颖、陈万球、蒲德祥等）；有学者指出，哲学是人"幸福生活的仆人"，在对"幸福"的时代回应中，马克思哲学的"人文关怀"和"人文向度"将显示其深刻的时代内涵，为此必须使"人真正成为目的"，推进"自由"与"正义"，建构人的全面而丰富的生命存在方式（贺来）；有学者从马克思主义幸福伦理学的角度，阐释马克思主义的幸福伦理学是"实质伦理学"，有别于传统将幸福抽象化的"形式伦理学"（张盾）；有学者指出，幸福是马克思哲学的最高价值诉求，它本质上是现实的生活主体与社会的制度及其关系结

---

[①] 聂锦芳：《何为幸福："从哲学上进行思考"——马克思早期文献〈伊壁鸠鲁哲学〉解读》，《马克思主义与现实》，2016年第1期。

构、体系之间的关系状况,因而马克思所指称的幸福属于历史唯物主义的范畴,这也就意味着幸福绝不是仅指心理学层面的直观感受,而更是指在一定历史阶段、一定的社会关系结构中人的本质力量的实现方式和实现状况,由此马克思的幸福哲学超越了感觉主义和心理主义的思维定势,马克思幸福哲学具有独特的特质(杨楹);有学者从马克思幸福观的"哲学意蕴"视角,从马克思幸福论的形成过程、马克思幸福思想的真蕴以及现代启示等方面简要阐释了马克思的幸福思想(于晓权);有学者研究了马克思、恩格斯相关幸福文本中的幸福思想(李荣梅);有学者从马克思财富思想的人学意蕴、个人幸福和社会幸福的协同发展、历史唯物主义出场语境、马克思幸福观的叙事方式等维度论述了马克思的幸福思想(颜军);还有学者在研究波兰哲学家沙夫从人道主义视角解读马克思主义幸福观的基础上,建构马克思主义幸福观的实践智慧等,深化了对马克思主义幸福观研究方法的认识(王燕)。就国外来说,美国学者布鲁德尼研究了马克思早期文本中的幸福哲学思想,他认为马克思对于幸福生活概念的论证的困境在于"马克思的费尔巴哈式的对概念的论证和对费尔巴哈式的哲学的拒绝",但他最终认为马克思实际上能够接受将哲学作为对幸福生活问题的一个可能的解决办法,因为这与马克思的其他信念并不存在矛盾。东欧马克思主义者、波兰哲学家沙夫提出"肯定的"和"否定的"两种幸福研究方法,由此观之,马克思既从肯定的方面阐释了幸福,更从幸福的否定方面即"不幸"出发来批判现实,指出马克思主义幸福观是关于实现幸福的"社会条件"的学说。这为我们理解马克思主义幸福观及其相关文本的阅读提供了必要的视角和思路。美国学者麦卡锡在《马克思与古人》《马克思与亚里士多德》中,以及英国学者伯尔基在《马克思主义的起源》等著作中将马克思主义幸福思想置放于西方文化传统之中予以考量,提出"马克思反对资本主义的一些最为原创、最为深刻的论述是由亚里士多德或幸福主义所激发的"等核心论断。这为我们研究马克思主义幸福观提供了一个比较视角,从而更加清楚地把握马克思主义幸福观的理论特质。

国内外学者探讨和研究马克思主义幸福观的丰硕成果为理解和把握马克思主义幸福观的基本要义和基本方法提供了理论基础,为本书的进一步研究提供了较好的学术资源。但是,从当前我国新时代语境下美好生活的发展要求和幸福中国的实践需要来说,马克思主义幸福观研究仍然存在一些亟须解决的问题和进一步深化的空间。(1)从研究主题来看,国内外学者虽然把幸福作为研究马克思主义的重要主题,然而并没有突出强调幸福在马克思主义整体理论中的地位,没有形成贯穿始终的核心线索来把握马克思主义,进而容易把幸福观淹没在马克思主义宏大的历史叙事之中;(2)从研究的系统性来看,国内外学者的研究虽然涉及马克思主义幸福观的多重维度,但仍然缺乏系统整体性,马克思主义幸福观的元理论研究仍需进一步拓展,如马克思主义幸福观与其先驱者们之间的渊源,马克思主义幸福观与马克思主义政治经济学批判之间的内在关系,马克思主义幸福叙事的基本范畴以及马克思主义幸福观的早期、中期和后期发展的内在逻辑结构等;(3)从研究的问题意识来看,国内学者虽然作了有益的探索,但是对于新时代语境下如何把马克思主义幸福观同中国具体实际相结合,同中华优秀传统文化中的幸福元素相结合,建构民族的、科学的、大众的、具有本土性特征的新时代马克思主义幸福观范式依然显得不足;(4)从研究方法来看,对于新时代语境下的马克思主义幸福观研究较为侧重于文本表达,尚缺少有特色的研究方法。以上当前马克思主义幸福观研究中可能存在的问题也正是本书研究致力于突破和解决的地方。

(二)研究方法、思路以及重难点

1. 研究方法

(1)历史与逻辑相统一的方法。马克思主义幸福观的形成不是一蹴而就的,而是对幸福的哲学反思和社会历史的实践结合起来的结晶。因此,必须对这一历史过程进行分析,才能深刻把握马克思主义幸福观的逻辑结构,也才能使得马克思主义幸福观历史地、逻辑地走向新时代。同时,也只有在这一分析过程中,我们才能确切把握马克思主义幸福观所释放的人道主义意蕴,才能够沟通马克思主义幸福观与现实之间的关系。(2)抽象上升到具体的方法。马克思曾在《〈政治经济学批判〉导言》中批判政治经济学总是从生动的整体开始,最后得出一些有决定意义的抽象的一般关系的方法,提出从抽象上升到具体是科学上正确的方法。这对于我们分析马克思主义幸福观最核心的论域即资本逻辑虚假幸福的"政治经济学批判"具有重要的方法论启示意义。(3)比较的方法。通过比较马克思主义幸福观与其他种种幸福观在观察研究幸福的立场、观点和方法方面的差异,可以进一步明晰马克思主义幸福观在幸福思想史上所实现的革命性变革,突出马克思主义幸福观的特质,从而从根本性质上把握马克思主义幸福观的真谛。(4)整体性研究。幸福是一个总体性概念,涉及物质生活、社会生活、精神生活等方方面面。因此,把马克思主义幸福观和新时代结合起来,需要采用整体研究方法,不仅多学科交叉综合研究,而且需要把马克思主义幸福观与中国传统幸福观中的优秀元素结合起来,理论和现实紧密结合起来,从而构建新时代马克思主义幸福观的新形态。

2. 研究思路

本书总体上遵从外在历史溯源(幸福思想发展史)到内在逻辑重现(马克思主义经典文本中幸福观的发展轨迹),从理论框架构建(再现马克思主义幸福观的思想原貌)到现实问题回应(马克思主义幸福观的诘难和新时代马克思主义幸福观创新性的需求)的思路。具体而言,本书基于历史唯物主义方法论原则,首先从时代的问题意识的考察和反思入手,提出幸福的本质究竟以何种方式探寻,接着点出建构新时代马克思主义幸福观依然是我们认识和解决幸福问题的有效理论资源的主题。在此基础上,将视线转向西方幸福思想的源远流长的传统,无论是亚里士多德的"德性幸福观"、中世纪的宗教幸福观、空想社会主义幸福观,还是古典经济学等的启蒙幸福观,都对马克思主义幸福观的逻辑建构提供了一定的基础。然后将重点转入马克思主义的经典著作文本之中,探寻马克思主义幸福观的发展历程及其内在结构,最后批判性地审视马克思主义幸福观的当代效应以及马克思主义幸福观在新时代的现实意义。

3. 研究重点和难点

(1)研究重点。重点之一是着力图绘马克思主义幸福观的总体构架。马克思主义的最高价值诉求是实现"人民的现实幸福",以幸福为核心可以把握整体马克思主义的精神实质。因此,本书拟突破的一个重点就是以马克思主义经典文本的阅读为基础,建构马克思主义幸福观的体系结构,探析其核心观点、基本范畴、内在逻辑、精神实质以及方法论等,力争呈现马克思主义幸福观的历史原相,同时揭示幸福缘何在马克思主义那里获得了社会历史性和直接现实性。重点之二是着力探寻马克思主义幸福观与新时代的内在关联。一切历史都是当代史,一切哲学都是时代精神的精华。建构马克思主义幸福观的体系结构,整体把握马克思主义幸福观的最终目标是为了认识和解决当下的现实问题。因此,本书的另一个重点就是把马克思主义幸福观与新时代幸福实践结合起来，以马克思主义幸福观为指导原则，坚持"两同结合"，构建符合时代精神要求的新时代马克思主义幸福观。

（2）研究难点。难点之一，纵观马克思主义的文本，正如东欧马克思主义者沙夫所言，马克思主义主要从"否定的"方面阐释幸福。青年马克思的文本中尚有诸如"在选择职业时，我们应该遵循的主要指针是人类的幸福和我们自身的完美"以及"风尚淳朴、积极进取、官吏和人民公正无私"的幸福时代特征等正面系统的阐述，但在中后期文本中，"幸福"字眼几乎"销声匿迹"，这就给探讨马克思主义幸福观的核心架构、价值意蕴、内在逻辑带来了一定的困难。难点之二，西方文化传统构成马克思主义幸福观生成的历史语境，因而需要对古希腊哲学、古典经济学、德国古典哲学以及乌托邦社会主义的幸福思想也作历史构境研究，面对代表性人物如亚里士多德、伊壁鸠鲁、康德、斯密、黑格尔、费尔巴哈、汤普逊等人的文本，需要一定的理论研究功底和文本阅读能力，这也具有一定的难度。难点之三，研究马克思主义幸福观是时代的问题意识使然，然而作为理论研究工作者，如何整体把握当前新时代的社会现实，分析问题症结所在，并将理论与实践有效整合，这同样具有一定的难度。

（三）研究内容、目标以及价值

1. 研究内容

本书研究内容主要包含：（1）导论部分主要研究幸福观的基本问题域和我们这个时代幸福的追寻。幸福是一个历久弥新的永恒话题，在我们的日常生活语言中也是出现频率很高的词汇，在人性论基础上，"何谓幸福""谁之幸福"和"何以幸福"成为幸福观的基本问题域。幸福又是一个社会历史性概念，在我们这个时代追寻幸福，现实生活世界中的幸福的主观感受代替了本质层面上的幸福哲学的思考，反映了时代的症结，强烈的"问题意识"让我们有必要"回到"马克思主义幸福观的视野之中。（2）理论溯源部分主要研究马克思主义幸福观和其先驱者们。马克思主义幸福观不是从真空中产生的，它深深植根于西方文化传统之中，不仅受到古典经济学、德国古典哲学和空想社会主义的滋养，同样也受到了古希腊-罗马的古典思想、基督教传统和18世纪末兴起的浪漫主义思潮的启发。探讨马克思主义幸福观与其先驱者们之间的渊源，有助于弄清马克思主义幸福观的来龙去脉，深化马克思主义幸福观研究。（3）发展轨迹部分主要研究马克思主义幸福观的形成过程。黑格尔哲学的特征是由庞大的概念范畴体系所建构起来的,但它有一个优点,即马克思所说的这些范畴是运动的(辩证法),不是静止的。但是,黑格尔概念范畴体系是绝对的"思维的生产史"。马克思、恩格斯在汲取黑格尔合理思想的基础上,在历史唯物主义的视域下,以资本、劳动、财富、自由、生产力、生产关系、自我实现、联合体(共同体)等为其幸福观叙事的基本范畴。在此基础上,分析马克思主义幸福观形成的三大阶段。(4)逻辑重建部分主要研究马克思主义幸福观的内在逻辑结构。马克思主义幸福观的内在逻辑结构由马克思主义幸福观的科学内涵,马克思主义幸福观的根本立场、核心观点和方法论构成。马克思主义幸福观的立场、观点和方法的提炼是真正运用马克思主义幸福观的前提。(5)批判审视部分主要研究马克思主义幸福观的当代效应。马克思主义幸福观在当代西方的表现形态就是西方马克思主义幸福观。西方马克思主义理论家运用马克思主义相关理论分析研究当代西方资本主义社会的新变化,揭示了人的异化、物化的不幸生存境遇,形成了西方马克思主义幸福观。本部分的研究中心内容是剖析西方马克思主义幸福观的核心意涵和幸福之路,并在马克思主义立场和中国立场的双重视野中审视西方马克思主义幸福观的得失及其对于构建幸福中国的启示意义。同时也回应了人类解放叙事视域下马克思主义幸福观受到的挑战。如分析马克思主义者代表人物柯亨认为,生产力发展的瓶颈和无产阶级的解体使马克思的自由、平等、人人自我实现的幸福承诺落空,马克思区别于乌托邦的特征不复存在。法国思想家鲍德里亚等运用解构策略,从质疑马克思思想的生产、生产力、生产关系、生产方式等基础性概念出发,否认马克思对政治经济学的根本批判及超越政治经济学的要求。种种诘难从根本上否定马克思主义幸福观的核心意涵——劳动幸福,否定马克思主义幸福观实现的现实道路,需要我们从马克思主义立场出发予以回应。(6)本土范式部分主要研究马克思主义幸福观辩证实践历程及其与新时代的关联。中国共产党自成立之日起就把为人民谋幸福作为自己的奋斗目标,其间经过曲折的发展历程,开辟了中国特色社会主义道路,形成了中国特色社会主义理论体系。十八大以来,以习近平同志为核心的党中央提出"四个全面"发展战略,推进社会公平正义,坚持共享改革成果,我们比历史上任何时期都更加接近中国梦的实现,接近人民的美好幸福生活的实现。十九大报告明确指出,中国特色社会主义进入新时代,社会主要矛盾发生了变化,人民日益增长的美好生活需要和不平衡不充分的发展之间的矛盾是新时代的主要矛盾。在人民需要不断提升,改革进入攻坚期,一些深层次的矛盾凸显出来的新时代,需要我们以马克思主义幸福观为指导,结合新时代的具体实际和中国传统幸福观,建构本土范式的新时代马克思主义幸福观,从而进一步推进伟大的"幸福工程",助力新时代人民美好生活实践。

2. 研究目标

本书研究分为总体目标和具体目标。(1)总体目标。当前关于幸福论题的探讨中,心理学、伦理学、经济学等学科的研究是这一领域的强势话语,而哲学以及马克思主义幸福观的话语似乎声音微弱。因此,本书的总体研究目标是在系统建构马克思主义幸福观的基础上,结合新时代的基本特征,探索适合时代要求的新时代马克思主义幸福观,力争发出哲学尤其是马克思主义幸福哲学话语的声音。(2)具体目标。强化马克思主义幸福观的发展史研究。通过认真研读马克思主义经典文本,梳理不同阶段马克思主义幸福思想之间的差异及其发展历程,揭示马克思主义与幸福观之间的深层关联。结合传统,面向新时代,构建本土化的马克思主义幸福观。以研究马克思主义幸福观为契机,批判性审视其他学术流派的幸福思想,尤其是把马克思主义幸福观与中国传统文化中的幸福思想资源相对接,同时紧密结合新时代,从而使得马克思主义幸福观能够具有中国作风、中国精神和中国气派。

3. 研究价值

(1) 理论价值。"幸福"是日常生活语言中出现频率非常高的一个词汇,也是古今中外形形色色学术流派探讨的主题之一。但是,正如黑格尔所说,"熟知"不等于"真知"。建立在辩证唯物主义和历史唯物主义基础上的马克思主义幸福观实现了对于幸福的本质把握,从而为我们思考幸福提供了基本立场。因此,本书首要的理论价值在于通过回到马克思主义经典文本,提炼马克思主义幸福观的本质性观点,从而推进幸福观的基础性研究及其创新发展。其次,研究和探索马克思主义幸福观,找到了一条重新把握马克思主义基本精神实质的新的视角,这将使我们更加全面地认识马克思主义,从而避免过于强调马克思主义的"科学性",忽视其"价值性",实现马克思主义"科学性"和"价值性"的有机统一。在马克思主义视域中,幸福是历史唯物主义的一个基本范畴,具有确定的内涵,通过回到经典文本阐释马克思主义幸福观,有助于澄清对历史唯物主义甚至整体马克思主义的"经济决定论"的误解。最后,结合我国新时代的基本特征,将马克思主义幸福观与新时代美好生活实践紧密结合起来,有助于增强马克思主义对于现实问题的解释力和回应力,从而让马克思主义以崭新的面貌真正走向新时代。

(2)应用价值。首先,习近平总书记在党的十九大报告中明确指出,"为人民谋幸福"一直是党的奋斗目标,也是我们党始终秉持的初心。在新时代语境下,世情、国情、党情发生了深刻的变化,需要在把握马克思主义幸福观真谛的基础上,密切联系当前新时代的特征,建构新时代中国特色马克思主义幸福观,为当前"幸福中国"和人民美好生活实践提供理论支撑。其次,当代西方资本主义国家普遍出现了幸福危机和幸福悖论,物质财富的增长并没有带来预期的幸福感提升,甚至呈现了反比例现象。因此,运用马克思主义幸福观分析当代西方资本主义国家的现状,有助于反思和批判西方资本关系逻辑语境中的幸福实践的得失,从而为我国新时代的幸福实践提供必要的经验教训。最后,随着市场经济的进一步发展和社会环境的变化,各种各样的非马克思主义甚或反马克思主义的错误幸福观思潮甚嚣尘上,一定程度上造成了思想的混乱,从而造成对幸福的种种误解。因此,深入研究马克思主义幸福观及其中国化的最新成果——习近平新时代中国特色社会主义幸福观,有助于全社会形成科学的幸福观,进而从方向上为新时代实现人民的现实幸福,实现人民的美好生活保驾护航。

# 第一章

# 马克思主义幸福观的历史溯源

伟大的思想必然具有博采众长的理论品格,具有革命性变革意义的马克思主义幸福观也不例外。马克思主义幸福观不是从真空中产生的,而是深深植根于西方文化传统之中,不仅受到德国古典哲学、英国古典政治经济学和英法空想社会主义幸福观的滋养,而且也受到了古希腊-罗马的古典幸福思想、基督教传统和浪漫主义思潮的启发。可以说,离开了西方传统幸福论,马克思主义幸福观就不会被完整贴切地理解。因此,深化马克思主义幸福观的研究离不开探讨马克思主义幸福观和其先驱者们的理论渊源,它有助于在幸福思想史的脉络中弄清马克思主义幸福观的来龙去脉。"西方是马克思主义的故乡,西方的幸福论对马克思主义的幸福论产生了重大的影响。马克思主义哲学对西方的幸福论给予极其科学的总结和概括,而且对幸福论的研究和探讨给予纲领性的指导原则。"①

从历史唯物主义的视角来看,一定的幸福观念是由一定的生产方式决定的,它受制于人们的现实生活过程,在生产方式不断变革的过程中,西方幸福论大体经历了古典德性幸福论、希腊化罗马时期快乐主义幸福论、中世纪宗教幸福论和现代幸福论四个阶段。自古希腊以降,思想家们基于不同的人性假设建构了不同的幸福论体系,由此构成了西方世界宏大幸福论叙事的理论谱系。在源远流长的幸福论谱系中,归结起来主要包括德性幸福论、感觉主义和心灵主义幸福论、信仰幸福论、世俗幸福论和道德形而上学幸福论等,它们或构成马克思、恩格斯批判资本主义生产方式幸福悖论的参照系,或构成马克思主义幸福观的直接理论来源,或构成马克思、恩格斯直接批判的对象,进而为"现实的人"的现实幸福观的出场提供了契机。

---

① 冯俊科:《西方幸福论——从梭伦到费尔巴哈》,北京:中华书局,2011年版,第27页。

## 第一节 古典德性幸福论和希腊化罗马时期快乐主义幸福论传统

**一、德性：以"自我完善"的优良生活为核心关切的古希腊幸福伦理学**

幸福是人类的永恒追求，不同的文明类型和文化传统中的人们很早之前就对"什么是幸福"以及"如何获得幸福"等幸福观的基本问题作了解答。在西方幸福思想的漫长历程中，古希腊人的幸福观为整个西方文明对于幸福的认知奠定了底色。

从词源学上来看，"幸福"的古希腊文是"ευδαιμονια"（eudaimonia），其含义是指"由好的神灵赐福"，它事实上表达了作为人的存在与作为"异己力量"之神灵的存在之间的紧密关系，亦即人与世界的关系，它是主观因素和客观力量之间的辩证统一。古希腊人的幸福观念表达的是某种活动，而不是感觉或状态，因此"eudaimonia"的英文翻译"Happiness"并不能准确反映古希腊人对于幸福的理解，有时甚至可能引起误解。对于古希腊人来说，幸福"eudaimonia"意味着对个人来说过一种"好的生活"，从而意味着"人的欣欣向荣"。那么，人如何才能达到"欣欣向荣"，从而过一种"好的生活"呢？古希腊人认为，人应该顺从异己力量，从而获得可能的"赐福"。神灵或保护神作为异己力量是不同于人的另一种存在，它本身无好坏之分，其作为"好"的神灵只是由于人们通过祈祷、贡献祭品等"正确的方式"向神灵祈求从而实现自己的愿望，获得幸福。由此可见，人们带着自身的主观愿望通过愉悦神灵的方式使得自身欲求得到满足，实现自己的目的，这就是早期古希腊人对于幸福的直观认识。"总的来看，我们在 ευδαιμονια 一词上看到了一个环环相扣的因果链条：由个人愿望出发，通过献祭等手段愉悦神灵，以求得自身愿望的实现。因此，幸福（ευδαιμονια）决不是某种简单的学说或理论，而是获得幸福的整个行为过程。"[①] 以存在论、认识论和目的论三重维度来

---

[①] 孔祥润：《从希腊哲学的"幸福"概念看马克思幸福观的现实性》，《东岳论丛》，2013年第10期。

看，我们可以清晰地认识到早期古希腊人所秉持的是一种神性主义幸福观念。

在西方幸福思想史上，古希腊七贤之一的著名政治家梭伦第一个对"幸福"范畴作了理论探讨，开创了西方幸福论的先河。史诗时期，被称为"历史之父"的古希腊历史学家希罗多德在其《历史》中记载了一则对话，对话的双方是政治家梭伦和吕底亚国的国王克洛伊索斯，对话的主题围绕着"谁是世界上最幸福的人"展开。克洛伊索斯凭借卓越的成就自认为自己是这个世界上"最幸福的人"，而梭伦则认为是战死沙场的年轻人泰洛斯。为什么呢？因为在梭伦看来，泰洛斯安然通过了人生中的种种考验，最后在美德和荣耀中离世，换言之，幸福是一生的事。后来克洛伊索斯从盛极一时到未能善终的遭遇证明了梭伦的这一判断。这则对话隐含着当时人的幸福观念，即幸福与命运或者说运气具有很大的关联，人并不能从根本上控制幸福，外在因素对人的幸福与否具有至关重要的意义。梭伦幸福观的核心之处在于阐明了幸福生活需要具备的具体要素。梭伦认为，"幸福应该具备的五个要素是：中等财富；身体无残疾，没有疾病；一生顺利，总是心情舒畅；有好儿孙；能善终，光彩而安乐地死去"①。由此可见，梭伦对于个人幸福要素的把握涉及个人的生与死、身体和精神、个体与家庭等个人的日常生活，尤其强调中等程度财富之于幸福的作用也深刻启迪了亚里士多德。梭伦幸福观具有显而易见的经验论色彩，它来源于日常生活的经验观察和理论总结，对于指导人们的日常生活具有一定的启示意义。"梭伦的幸福观给我们提供了许多启示，其中最突出的就是：个人幸福是受多方面因素制约的，要从多方面来创造个人幸福。"②品味梭伦的幸福观，我们能够深刻体悟到生活的艰辛，个人能够同时具备幸福生活的全部要素非常困难，对于绝大多数人来说，努力争取其中的部分要素，得到凡人日常生活中的有限幸福是获得个人幸福的可能性路径。

古希腊德性幸福论始于苏格拉底，发展成熟于柏拉图和亚里士多德，苏格拉底—柏拉图—亚里士多德以"善"为起点构筑了立体的德性幸福论体系，完成了"史诗时期"幸福受制于命运，从外在追求到幸福依靠人的自我德

---

① 周辅成：《西方伦理学名著选辑》，北京：商务印书馆，1987年版，第31-37页。
② 叶立煊：《品味梭伦的幸福观》，《社会科学报》，2018-08-30。

性修养的内在追求的历史性转变。"人应当如何生活"的"苏格拉底问题"转换了古希腊哲学的主题即从自然哲学到人生哲学的嬗变,"苏格拉底提醒世人,'认识你自己',要做一个有知识、有美德的人,并试图对何为美德的知识做出普遍性的规定,这是古希腊实践哲学所关注的始源性的根本问题"①,自此后,伦理学成了哲学的主导范式,对人的幸福生活何以可能的思考成了哲学自身的重大使命,这一过程就是尼采所指认的"苏格拉底转向",古希腊哲学由此进入了一个新的时代:伦理化时代。"由于前苏格拉底哲学关注数字和运动,探究事物来自何处、去向何方,苏格拉底是第一个将哲学从天上唤到尘世之人,他甚至把哲学引入寻常人家,迫使哲学追问生生与习俗,追问好与坏。"②苏格拉底对哲学的这种自我理解实现了黑格尔意义上的人从"伦理的人"到"道德的人"的转变,人从整体的伦理实体中解放出来,成为具有自我意识的人,而这样的人需要积极主动地思考自身的"至善"生活如何安排,"道德学的意义,就是主体由自己自由地建立起善、伦理、公正等规定……这样一来,善、伦理等规定便是永恒的、自在的存在了"③。康德在《实践理性批判》中指出,"哲学在古代看来原是指教人什么才是'至善'的概念,并指教人什么是求得它的行为的"④。苏格拉底正是从"善的生活何以可能"这个哲学的中心问题的寻求和追问开始其哲学启蒙活动的,他在街上不停地奔走,并以其被称为"助产术"的辩证谈话方式与人对话,围绕虔诚、公正、明智等事关人的至善幸福生活的德性不断追问,最后得出这些德性的概念性知识。苏格拉底"×是什么"的下定义方式与其"美德即知识"的观念是相通的,其逻辑思路在于只有认识了事物的理念即真正的知识,人们才能正确合理地利用事物的德性,从而生活得好,生活得幸福。总体来看,"苏格拉底幸福观的总纲是'知识——德性——幸福',认为依靠智慧认识到一般的共同的善知识,才会自觉地做合乎道德的行动,从而达到幸福的生活"⑤。苏格拉底幸福观中的"美德即知识"概念需要把握以下三重内涵:(1)"美德"是何

---

① 袁凌新:《伦理与政治的原始丰富性:古希腊实践哲学的价值与局限》,《世界哲学》,2018年第4期。
② 刘小枫:《苏格拉底问题与现代性——施特劳斯讲演与论文集:卷二》,北京:华夏出版社,2008年版,第265页。
③ 贺来:《哲学是人幸福生活的仆人》,《吉林大学社会科学学报》,2012年第4期。
④ 康德:《实践理性批判》,关文运译,北京:商务印书馆,1960年版,第111页。
⑤ 张彭松:《亚里士多德幸福观的实践转向》,《云南师范大学学报(哲学社会科学版)》,2016年第6期。

含义？(2)何种意义上的"知识"？(3)此种善的"知识"从何而来？首先，"美德"的希腊文是"αρετη"，意思是最高尚的或最好的，它主要是指与实践(praxis)相关联的一种能力，它能够使得实践行为最好地实现其目的，"对于古代希腊人来说，一种美德(virtue)意味着一种卓越(excellence)"①。"美德"(αρετη,arete)一词伊始并没有非常明显的道德内涵，而是指一种卓越的能力发挥。在古希腊人那里，好的人、卓越的人、高尚的人不是几种人而是同一种人的不同表达而已。其次，苏格拉底"美德即知识"中的"知识"不是一般意义上的知识(knowledge)，它既不是感受性的意见，也不是一般意义上的自然科学知识，而是一种理性的必然真理，是对"美德"的理性把握。换言之，它是对整个世界的理念式的把握，是关于善的理念的知识，是善与真的统一。苏格拉底认为，认识了事物的理念，也就把握了真正的知识，就能够具有德性从而过上幸福的生活。最后，苏格拉底"美德即知识"中的"知识"是由人与神感应关系背景中通过虔敬而引导与建构的道德知识，它不同于一般性知识的来源，而是具有深厚的古希腊文化传统的烙印。苏格拉底"美德即知识"的理论最终目的是期望通过人的美德伦理和教育、法制等建构理想的公正的幸福的政治城邦。

苏格拉底对"善"的知识追寻奠基于把德性归结为普遍性的真理性知识，它意味着经由理论性智慧把握正义、勇敢等知识就能解决理论和实践两个维度的问题，从而过上幸福的生活，他的这一思路深刻地影响了柏拉图。柏拉图在继承苏格拉底伦理学基本精神的基础上，把普遍性的美德知识提升为"善"的理念，更为强调独立的、普遍的、不变的理念的作用，认为只要把握了事物的理念，分有善的理念，就可以过上幸福的生活，这就把普遍性规定的美德知识升华到了理性精神的层面，本质上是一种理性主义幸福观。众所周知，柏拉图在《理想国》中提出了"洞穴隐喻"，他通过洞穴中的人看到的影像和理念的真实之间的对比，生动地说明了作为现象的可见世界是多变的，因而是不真实的，在可见世界中顺从习俗和意见的幸福是"虚假的幸福"，而在一切具体的现象和行为活动之上存在一种作为终极目的和原因的普遍性善的理念，这个善的理念世界才是真实的世界，是至善的世界，只有通过"灵魂转向的技巧"才能够认识真实的理念世界。因此，获得幸福的途

---

① L. Jonathan. Aristotle. *the Desire to Understand*，Cambridge University Press，1988，p.164.

径也只能是抛却可见生活世界的一切情欲，以理性的精神追求至善，"只有灵魂在具有真正的知识，而非仅仅有对可见世界的意见，并进一步达到最高的关于善自身的知识的时候，才能享有最高的幸福"①。那么，柏拉图视域中事关人的幸福的善理念究竟是什么呢，怎样才能获得它？柏拉图意义上的善理念实际上就是超越可变世界中的事物和人对事物的直接感觉而独立存在的永恒不变的实体。对这一实体性理念的把握，柏拉图提出的途径是"看"（specere）或者是"观瞻"。这里的"看"不是日常生活经验的看，它类似于哲学理性的神秘"直观""思辨（speculative）"，通过攀登阶梯式的一步一步的辛劳才能最终"看"到真实的理念，这是理性认识的升华。我们知道，柏拉图哲学是"理念中心论"的，但是如果将其置放于古希腊幸福伦理学视野中来考察，那么更准确地说其是"幸福中心论"的，因为对理念的观看并不是最终的目的，只有在认知的维度上理念才具有其目的性的价值，幸福才是伦理生活的最高目的。换言之，我们所有欲求的对象最后都是因为幸福的缘故而被欲求的，我们不是为了理念自身的缘故而是为了幸福的缘故而观瞻理念。由此可见，柏拉图的理念幸福论所追求的善不是具体的、可见世界的善，而是抽象的善的理念，最终是要达到灵魂的和谐。"如果作为整体的心灵遵循其爱智部分的引导，内部没有纷争，那么每个部分就会是正义的，在其他各方面起自己作用的同时，享受着它自己特有的快乐，享受着最善的和各自范围内最真的快乐。"②"灵魂的和谐"是柏拉图幸福观的核心要义，也就是说，灵魂的各个部分各就其位，互相协调，从而构成一个有机和谐的整体，这就是正义德性的达成。这一思想贯穿于柏拉图《理想国》所建构的理想幸福的城邦之中。《理想国》规划了一个正义城邦的蓝图，其根本目的在于使得公民和城邦整体都能获得幸福，"等到我们把正义的国家和不正义的国家都找到了之后，我们也许可以作出判断，说出这两种国家哪一种幸福了。当前我认为我们的首要任务乃是铸造出一个幸福国家的模型来，但不是支离破碎地铸造一个为了少数人幸福的国家，而是铸造一个整体的幸福国家"③。正义的能够保证整体幸福的城邦国家就是要城邦的各个组成部分各司其职，造物主铸造人时加入了"黄

---

① 朱清华：《再论柏拉图的正义与幸福》，《江苏社会科学》，2012年第1期。
② 柏拉图：《理想国》，郭斌和、张竹明译，北京：商务印书馆，1986年版，第377页。
③ 柏拉图：《理想国》，郭斌和、张竹明译，北京：商务印书馆，1986年版，第135页。

金"的统治者,加入了"白银"的辅助者(军人),加入了"铁和铜"的农民以及其他技工,在城邦中各就其位,那么这个城邦就是一个正义幸福的城邦,达到了"灵魂的和谐"状态,"柏拉图构建了这样一个理想城邦,社会各个阶级秩序井然而又互相和谐一致,社会正义得到维护,而又是一个可以设想出来的最幸福的国家"①。当然,"最幸福的国家"建构需要一系列的制度安排,比如说哲学王成为统治者或者统治者要精通哲学,对城邦的儿童要合理安排艺术、音乐、体育等教育,甚至优生优育等。

通过考察苏格拉底和柏拉图德性幸福论对善之理念的幸福追寻,我们可以清晰地看出两者所关注的善的领域不是外在的善而是内在的灵魂的善,是对智慧和真理的不懈追求。其德性的根本要义亦在于此,这为德性幸福论的进一步发展奠定了坚实的根基,"亚里士多德的幸福观延续了苏格拉底、柏拉图德性理论的思索,却不是完全接受他们的理论,而是基于自然人性的理性考量,尊重人的常识、意见及其经验,探索以实践智慧为指引的'属人的幸福'"②。德性幸福论最终在"百科全书式的学者"亚里士多德那里得到了最为系统的阐述,进而建构起完备的德性幸福论体系。

苏格拉底和柏拉图的理智主义德性幸福论的探究对于幸福学的探究意义重大,然而如果离开对自然人性的思索、实践智慧的引导,那么幸福可能只存在于虚幻的彼岸。我们知道,"人是万物的尺度"开启了古希腊哲学对人的独立性和主体性的探寻,以萌芽的形态表达了人是目的的思想,也标志着人的自我理解的重大进步。但是,人究竟是什么这个问题直到亚里士多德这里才得到了更为清晰系统的阐释,它构成了亚里士多德幸福观的人性论基础,只有从根本上把握了"人是什么",我们才能把握幸福是什么,"对于任何的种类,假如你想要知道它的最佳状态,只需要找到它特有的本性或功能并去完善它,这样你就能够实现符合你自然本性的最终目的。当这个种类是人的时候,这个最终目的就被称为幸福"③。亚里士多德认为,一种事物与另一种事物的自然差异或本性上的差异是该事物"是其所是"的独特理由,其具体体现于该事物特有的功能,换言之,只有该事物能而其他事物不能的特质就是事物的特有功能,而功能的实现就是活动,如果事物把自然本

---

① 朱清华:《再论柏拉图的正义与幸福》,《江苏社会科学》,2012年第1期。
② 张彭松:《亚里士多德幸福观的实践转向》,《云南师范大学学报(哲学社会科学版)》,2016年第6期。
③ 陶涛:《塞涅卡论幸福:灵魂的合理化或理性化?》,《哲学动态》,2020年第3期。

性中的活动发挥得出色,发挥得好,卓越地实现了功能,那么就是该事物的德性。明白了这一理论逻辑,我们看看人是什么,有何独特的功能。在亚里士多德看来,人的自然本性就是人区别于植物、动物的独特特性,这个使人成为人的独特本性就是人的理性(logos)。因此,只要人的理性功能发挥得好,发挥得出色,那么这个人就是"好人",好人是卓越地实现人的功能的人。所以,我们理解了人的自然本性,理解了人的独特功能,理解了什么是好人,也就明白了幸福是什么,即亚里士多德所说的,"幸福是灵魂的一种合于完满德性的实现活动"①。需要强调的是,亚里士多德自然人性论中的人的功能是一种潜在的状态,其现实化的过程是通过活动得以实现的,同时,亚里士多德的幸福观以自然人性论为基础,但是其既不"出于自然",也不"反乎自然",幸福的获得需要在尊重自然人性的基础上通过人自身的习惯努力而获得。

具体来说,在自然主义人性论的基础上,亚里士多德采取了"目的论证"和"功能论证"的双重论证策略,以德性来阐释幸福的确切内涵。与苏格拉底和柏拉图一样,亚里士多德同样是以"善"为探讨幸福的起点,然而亚里士多德意义上的"善"和苏格拉底、柏拉图抽象共相的理念善不同,它是具体的,体现在人的每一种实践和选择之中。"每种技艺与研究,同样地,人的每种实践和选择,都以某种善为目的。"②由于人类的实践活动、选择、科学等有很多种类,那么目的也就有很多种。在纷繁复杂的目的链条中,存在一种最高的善或者说终极的善(至善)。"如果在我们活动的目的中有的是因其自身之故而被当作目的的,我们以别的事物为目的都是为了它,如果我们并非选择所有的事物都为着某一别的事物(这显然将陷入无限,因而对目的欲求也就成了空洞的),那么显然就存在着善或最高善。"③这个"最高善"就是幸福,亦即"生活得好或做得好"。亚里士多德对幸福作为最高善的理解显然突出了幸福的两个基本特性,即幸福是最终的目的,它是完满的和自足的。幸福之所以是完满的,是因为我们追求幸福始终是因为其自身而不是他物。"我们把那些始终因其自身而从不因为他物而值得欲求的东西称为最完善的。与所有其他事物相比,幸福似

---

① 亚里士多德:《尼各马可伦理学》,廖申白译,北京:商务印书馆,2003年版,第32页。
② 亚里士多德:《尼各马可伦理学》,廖申白译,北京:商务印书馆,2003年版,第3页。
③ 亚里士多德:《尼各马可伦理学》,廖申白译,北京:商务印书馆,2003年版,第5页。

乎最会被视为这样的事物。"①幸福之所以是自足的,是因为幸福自身使得生活值得欲求并且没有缺乏。幸福作为所有的善中最值得欲求的善,与其他的善事物不是并列的关系,因为如果幸福和其他善事物并列,"那么显然再增添一点点善它也会变得更值得欲求"②。由此可见,亚里士多德从善作为目的出发,通过"目的论证"说明了幸福是"最高善",它是所有其他活动的目的,是完满和自足的。"目的论证"策略只是说明了幸福是"最高善",表明幸福在所有善中的地位,但还没有说明"最高善"的确切内涵是什么,"什么是幸福"依然没有阐释清楚。而要搞清楚"什么是幸福",那就要弄清"人的活动"是什么,也就是接下来的"功能论证"策略。功能(εργον, ergon)是亚里士多德说明什么是幸福的核心概念。如前所述,它是事物的自然本性差异使然,也就是说,事物的自然差异体现在它特有的功能之上。"由于一事物独有某种功能,其他事物皆不具备,因此该功能同样标明了事物何以是其所是。在某种程度上可以说,事物的自然本性、目的和功能是相同的。"③功能的实现就是"活动",而这样的实现活动如果完成得好,事物也就具备了德性。在与其他存在物的比较中,亚里士多德把理性逻各斯的实现活动作为人区别于其他事物的特有活动。亚里士多德延续柏拉图对人的灵魂的划分,认为人的灵魂中存在三种组成部分:一是没有理性的部分,二是虽然没有理性但可以服从理性的部分,三是纯粹理性的部分。既然人的独特功能在于理性,人的德性在于人的理性功能的卓越的好的发挥,那么依据灵魂的不同类型,人的德性就可以分为两类:一类是道德德性(ethike aretai),它存在于人依据实践智慧而作出的符合"适度"原则的选择中,另一类是理智德性(dianoetike aretai),它存在于人依据理性的直接运用而把握永恒不变的实体中。既然人的幸福在于灵魂的合乎德性的实现活动(德性不是一种品质、状态,而是活动、行动,这是亚里士多德尤其强调的),因此在区分两种类型德性的基础上,具体讨论节制、勇敢、正义、慷慨、大方、正义等道德德性以及技艺、科学、努斯、明智等理智德性便成为亚里士多德伦理学部

---

① 亚里士多德:《尼各马可伦理学》,廖申白译,北京:商务印书馆,2003年版,第18页。
② 亚里士多德:《尼各马可伦理学》,廖申白译,北京:商务印书馆,2003年版,第19页。
③ 陶涛:《亚里士多德论功能、幸福与美德》,《伦理学研究》,2013年第6期。

分的主体内容①。

"目的论证"尤其是"功能论证"对德性的相关界定使得亚里士多德顺利完成了对幸福内涵的解释工作,幸福依据德性而被理解,同样,幸福的实现途径也依据德性而被揭示。在苏格拉底和柏拉图那里,他们并没有明确区分道德德性和理智德性,而追求"属人的幸福"的亚里士多德明确区分了德性这两种类型,并明确指明了获得幸福的具体途径。亚里士多德首先否定了幸福不是来自神或运气的恩赐,而是通过学习、习惯或训练获得的,"所有未丧失接近德性能力的人都能够通过某种学习或努力获得它。而如果幸福通过努力获得比通过运气获得更好,我们就有理由认为这就是获得它的方式"②。由于理智德性和道德德性属于两种不同类型的德性,所以获得它们的方式也有所差异,"理智德性主要通过教导而发生和发展,所以需要经验和时间","道德德性则通过习惯养成,因此它的名字'道德的'也是从'习惯'

---

① 亚里士多德把幸福定义为"灵魂的合乎德性的实现活动",以德性来说明幸福的实质性内涵,然而德性不是一个抽象的共相概念,而是依据灵魂的不同性质、理性的不同运用,德性又分为理智德性和道德德性。因此,对于亚里士多德幸福观的理解就可能存在一定的分歧,即幸福究竟是囊括道德德性和理智德性在内的德性的综合还是只是理智德性(沉思)的纯粹运用?一方面,亚里士多德把幸福归结为德性的实现活动,另一方面又说如果幸福在于合乎德性的实现活动,那么它就应该是合乎我们灵魂中最好的德性,这种生活是最幸福的生活,在《尼各马可伦理学》的第十卷中,亚里士多德明确指出,"如果幸福在于合德性的活动,我们就可以说它合于最好的德性,即我们的最好部分的德性。我们身上这个天然的主宰者,这个能思想高尚[高贵]的、神性的事物的部分,不论它是努斯还是别的什么,也不论它自身也是神性的还是在我们身上是最具神性的东西,正是它的合于它自身的德性的实现活动构成了完善的幸福。而这种实现活动,如已说过的,也是沉思。"(亚里士多德:《尼各马可伦理学》,廖申白译,北京:商务印书馆,2003年版,第305页。)亚里士多德从六个方面阐释了为什么沉思或者爱智慧的活动是最幸福的:(1)沉思是最高等的实现活动;(2)沉思最为连续;(3)沉思中包含的快乐是最令人愉悦的;(4)沉思包含最多的自足;(5)沉思是唯一因其自身之故而被人们喜爱的活动;(6)沉思生活是人自身的生活。因此,相比于其他德性实现活动,亚里士多德指出沉思是第一好的幸福,其他只是第二好的。亚里士多德德性幸福论中的这种矛盾分歧是学术界争论的焦点,也是德性论研究中的热点问题,有学者甚至将其上升到"苏格拉底之死"以来所产生的哲学生活和政治生活的冲突高度。对于这一问题,概括起来有两种看法,即理智论(dominant)和包容论(inclusive),前者认为亚里士多德意义上的幸福只是理智德性的单纯运用,只有沉思活动才是幸福的,后者从德性整体一致等角度试图证明亚里士多德意义上的幸福是综合性的,是德性活动的全体。关于这一问题的深入探讨,可参阅《马克思与亚里士多德》《思辨是最大的幸福——亚里士多德〈尼各马科伦理学〉新版译序》《为属人的幸福而运思——浅析亚里士多德的幸福观》《"活得好"与"做得好":亚里士多德幸福概念的两重含义》《亚里士多德幸福观的论争与反思——基于"哲学-政治"张力的视角》《亚里士多德论功能、幸福与美德》等,国外的可参阅 The Final Good in Aristotle's Ethics; Reason and Human Good in Aristotle; Aristotle on the Human Good; Aristotle on the Perfect Life; Sovereign Virtue; Aristotle on the Relation Between Happiness and Prosperity。

② 亚里士多德:《尼各马可伦理学》,廖申白译,北京:商务印书馆,2003年版,第25页。

这个词演变而来"①。至此,亚里士多德不仅解释了"何谓幸福",而且指出了"如何获得幸福"的具体途径。需要强调指出的是,亚里士多德追求的是"属人的幸福",因此他在继承古希腊"灵魂的善"是最恰当意义上的善的基础上也承认财富、朋友等外在的善对获得幸福的重要作用。"幸福也显然需要外在的善。因为没有那些外在的手段就不可能或很难做高尚[高贵]的事。许多高尚[高贵]的活动都需要有朋友、财富或权力这些手段。还有些东西,如高贵出身、可爱的子女和健美,缺少了它们福祉就会黯淡无光。"②亚里士多德对"外在的善"的强调凸显了其幸福观的属人特性,同时依据适度原则并受梭伦幸福观的影响,亚里士多德又认为"尽管幸福也需要外在的东西,我们不应当认为幸福需要很多或大量的东西。因为,自足与实践不存在于最为丰富的外在善和过度中。……只要有中等的财产就可以做合乎德性的事"③。因循前人的理解,亚里士多德在幸福的获得问题上同样认为幸福不是"一时的",而是"一世的"事,如同一只燕子或一个好天气不代表春天一样,幸福"在一生中"。

如果说亚里士多德的伦理学从个人角度阐释了幸福和德性之间的关系,说明了人作为个体应该以及如何过属于人的优良生活,那么其政治学则从城邦的政治制度或政体的维度为人的德性活动的实现和人的完善化提供了条件。众所周知,亚里士多德对人的本质作了一个著名的论断,即"人天生是一种政治动物"。亚里士多德的政治学正是从这个核心命题出发,回答了何种类型的城邦才是理想的共同体以及在这种城邦共同体中实现个体和共同体的幸福。城邦在形成时间上虽然晚于家庭和村坊,但是在本性上却比它们优先,因为人们结成城邦不仅仅是为了维持生活,满足自然的需要,更是为了"优良的生活","既然一切社会团体都以善业为目的,那么我们也可说社会团体中最高而包含最广的一种,它所求的善业也一定是最高而最广的:这种至高而广涵的社会团体就是所谓'城邦',即政治社团"④。在城邦共同体中,经济是从属于政治的,"家政学"是从属于政治学的。"'家政'从属于政治伦理与实践理性,是哲学或伦理学的一部分,服务于人的德性潜能

---

① 亚里士多德:《尼各马可伦理学》,廖申白译,北京:商务印书馆,2003年版,第35页。
② 亚里士多德:《尼各马可伦理学》,廖申白译,北京:商务印书馆,2003年版,第24页。
③ 亚里士多德:《尼各马可伦理学》,廖申白译,北京:商务印书馆,2003年版,第310页。
④ 亚里士多德:《政治学》,吴寿彭译,北京:商务印书馆,1965年版,第3页。

在特定社会制度中实现这一核心目的。"①因此,在《政治学》的第一卷中,亚里士多德一方面把"家务管理"看作城邦的基础,另一方面又极力批判不符合自然原则、追求无止境财富的致富术,尤其是高利贷这种极度违反自然的获取财富的方式②。在此基础上,亚里士多德指出,"政治团体在具备了相当的物质条件以后,什么形式才是最好而又可能实现人们所设想的优良生活的体制"③。亚里士多德在收集大量资料和充分比较的基础上,分析各种政体及其变迁的利弊得失,建构了以中产阶层为主体的民主政体这个最理想的城邦政体体制,这种城邦政体最利于促进人的德性潜能的发挥和人的发展完善。与苏格拉底、柏拉图一样,亚里士多德同样试图通过全面的多维的教育来培育自由公民的德性,促进个体和共同体的和谐协调发展,最终实现个体和共同体的幸福。

亚里士多德从伦理学的个体和政治学的城邦双重维度阐明了"属人的幸福"的内涵和实践途径,从而在实践哲学的视域中第一次系统完善地建构了德性幸福论体系。众所周知,亚里士多德从哲学的高度首次区分了理论、制作和实践,进而把实践哲学从理论哲学与形而上学中真正独立出来,"一定程度上克服了前亚里士多德哲学的'伦理—认识平行论'性质和'美德即知识'命题对知识与美德的混淆"④。实践哲学的主题就是研究人的德性潜能的实现基础上的人的自我完善,促进人的完整性,它以伦理反思的形式指导人作为行为者,以最终目的或者至善为导向,合理地安排自我的生活,进而实现人之为人的本质,最终过上属于人的优良幸福生活,这正是亚里士多德实践哲学的立脚点和落脚点。

亚里士多德以及其前辈们共同建构的以"自我完善"的优良生活为核心的德性幸福论体系对后世产生了巨大的影响,它不仅深刻影响了马克思、恩格斯,而且在面对现代的道德哲学困境时,以麦金泰尔为代表的思想家们试图从古典德性论中挖掘资源,"追寻美德",复兴美德伦理学以解决现实的问

---

① 郗戈:《〈资本论〉中的亚里士多德:家政与资本主义》,《教学与研究》,2014年第9期。
② 亚里士多德从政治伦理角度对无止境追逐财富的致富术的批判显然影响了马克思。马克思在《资本论》中多次引用亚里士多德在《政治学》中的相关论述来批判资本无止境地追逐价值增殖的本性妨碍了人的自由而全面的发展。我们将在后面分析马克思主义幸福观的内在结构的篇章中深入探讨这一问题。
③ 亚里士多德:《政治学》,吴寿彭译,北京:商务印书馆,1965年版,第43页。
④ 丁立群:《马克思与亚里士多德:实践理论范式的转换》,《哲学研究》,2020年第6期。

题。"贤哲们对于德性伦理的探讨条分缕析,细致全面,对于人的理性、幸福最高善的德性的肯定与颂扬,对于人的勇敢、慷慨、节制等具体美德的明示,对于人生意义的追求,对于人的精神修为和高尚品格的形成具有永恒的示范意义。"①人作为人应该过人的生活甚至追求与"神"相通的高尚精神生活,不断促进自身的德性潜能的实现和自我发展完善,提升人生的境界,这就是古希腊德性幸福论给我们的现实启示。

古希腊德性幸福论体系始终以一种反思性的态度思索什么样的生活才是值得过的,体现了人的原始的伦理的和政治的丰富性,它始终把人放在中心位置,探索怎样才能生活得好或做得好,正如马克思在批判现代资本主义生产以"外在的目的"牺牲人自身的内在目的时所指出的那样,古代的生产比较崇高,因为它不是"为生产而生产",而是始终以人为目的,这恰恰是古希腊德性幸福论体系的核心意涵,即人的德性潜能的发挥和自我的完善化,从而过人应该过的幸福生活。"将幸福看作伦理生活的最高目的,是希腊伦理学的典型形态。无论是柏拉图、亚里士多德,还是斯多亚学派,幸福都被理解为一种自我完善。而德性,这一希腊伦理学的核心关切,最终着眼于一种以自我完善为目的的伦理生活。"②当然,古希腊德性幸福论也存在一定的历史局限性,比如说在"谁之幸福""何谓幸福""何以幸福"等幸福主体、幸福内涵和实现幸福的途径上都带有奴隶制时代的烙印和理想主义色彩。所以,正如马克思所指出的那样,这种原始的丰富性无论如何是片面的丰富性,人只是在狭隘的空间中发展,留念那种原始的丰富性是"可笑的"。因此,从历史唯物主义视角来看,它必然会被新的生产方式代替,这是历史发展的总趋势,问题在于如何结合时代的需要将其现实化,"复兴"既无必要也无可能,因为时代发生了变迁,而与时代的"融合"可能是一种可行性的途径。

## 二、"不动心"的自由:时代变革中的希腊化罗马时期快乐主义幸福论

亚里士多德之后,古希腊哲学由古典哲学阶段进入了晚期希腊哲学阶段。晚期希腊哲学时间上从后亚里士多德到最后一个雅典学园被废止的公

---

① 袁凌新:《伦理与政治的原始丰富性:古希腊实践哲学的价值与局限》,《世界哲学》,2018年第4期。
② 樊黎:《爱与幸福——再论柏拉图解释史上的一桩公案》,《现代哲学》,2018年第3期。

元529年,跨越800多年的时间,它包含希腊化和罗马帝国两个历史阶段,罗马帝国时期从历史阶段的角度来说虽然已不属于"希腊化",但是从文化意义的层面来说,它却是"希腊化"时期的延续,"希腊化"时期标志着古典时代的终结。这一时期的哲学派别主要包含怀疑主义、伊壁鸠鲁学派、犬儒主义、斯多亚主义等。长期以来,希腊化时期的哲学没有得到应有的重视,"许多哲学史家把晚期希腊哲学看作日落前的晚霞,告诫自己:切忌在此停留,赶在黎明前穿越黑暗时期的教父学和经院哲学,迎接启蒙时代的曙光"①。近年来,尤其是《希腊哲学史》第4卷出版以来,希腊化时期的哲学愈益得到深入的研究。事实上,虽然马克思"关于伊壁鸠鲁派、斯多亚派和怀疑派哲学的全部概况,以及它们与较早的和较晚的希腊思辨的总体关系,我打算在一部更为详尽的著作里加以阐述"②的规划没有成型,但是在其博士论文中马克思就敏锐地洞察到亚里士多德之后的体系主要是伊壁鸠鲁派、斯多亚派和怀疑派对于希腊哲学内容和性质的重要意义,也足见其对处于初创时期马克思的思想形成的影响。

后亚里士多德的希腊化时期处于一个重大的变革时代之中,因为时代的变化,其哲学也体现了与早期和古典时期不同的特质,而哲学的转向也就导致幸福观的嬗变。这是一个动荡不安的时代,蛮族入侵,战争不断,希腊的城邦制度开始逐渐衰落,城邦内部两极分化严重,维系城邦及其公民间关系的法律、政制、伦理和宗教观念解体,公民个人魂无所依,因而必须考虑城邦无法保障的个体命运。在此时代背景下,哲学随之发生了转向,反映时代变化的特征,"哲学的转向正好发生在公元前404年伯罗奔尼撒战争后城邦制衰落、城邦间纷争、城邦内两极分化、公民个人岌岌可危这个时候,特别是腓力二世和马其顿统治时期城邦独立地位丧失的时候,如何面对现实、保持个人安全和平静成了时代的课题"③。与前亚里士多德时代的哲学相比,希腊化时期哲学的实用化、伦理化、功效化倾向开始凸显。古希腊早期的自然哲学,古典时期从苏格拉底到亚里士多德对以沉思理性支撑的玄之又玄的、为知识而知识的形而上学体系的"真"的体系求索被取代,人们不再从抽象的形而上学那里接受解决人生哲学的根本教诲,而是直接面对现实生活世

---

① 陈村富:《晚期希腊哲学的转向与特征》,《哲学研究》,2007年第3期。
② 《马克思恩格斯全集》(第1卷),北京:人民出版社,2001年版,第17页。
③ 陈村富:《晚期希腊哲学的转向与特征》,《哲学研究》,2007年第3期。

界,面对公民个体阐明其处世哲学。这一处世哲学的根本特征在于治疗无序的、失衡的、失控的病态灵魂,从而求得"身心的安宁"和"灵魂的升华"。正如伊壁鸠鲁所说,"倘若不能治愈人类的任何痛苦,哲人的言说就徒然无益。因为,正如不能驱除身体疾病的药是没用的一样,不能驱除精神痛苦的哲学也没有用"[①]。虽然希腊化时期各哲学派别之间相互倾轧,但是将哲学视为治疗心灵烦扰疾苦和获得幸福的关键,追求"不动心"(apatheia)的境界是希腊化时期各派哲学的共同特质,只不过对于实现这一目标的途径或者说"药方"理解不同而已。"斯多亚派主张人人应该领略'宇宙—自然—人心'之无欲状和谐,从而使个体达到'清心寡欲'的境界;怀疑派以'不动心'为宗旨,以'悬置'真假是非判断为手段;伊壁鸠鲁以现世之快乐和心灵的'自由'和无畏为目标,以原子偏离学说为论据,展开他的说教。"[②]古罗马时期的晚期斯多亚学派的代表人物塞涅卡明确指出:"我们要探索的是,心灵应该怎样始终沿着一条稳定而又顺利的路线前行,怎样才能对自己心怀好感,怎样才能快乐地看待自己的状态并且没有任何干扰破坏这种快乐,而是一如既往地处于一种宁静状态,从不起起伏伏:这就是宁静。"[③]"心灵的宁静"(tranquility)或者说"无动于衷"(αταραχια)正是希腊化时代幸福的标志,因此,探求心灵宁静的途径也就是获得幸福的途径。鉴于伊壁鸠鲁哲学对马克思早期思想的影响以及"除非正确评价伊壁鸠鲁的幸福与自然学说……否则马克思后来分析李嘉图、斯密和马尔萨斯等人的古典政治经济学的目标将会溜走"[④]的教诲,我们重点考察伊壁鸠鲁快乐主义幸福论哲学。

从伊壁鸠鲁哲学的整体精神气质来看,幸福似乎不是其哲学的某一组成部分,而是其哲学几乎就是幸福论的哲学。在伊壁鸠鲁看来,包含自然哲学在内的所有探究最终目的都是人的幸福生活,以原子论为基础的自然哲学导向的是伦理学自由意志以及善的问题。伊壁鸠鲁幸福论的起点和终点是快乐,快乐被定位为内在终极的善好(good),人的一切追求都是"开始于快乐,又回到快乐"。由此可见,幸福与快乐是紧密联系的,可以通过对快乐的分析而理解幸福。那么,"如何看待快乐呢?伊壁鸠鲁是用'痛苦'来解释

---

① C. Bailey. *Epicurus: The Extant Remains*, Huperion, 1979, p.133.
② 陈村富:《晚期希腊哲学的转向与特征》,《哲学研究》,2007年第3期。
③ 塞涅卡:《论幸福生活》,覃学岚译,南京:译林出版社,2015年版,第135-136页。
④ 麦卡锡:《马克思与古人——古典伦理学、社会主义和19世纪政治经济学》,上海:华东师范大学出版社,第1页。

和反衬'快乐'的,认为快乐的目的是终止任何痛苦"①。而痛苦的消除就是身心的平静,因此,在伊壁鸠鲁看来,幸福生活的完成就是"身体的无痛苦和灵魂的无扰"。

伊壁鸠鲁以痛苦和快乐的此消彼长把幸福定义为心神宁静,其依据的哲学基础是自然人性论。伊壁鸠鲁认为,研究自然的哲学和研究人的哲学具有不同的特点,研究人的哲学不仅和感觉有关,而且与人的快乐和痛苦的情感有关,这两种情感是评判是非好坏的标准,"我们所有的选择和规避,都指向身体的无痛苦和灵魂的无纷扰。因为这就是幸福生活的目的。我们所做的一切都是为了我们不再痛苦,不再惊恐"②。之所以如此,这是由人的自然本性决定的。人的自然本性就是选择快乐,规避痛苦,这是人作为人理性选择的结果。由此可见,伊壁鸠鲁把人的自然情感提升到了本质性的高度,赋予其自然伦理的意义。由此我们也就可以理解为什么快乐是善的、好的,快乐的行为就是善、好的行为,而痛苦则是恶的、坏的,痛苦的行为就是恶的、坏的行为。以快乐和痛苦的人的自然情感来判定善恶,伊壁鸠鲁必然会推崇感觉的作用,把感觉作为判断一切优劣的标准,这也体现了伊壁鸠鲁幸福观朴素的唯物主义特征。

既然幸福生活的完成是痛苦的消除和快乐的增长基础上的心神宁静,那么任何引起心灵痛苦或烦扰的因素都是人在寻求幸福途中的绊脚石,而我们在获得幸福的征途中首先要分析的就是哪些因素招致心灵的烦扰痛苦,影响了我们的心神宁静。这就像医生治疗病人,首先要诊断病因一样。伊壁鸠鲁清晰地指出:"对于人而言,下面这些乃是导致灵魂最大的纷扰产生的原因:首先,人们一方面认为天体乃是不朽和幸福的,另一方面又认为它们拥有与不朽和幸福不相容的意志、行为和动机。其次,他们总是根据神话传说而推想或猜测存在着某种永久的痛苦,或者害怕死后将丧失感觉,仿佛这一切会影响他们似的。最后,之所以遭受这种情形,不是出于理性的判断,而是出于非理性的想象,因此,那些对痛苦不加限定的人,他们所受到的扰乱,与那些完全凭空乱想的相比,一样大,甚至还要大些。灵魂的无纷扰

---

① 聂锦芳:《何为幸福:"从哲学上进行思考"——马克思早期文献〈伊壁鸠鲁哲学〉解读》,《马克思主义与现实》,2016年第1期。
② 拉尔修:《名哲言行录:希汉对照本》,徐开来、溥林译,桂林:广西师范大学出版社,2010年版,第535页。

就是从所有这一切中解脱出来,不断地牢记总的和首要的原则。"①概括来说,宇宙天体的运行、神灵控制世界的宗教迷信、死亡的恐惧以及由此而来的生命本身的欲望等众多因素引起人心灵的烦扰,"受缚于诸般烦恼的心灵,谈何宁静,又罔论幸福"②。

伊壁鸠鲁的哲学研究尤其是自然哲学研究就是要通过科学地解释自然现象来解放人受束缚的灵魂,而这也正是人实现幸福生活的现实途径,正如马克思所说,伊壁鸠鲁的自然哲学是为伦理学服务的。"准确地把握最主要的事物之原因,乃是自然哲学的任务,幸福有赖于对天象的认识,需要去了解从这些天象中所见到的事物的本性,准确地把握与我们的幸福相关的事物。"③首先,伊壁鸠鲁通过原子论的自然哲学研究消除了人们对自然的恐惧。伊壁鸠鲁认为,世间的万事万物不是从"无"中产生的,也不会归结为"无",在此基础上,伊壁鸠鲁提出了他的原子论世界观。万事万物的生成是通过被称为"种子"的原子在虚空中的运动而得以实现的,原子和虚空不是神,而是万事万物的终极原因,世界有其自身的客观规律。因此,神灵的存在及其控制宇宙天体运行都是人虚妄的非理性的主观臆想,而不是理性思考的结果。这就消除了人的心灵对于"自然"的恐惧。其次,伊壁鸠鲁以其独特的死亡观消除人的心灵对于死亡的恐惧。神话传说到处宣扬着人的死亡和死亡后的永久痛苦,这样的宗教观念引起大众对死亡的极端恐惧,干扰着人的心灵。伊壁鸠鲁提出了死亡与个人无关这一思想,"当我们在的时候,死亡尚未来临,而当死亡来临时,我们却已经不在了。所以无论是对于生者,还是对于死者,死亡都与之无关;因为对于前者,死亡尚不存在,至于那些死者,他们自己已经不在了"④。换言之,死亡是感觉的丧失,也就不存在死后灵魂受惩罚的问题,因而消除了人们对于死亡的畏惧,这样人的心灵就会平静下来。最后,伊壁鸠鲁通过欲望的三分法划界来消除人"生本身"的烦扰。"在各种欲望中,有的是自然的,有的是空虚的。在自然的欲望中,

---

① 拉尔修:《名哲言行录:希汉对照本》,徐开来、溥林译,桂林:广西师范大学出版社,2010年版,第518页。
② 罗晓颖:《宁静?抑或自由?——试析伊壁鸠鲁幸福观及其对马克思的影响》,《现代哲学》,2011年第6期。
③ 拉尔修:《名哲言行录:希汉对照本》,徐开来、溥林译,桂林:广西师范大学出版社,2010年版,第517页。
④ 拉尔修:《名哲言行录:希汉对照本》,徐开来、溥林译,桂林:广西师范大学出版社,2010年版,第534页。

有的是必要的,有的仅仅是自然的。在必要的欲望中,有的有助于幸福,有的有助于身体摆脱痛苦,有的有助于维系生活本身。在所有这些中,正确无误的思考会把一切选择和规避都引向身体的健康和灵魂的无烦恼,既然这是幸福生活的终极目的。"①人的"生本身"的烦扰来自无止境的欲望,"为什么常人认为幸福难以达到?这恰恰是因为他们大多相信了错误的纵欲式、最大化式'快乐主义'"②。伊壁鸠鲁试图通过对欲望的划界来去掉非必要的不自然的欲望,当伊壁鸠鲁教导信徒们限制欲望甚至安心于最简单朴素的生活时,我们似乎可以看到"禁欲主义的精神之光"。吊诡的是,往往被视为反对宗教的无神论者的伊壁鸠鲁竟然能在早期基督教那里获得共鸣,而伊壁鸠鲁近乎禁欲主义的快乐主义幸福观又往往被误解为纵欲主义。这或许是因为伊壁鸠鲁以感觉作为判断优劣的标准,而感觉自身的不确定性致使纵欲的享乐主义者跟着感觉走去寻求所有自然的、非自然的快乐,而漠视"某些快乐的产生者却带来了比快乐大许多倍的烦扰"。"伊壁鸠鲁的快乐论不仅不是所谓纵欲式快乐主义,而且其重要目的之一正是反对纵欲主义的'快乐'观。纵欲主义的快乐论诉诸量化标准,即(时间与强度上的)最大化,这样的快乐确实是无限度的、无法满足的,但是这恰恰是伊壁鸠鲁哲学所要反对的。在伊壁鸠鲁看来,这样的快乐就是不自然的。"③但是,尽管伊壁鸠鲁一再声明自己所说的作为终极目标的快乐不是指"放荡的快乐"和"肉体之乐",甚至也不是参与城邦政治生活的快乐,但是他的快乐主义幸福观还是遭到了不同程度的误解。通过以上的哲学治疗的"药方",伊壁鸠鲁期望每个人能够心神宁静过上幸福的生活,进而在每个人心神宁静而不是城邦制度的基础上来达成城邦整体的幸福生活。

伊壁鸠鲁心神宁静的快乐主义幸福论与古典哲学的德性幸福论有显著的差异,从而开启了异于苏格拉底、柏拉图和亚里士多德的另一条研究幸福的哲学路线和方式,进而被视为启蒙式的哲学。希腊人喜欢追问幸福,这一偏好在苏格拉底提出"未经反思的生活是不值得过的生活"之后尤为突出。追寻生活的意义,如何安排自己的生活成为伦理学的核心主题。苏格拉底—柏拉图—亚里士多德所追求的幸福是和"善"本身关联的,是至善、完善

---

① 伊壁鸠鲁:《自然与快乐:伊壁鸠鲁的哲学》,包利民、刘玉鹏、王纬纬译,北京:中国社会科学出版社,2004年版,第32页。
② 包利民、徐建芬:《时代巨变之际的希腊幸福论之争》,《伦理学研究》,2014年第6期。
③ 包利民、徐建芬:《时代巨变之际的希腊幸福论之争》,《伦理学研究》,2014年第6期。

和自足的统一,这样的幸福观在伊壁鸠鲁看来是抽象的,它根本无法指导大众的生活。"伊壁鸠鲁根本不关心柏拉图等人抽象的形而上学等理论问题。他只关心实践哲学的问题。在实践哲学中,他也不关心所谓存在论式的政治问题。他只关心奠基在感觉基础上的个人伦理道德问题,即人身体的无痛苦和灵魂的无纷扰等这样现实的实践问题。"①因此,在伊壁鸠鲁的视域中,研究和实现幸福的路径不是超验的,不是思辨哲学的形而上学,而是从自然感觉出发,从生活本身出发,追寻大众都能够得到的幸福。对于伊壁鸠鲁而言,哲学的功能也发生了变化,它不再是追寻智慧之学而是医治心灵疾苦的治疗之学。伊壁鸠鲁的快乐论还原幸福观具有启蒙意义的哲学根本宗旨在于缓解传统宗教和古典政治伦理对人性的压抑,治疗人间的种种苦难,从而过上心神宁静的可以直接感受到的幸福生活。伊壁鸠鲁哲学研究目的的定位往往被贬斥为只是人生感性经验的总结,而缺乏思辨性和形而上学性,不是纯粹的哲学。从思辨哲学的角度来看确实如此,而这恰恰是伊壁鸠鲁哲学的特质所在,也是其幸福观的独到之处。"不动心"的心神宁静的幸福观最终导致的必然是主观性的"自由",而"自由"才是伊壁鸠鲁哲学最核心的意涵。处于青年黑格尔派时期的马克思通过对伊壁鸠鲁自然哲学和德谟克利特自然哲学差异的比较研究,在原子偏斜运动的缝隙中透视了"自由"这一内核,而"自由"也始终构成马克思主义幸福观的核心意涵,马克思正是沿着伟大菜园哲人的足迹不断继续前行!

## 第二节　基督教幸福观批判及启蒙现代幸福论谱系

### 一、"批判快乐主义幸福论,超越理性主义德性论"的基督教信仰幸福观

青少年时期的马克思在其中学毕业德语作文《青年在选择职业时的考虑》中曾经慷慨激昂、富有激情地宣称:"在选择职业时,我们应该遵循的主

---

① 李蜀人:《灵魂的无纷扰——伊壁鸠鲁哲学思想的再研究》,《陕西师范大学学报(哲学社会科学版)》,2018年第3期。

要指针是人类的幸福和我们自身的完美。不应认为,这两种利益会彼此敌对、互相冲突,一种利益必定消灭另一种利益;相反,人的本性是这样的:人只有为同时代人的完美、为他们的幸福而工作,自己才能达到完美。如果一个人只为自己劳动,他也许能够成为著名的学者、伟大的哲人、卓越的诗人,然而他永远不能成为完美的、真正伟大的人物。"①马克思把对幸福的理解和未来的职业选择联系起来,期望在"人类的幸福"和"自身的完美"有机结合中实现人生的崇高理想。马克思心目中的"偶像"如为人类盗火的普罗米修斯等都是为了"人类的幸福"而进行创造性劳动并勇于自我牺牲的人:"历史把那些为共同目标工作因而自己变得高尚的人称为最伟大的人物;经验赞美那些为大多数人带来幸福的人是最幸福的人;宗教本身也教诲我们,人人敬仰的典范,就曾为人类而牺牲自己——有谁敢否定这类教诲呢?"②马克思为"人类的幸福"工作的伟大志向伴随着他一生的理论和实践探求,是理解马克思主义理论的一根红线,而这一志向的确立与宗教的教诲密不可分,正是对基督教的信仰和对上帝的爱滋养了马克思高尚的道德情操和远大的志向,告别"可怜的、有限的、自私的乐趣",为千百万人的幸福而不怕牺牲奋斗终生。

马克思幸福思想的萌芽始于对基督教虔诚的信仰,而马克思对基督教的信仰不同于一般教徒,这为马克思科学探求"人类的幸福"道路奠定重要基础。在马克思看来,人的高尚道德情操和自身的完善是我们信仰基督、敬爱上帝的动因,"马克思不是从基督教教义出发来阐释信徒与基督结合的必要性,而是从高尚的道德需要和人的自我完善出发来探讨信徒与基督保持一致性的原因"③。人之所以信仰宗教,是因为人为了自身的幸福和生活的美好,提高自身的道德境界和不断完善自我,基督教对于人的道德完善具有不可替代的作用;对上帝的爱要求人在生活中能够爱自己的邻人,而在"爱"中人不断地完善提高自我。因此,对人自身的重视是马克思对基督教信仰的根本出发点和落脚点,也正因为如此,随着马克思认识水平的不断提高,马克思愈益不满于基督教忽视此岸幸福而对彼岸幸福的虚假承诺,开启了宗教批判和宗教超越而追寻人的现实幸福的道路,"废除作为人民的虚幻

---

① 《马克思恩格斯全集》(第1卷),北京:人民出版社,1995年版,第459页。
② 《马克思恩格斯全集》(第1卷),北京:人民出版社,1995年版,第459页。
③ 杨鲜兰、程亚勤:《论马克思对宗教信仰的超越》,《江汉论坛》,2020年第4期。

幸福的宗教,就是要求人民的现实幸福"①。无论是对基督教的赞美,还是对其的批判超越,显而易见的是,基督教幸福观对于马克思的深刻影响,在马克思幸福思想的形成发展过程中具有举足轻重的意义。

基督教的产生是古希腊罗马伦理学发展的必然逻辑,伦理学追问的终点往往就是宗教思想流行的起点。伦理政治的社会行为所运用的理性主要是"实践理性",而所谓实践理性是运用理性对不同实践事务做出慎重选择的能力。然而,吊诡的是,古希腊罗马社会现实生活中不同类型的伦理政治观念都是运用实践理性做出慎重选择的结果,"这就暴露了实践理性的致命的弱点:它可以为两种相反的'幸福''至善''理想政制'做出同等有效的论证,但是无法保证其在今世中变为现实,更无法保证其在变为现实时真的是善的、好的;它也无法使所有听众都接受一种伦理或政制,恰恰相反,往往是同一时期中多种伦理和政治学说并存,都能获得部分听众的支持。这样,它反倒将追求'幸福''至善''理想'的人们分裂为不同信仰的群体"②。幸福论认为,德性取决于幸福,幸福原则本身即是德性,德性论认为,幸福取决于德性,德性即幸福,这就为怀疑主义哲学流行提供了条件,"一旦这种处世哲学追索到伦理的最高问题即人'至善'和人生追求等'终极关怀',它就走到宗教、准宗教的门口了"③。在哲学宗教化、医学宗教化以及文学艺术宗教化等多重因素的共同作用下,"既有超乎一切民族文化的普世精神,又有哲学义理的基督教,最后既战胜了希腊哲学,也打败了形形色色的宗教、准宗教,还清除了诺斯底及其他异端的侵袭,并终于在公元 325 年尼西亚会议和 392 年成为罗马国教之后,逐步取得了统治地位。公元 529 年东罗马皇帝下令解散最后一个雅典学园。至此,基督教取代了希腊哲学,成为主宰欧洲中古社会的主流意识形态"④。

希腊哲学是基督教的思想资源,基督教幸福观一定意义上是苏格拉底、柏拉图主义以知识论为基础的理性主义幸福论的进一步发展,在人—上帝的实在论结构中建构了信仰幸福观。

首先,基督教信仰幸福观是在对古希腊罗马快乐主义幸福论和理性主

---

① 《马克思恩格斯全集》(第 3 卷),北京:人民出版社,2002 年版,第 200 页。
② 陈村富:《晚期希腊哲学的转向与特征》,《哲学研究》,2007 年第 3 期。
③ 陈村富:《晚期希腊哲学的转向与特征》,《哲学研究》,2007 年第 3 期。
④ 陈村富:《晚期希腊哲学的转向与特征》,《哲学研究》,2007 年第 3 期。

义德性论批判性反思的基础上产生的。作为首位为基督教哲学进行理论辩护的中世纪基督教神学家奥古斯丁批判性地继承了苏格拉底、柏拉图以来的理念幸福论遗产,并与传统的快乐主义幸福论彻底地决裂。苏格拉底、柏拉图从知识论的立场探寻善、正义等德性和幸福之间的关系,认为真正的幸福快乐在于对理念智慧的追求,而其他的快乐都是虚假的,幸福的标准在于拥有善的知识,这种以高贵的理智德性来界定幸福的立场具有明显的超越性特征。这种立场在后来的亚里士多德那里同样得到了继承,虽然亚里士多德以德性的不同类型来界定幸福在于灵魂合乎德性的实现活动,但是他仍然坚称思辨的沉思生活是最大的幸福。相比较之下,伊壁鸠鲁等坚持快乐主义幸福论的学派把人的幸福归结于现世的可感快乐之中,由于脱离了超越性特质而受到奥古斯丁的坚决反对。斯多亚派和晚期斯多亚主义的德性幸福论坚持精神内在超越而反对单纯盲目地追寻快乐,坚持禁欲主义,其幸福取决于德性的立场得到了奥古斯丁的肯定。在对古希腊罗马时期不同类型的幸福观批判性审视的基础上,奥古斯丁认为德性论虽然可以成为基督教思想的来源,但是"按照人自己的意愿生活,从而无论他们怎样为了过上幸福生活而殚精竭虑地锤炼德性,其德性都是一种世俗的德性,它违背了基督教'按上帝生活'的原则,这样的伦理学仍然没有摆脱'德性即知识'那种理智主义中心论的窠臼。"①换言之,基督教幸福观不承认靠人自身的理性运用的努力能够确保德性的自足完美和幸福生活,这种德性幸福并不是真正的幸福,真正的幸福在于"拥有上帝",得到上帝的恩典。

其次,人的幸福之所以在于上帝的恩典,是由"人"在世界中的位置决定的。人在世界之中处于何种位置决定人的生存。在基督教世界中,人处于"万物之上,上帝之下",具体来说,就是人的生存位置的"三一"结构,即"有形之物、灵魂和上帝"。我们知道,在古希腊哲学中,人一般被理解为理性与欲望的双重存在,幸福就在于以理性压制或驯化欲望,使得肉体的情感欲望服从于人的理性灵魂。但是在基督教中,在这两重存在之外,至高无上的上帝才是无条件的善,完满无限的存在。因此,人的灵魂的完满只有依靠对上帝的信仰才能实现。由此可见,在古希腊哲学中人自己依靠自己的理性完善自己而获得德性幸福的德性论被基督教的信仰幸福观取代,人的幸福并

---

① 张荣:《奥古斯丁的基督教幸福观辨正》,《哲学研究》,2003 年第 5 期。

不取决于自己,而在于上帝的救赎恩赐,"谁拥有一个恩典的上帝,谁就是幸福之人",这是由人的生存位置所决定的。

最后,人的幸福的获得在对"至真、至善、至美"的上帝的"爱"之中。基督教是爱的宗教,这里的"爱"的对象不是自身,对自己的爱是不幸的根源,只有对上帝的"爱"才是至高无上的"爱",也只有爱上帝进而爱邻人的人才是真正幸福的人。在奥古斯丁那里,"自爱"和对上帝的"爱"构成了区分"人间之城"和"上帝之城"的根据。拥有上帝的人是幸福的,而拥有上帝也就是对上帝的爱,因此,在"爱"中幸福的目标和追求幸福的途径实现了统一。由此可见,不同于古希腊德性幸福论对人的自我肯定,基督教把人获得幸福的过程理解为人的自我否定的过程,对上帝的爱是灵魂的超越,而这种超越是奠定在对上帝的谦卑、臣服的爱之中的,由此我们也可以理解尼采何以将基督教道德斥之为"奴隶道德"。

基督教幸福观把人的幸福完全建立在上帝存在这一"不证自明"的实在论基础之上,人是有原罪的存在,在上帝面前人是微不足道的,一切都以上帝为最后存在的根据,人需要上帝的救赎,人的幸福需要上帝的恩赐,人世间的一切财富、荣誉等都是虚幻的幸福,真正的至高无上的幸福只存在于对上帝的爱和心灵虔诚的祈祷之中。为了获得这种幸福,必须抛弃尘世幸福,忍受现实生活中的种种不幸。基督教幸福观的实质是一种将希望寄托于来世的信仰幸福观,它所改变的不是现实世界,而是心灵看待世界的方式,本质上是精神的自我麻醉。正因为如此,抛弃此岸世界世俗幸福,追求彼岸世界虚幻幸福的基督教幸福观遭到了近代文艺复兴、宗教改革和启蒙运动的强烈批判。

**二、启蒙幸福论谱系的感性主义之维:从幸福权、古典经济学到功利主义幸福论**

在漫长的中世纪,基督教幸福观占据绝对的主导地位。而在中世纪后期社会结构开始发生转型,"新式贸易方法的引进""出版业的兴起和生产活动的发展""公国和商贸城市日益获得独立性"等等,一个不同于传统社会的现代社会应运而生,中世纪宗教幸福观也愈益受到批判,现代幸福观慢慢发展起来。马克思在《〈黑格尔法哲学批判〉导言》中深刻地指出,"宗教是人民的鸦片",在现实苦难前只能以宗教为精神抚慰,把自己的幸福寄托于虚幻的上帝,因而彻底压抑了人性。因此,人要从宗教束缚中解放出来从而把握自己的命运,必须展开对宗教的批判,"对宗教的批判使人不抱幻想,使人能够作为不抱幻想而具有理智的人来思考,来行动,来建立自己的现实;使他能够围绕着自身和自己现实的太阳转动"①。人围绕自己现实的"太阳"转动的起点是文艺复兴运动,它发现了"人","文艺复兴时代的人是真正的'个体',而且具有'现代性',充满了可能性和潜力,能够为他们自己规划人生的方向,而不必在长期积累起来的基督教迷思的重负下跟跄前行"②。发现"人"的过程贯穿于文艺复兴、宗教改革和启蒙运动之中,人的主体性和独立性日益凸显。

"人"的重新发现和现代转向引发了幸福观问题上的革命性变革。启蒙风潮使得天赋人权的观念深入人心,幸福也从德性修为、上帝恩赐转变成为人在世俗世界应当享有的自然权利,与自由权、平等权、财产权一样,人人都有追求幸福的权利。幸福从总体上实现了从客观状态向主观状态的转变,"凡人的幸福"成为时代的最强音。幸福内涵的"幸福权"转向表明现代幸福与古代幸福的根本性差异。基于对人性的不同理解,启蒙幸福论谱系大体可以分为两条路线:(1)以人的感性为基础的经验主义幸福观,主要体现在古典政治经济学和功利主义为代表的幸福论中;(2)以人的理性为基础的理性主义幸福观,主要体现在以卢梭和康德为代表的道德幸福论中。

为了对抗宗教幸福观对人性的压抑,启蒙幸福观从感觉论出发首先承认人的感性欲望,把幸福转变成一种感官的快乐,批判禁欲主义幸福观,倡导经验主义幸福观。在人的本质理解上,"目的论"的人的本质概念开始让位于人的权利法则。现代社会哲学的开创者马基雅维利把人看作一种以自我为中心,只关心自己一己私利的存在物,在人性前提上,"这就与传统的哲学人类学前提彻底决裂了"③。霍尔巴赫也指出:"人从本质上就是自己爱自己,愿意保存自己,设法使自己的生存幸福。所以,利益或对于幸福的欲求就是人的一切行动的唯一动力。"④唯物主义哲学家爱尔维修提出"快乐为善,痛苦为恶"的享乐主义原则。因此,在文艺复兴和启蒙运动中,人的权利成为人性的新根基,那些基于人性的自然欲望并不是罪恶的,

---

① 《马克思恩格斯全集》(第3卷),北京:人民出版社,2002年版,第200页。
② 麦马翁:《幸福的历史》,施忠连、徐志跃译,上海:上海三联书店,2011年版,第137页。
③ 霍耐特:《为承认而斗争》,胡继华译,上海:上海人民出版社,2005年版,第12页。
④ 霍尔巴赫:《自然的体系》(上卷),管士滨译,北京:商务印书馆,1964年版,第273页。

而是人的正当合理的需要。"启蒙运动的本质是通过科学和艺术的进步和传播把人天性中的自私转化为开明的自利,使之成为公民社会的稳固基础。"① 由此可见,近代政治哲学家们试图以感官的感受性为基础,把道德原则建立在利益基础之上,这为古典政治经济学"经济人"概念的出场提供了条件,以公众的"幸福革命"自诩的现代世俗幸福论在政治经济学语境中得以系统建构。

古典政治经济学是现代社会的自我理解,它第一次从经济活动的现实过程维度把握社会何以产生的问题,完成了从先验到经验角度阐释现代社会的革命性变革。"社会"在前现代是指由人维持生存的自然必然性所制约的私人经济活动过程,在亚里士多德的著作中被称为"家政",家政学就是研究私人经济活动中人与物以及人与人之间关系的学问。前现代社会的经济活动只是政治城邦存在的基础性条件,它不是最终的目的,其功能在于为人的德性养成的高贵幸福生活提供必要性基础。现代社会开始发生转型以来,经济活动从私人领域解放出来,愈益具有公共性特征,然而政治经济学产生之前,思想家们在契约论的框架中从先验的角度阐释社会产生的必要性,把幸福理解成人的生命、财产等利益的自我持存。政治经济学则不同,"在哲学的社会性维度上完成了一个从先验到经验的转变"②。

"社会"在现代社会是以"文明社会"标识的"商业社会",而商业社会则是在资本的推动下,在分工和交换的基础上编织而成的,资本家、地主和工人等公众的世俗幸福就存在于以经验可以观察到的经济活动中,财富成为幸福社会的根基。古典政治经济学对人性的理解与古代社会相比发生了彻底的变化,人从"道德人""政治人"向"经济人"转变,"由于物品消费和财富积累构成了现世幸福的基础,每个具有理性的人都把追求自身利益最大化作为行动的直接目的。……与之相比,古代观点看重的是人类的优异性,这种优异性乃是出于本性或者内在地就令人钦佩的高贵的某种东西,它们的共同特点是它们都与人们的私利无关并摆脱了人类的算计之心,比如希腊人看重的智慧和技艺,罗马人看重的勇气与荣耀,等等"③。因此,苏格兰启蒙运动的代表人物、古典经济学的开山鼻祖斯密在《国民财富的性质和原因

---

① 张盾、袁立国:《论马克思与古典政治经济学的理论渊源》,《哲学研究》,2014年第3期。
② 唐正东:《斯密到马克思:经济哲学方法的历史性诠释》,南京:南京大学出版社,2002年版,第42页。
③ 张盾、袁立国:《论马克思与古典政治经济学的理论渊源》,《哲学研究》,2014年第3期。

的研究》中开篇就讴歌了现代分工带来的财富增长,"劳动生产力上最大的增进,以及运用劳动时表现的更大的熟练、技巧和判断力,似乎都是分工的结果"①。分工的益处是由人的交换本性决定的,这是人区别于动物的特有功能,"因为没有交换交易的能力和倾向,所以,不能把这种种不同的资质才能,结成一个共同的资源,因而,对于同种的幸福和便利,不能有所增进"②。换言之,在分工基础上的人与人之间的相互交换促进了彼此的幸福。既然财富构成现代人幸福的核心意涵,那么促进财富的增长的方法也就是促进公众幸福的方法,一是提高劳动生产率,二是投入更多的劳动,这都离不开资本的推动作用。因此,在政治经济学视野中,资本家成为公众幸福的"恩人"便是逻辑的必然结论。

古典政治经济学的根本目的是要证明自由资本主义的经济社会制度是最有利于促进公众幸福的制度,其意识形态特征十分明显。在古典政治经济学家看来,重商主义、重农主义等经济学体系是不自然、不自由的,它们的政策阻碍了社会财富的持续增长和公众的幸福,只有经济上的自由主义制度才能实现公众幸福的最大化。"一切特惠或限制的制度,一经完全废除,最明白最单纯的自然自由制度就会树立起来。"③因此,在"看不见的手"的指挥下形成的自由资本主义是最能促进人类幸福的"自然秩序",它是自然的、永恒的。事实上,古典经济学家们并不是没有看到资本主义社会的阶级冲突和阶级矛盾,古典经济学的最后的优秀代表李嘉图已经触及资本主义内在结构的"生理学",阶级之间的对抗性特征已经被揭示出来,但是他们认为通过现代资本主义制度能够以最有利于公众幸福的方式解决这些矛盾冲突或者说它们某种程度上是资本主义的必然产物,从而被坦然接受。古典经济学对现代社会和现代人幸福的理解方式为马克思主义幸福观提供了理论来源,但是他们浓厚的意识形态性和理论结构上的内在矛盾成为马克思主义幸福观产生和发展的起点。

现代启蒙式的感性主义幸福论在功利主义那里得到了进一步的发展,把快乐当作内在的、终极的善好,开创了幸福量化研究的先河。我们已经对古希腊晚期的伊壁鸠鲁派幸福论中快乐主义幸福论作了详细分析,功利主

---

① 斯密:《国民财富的性质和原因的研究》(上卷),北京:商务印书馆,1972年版,第5页。
② 斯密:《国民财富的性质和原因的研究》(上卷),北京:商务印书馆,1972年版,第16页。
③ 斯密:《国民财富的性质和原因的研究》(下卷),北京:商务印书馆,1974年版,第253页。

义的快乐主义幸福论和伊壁鸠鲁派具有相同之处,它们都是将感性作为判断的最终标准,把快乐作为出发点和落脚点,本质上都属于一种启蒙式的"人道主义"思想,主要针对的是宗教和形而上学抽象哲学对人性和生命本能的压抑。功利主义明确宣称,"自然把人类置于两位主公——快乐和痛苦——的主宰之下。只有它们才指示我们应当干什么,决定我们将要干什么。是非标准,因果联系,俱由其定夺。凡我们所行、所言、所思,无不由其支配"①,"追求快乐、摆脱痛苦是人生的唯一目的,快乐是衡量好坏的唯一标准"②。功利主义把人类追求财富荣誉等具体感性的欲望还原到快乐原则之中,以快乐作为评判好坏的唯一标准,从而区别于思辨哲学和宗教对幸福内涵的界定,使得通过主观感受值的变化来量化研究幸福成为可能,真正意义上的现代主观幸福研究由此开启。为了让自我主观感受成为可测量的,功利主义把幸福简化,凡是能够带来快乐的都是幸福的、善的,凡是带来痛苦的就是不幸的、恶的。在此基础上,功利主义为判断幸福制定了一系列的指标,如感官快乐、财富快乐、仁慈快乐等,与快乐指标相对应,又区分了痛苦的类型。为了快乐的可量化计算,那么这些快乐和痛苦只有量的区别而没有质的差异。由此可见,在功利主义看来,快乐没有质的区分,"主观感受成为决定快乐和幸福的决定性因素,使得幸福远离了'崇高'(sublime)这一西方传统伦理学的要义"③。

近代功利主义诞生之初主要以个体的幸福为导向,但之后的发展愈益倾向于社会经济关系和阶级结构的变革,认同后果论伦理学要义上的最大多数人的最大幸福。功利主义最终目标是要实现功利的最大化,但它不等于个人功利的最大化,更不是狭义的利己主义。它的主导价值是忽略单个的利益主体而突出社会利益或功利的最大化。换言之,功利主义试图把个体幸福和社会整体幸福结合起来,"以行为后果判断行为恰当与否,这是对自斯多葛派至康德以来的西方德性论幸福观的倒置"④。因此,为了社会整体的幸福,可以牺牲个体幸福,只要其后果有利于增进社会总体的功利。我们知道,伊壁鸠鲁快乐论幸福哲学给欲望严格划界,任何超出自然的必要的范围之外的欲望所追求的快乐不仅无助于幸福,反而会阻碍心灵的宁静、幸

---

① 边沁:《道德与立法原理导论》,北京:商务印书馆,2000 年版,第 56 页。
② J. S. Mill. *Utilitarianism*, China Social Sciences Publishing House, 1999, p.10.
③ 马妮:《边沁功利主义幸福观刍议》,《天津社会科学》,2016 年第 6 期。
④ 马妮:《边沁功利主义幸福观刍议》,《天津社会科学》,2016 年第 6 期。

福的达成。功利主义者们同样清楚地知道无止境、无限度地追求快乐妨碍个体幸福的实现,然而他们关注的是社会整体的幸福,所以作为考虑"政治经济学"或最大多数人的最大幸福的思想家,他们无法反对现代社会人的快乐追求,"他们深知现代经济是一种无法停下来的game,需要有永不止歇的动力拉动内需或者外需,推动经济体系的运行,提升就业率,从而维护稳定和增加社会快乐总量"①。因此,功利主义为了增加社会快乐总量而把功利原则运用到社会结构之中,"以功利主义理论为社会系统和社会运行的立法和管理机构制定基本准则和基本标准"②。这里也可以看出,伊壁鸠鲁快乐主义哲学和功利主义快乐论之间的区别:伊壁鸠鲁哲学强调的是幸福的自足,只要直指人的内心,懂得心灵宁静的简单快乐就能够实现幸福,它与外在的物质条件、政治制度和社会环境没有必然的关系,而功利主义者则希望改善达到幸福的社会物质条件和现存的经济关系及社会阶级结构。"如果说伊壁鸠鲁学说中有一种强烈的悲剧感和无为精神,对社会改造失去希望,那么现代功利主义洋溢着积极乐观的心态,对人类的前景更是充满信心。"③

功利主义作为启蒙感性主义幸福论的主要流派,它基于本能和直觉把幸福确立为生活的目的,认为"只有那些对我们自己或他人有用,或是使我们自己或他人感到愉悦的品质,才能看成是人格价值的组成部分"④。其启蒙意义突出体现于将幸福从宗教的"神赋"转变为现世的"人赋",充分肯定了人的能力,他们寄希望于建构积极自由的社会实现最大多数人的最大幸福的思想体现了时代的要求。然而,功利主义幸福论对快乐幸福的界定过于粗浅,道德审视中过于世俗而备受质疑,后果论视域中的为了最大多数人的最大幸福而牺牲个体幸福的合法性也颇成问题。

**三、启蒙幸福论谱系的理性主义之维:从卢梭到康德的道德形而上学幸福论**

古希腊幸福论基于对人的理性本质把德性的养成作为幸福的核心意涵,凸显人的高贵性,人不是神却要致力于过像神一样的生活,充分张扬人性中神性的维度,中世纪基督教信仰幸福观则通过禁欲主义限制肉体的欲

---

① 包利民、徐建芬:《时代巨变之际的希腊幸福论之争》,《伦理学研究》,2014年第6期。
② 马妮:《边沁功利主义幸福观刍议》,《天津社会科学》,2016年第6期。
③ 包利民、徐建芬:《时代巨变之际的希腊幸福论之争》,《伦理学研究》,2014年第6期。
④ 休谟:《道德原理探究》,王淑芹译,北京:中国社会科学出版社,1999年版,第90页。

望而修炼道德,然而限制感性欲望的禁欲主义道德观并不是要放弃幸福本身,而是要在信仰救赎自身灵魂的过程中追求精神的幸福。启蒙运动的主流伦理学则是在"人的解放"的时代主题中释放人的感性欲望,使人从外在权威的束缚中解放出来。"随着启蒙运动导致的道德世俗化,人们开始从中世纪视道德为神的律法的观念和禁欲主义生活方式中解脱出来。"① 其结果使由文艺复兴发轫以来享受现世生活的享乐主义幸福观在"解放"的主题下变成享乐主义道德观念。"自爱成为主要的美德。从基督教时代开始一直受到谴责的奢侈得到赞扬。……幸福成为唯一存在的具有真正价值的东西,成为唯一的伟大目的。……18 世纪主张把幸福、幸运或实用性作为道德准则的著作唾手可得,可以装满整整一个图书馆。"② 由此可见,在古老的传统人性论结构中,启蒙运动主流伦理学"删除"了其中更为高尚神圣的目的,而将人感性欲望的幸福作为真正的善给予肯定颂扬。"启蒙运动希望把这'自然状态'的人类自私转化为一种可以极大普遍化的开明自利。自利关联着平等、自由、正义将给人类带来个体乃至最大多数人的最大幸福的福音,在斯密、边沁那里都得到了最热情的预告,并事实上带来了前有未有的繁荣。"③ 问题是:"删除"了传统道德以高尚的缘由压制肉体感性的"虚假"幸福因而承载过多自利的功利主义道德能够真正实现人的幸福吗? 对此问题的辩证否定式解答开启了启蒙幸福论谱系的理性主义之维,该主题由卢梭开启,进而在康德的道德形而上学先验哲学中得以完善化。

正当启蒙释放人的欲望而追求感性幸福的"解放"事业如日中天的时候,卢梭以一种不同的方式彰显了人的道德,高扬现代政治的道德基础,企图以此弥合个体的善和公共的善两者之间的矛盾冲突。卢梭认为,主导现代性的"特殊性"的自利原则不能建立一个好的公民社会,以保护每个人自由平等地追逐自己的私利的现代政治事实上是一种非道德的政治,"霍布斯和洛克将现代政治置于错误的起点上,这就是对人性的消极片面理解:只考虑人的需要的满足而忽视人对完满性的渴望,只考虑获取幸福的手段却忘记了幸福本身"④。因此,在卢梭看来,启蒙所倡导的感性

---

① 张盾:《从启蒙运动看康德先验伦理学的动机》,《吉林大学社会科学学报》,2003 年第 4 期。
② 林赛:《新编剑桥世界近代史(第 7 卷)》,北京:中国社会科学出版社,1999 年版,第 123-125 页。
③ 王蕊:《幸福与德性:启蒙传统的现代价值意涵》,《哲学研究》,2014 年第 2 期。
④ 张盾:《"道德政治"谱系中的卢梭、康德、马克思》,《中国社会科学》,2011 年第 3 期。

幸福并没有把握幸福在于人的"完满性"的真谛,启蒙所带来的物质进步和文明发展不但没有促进人的德性,反而败坏了人的纯朴善良和仁爱,"人是生而自由的,却无往不在枷锁之中"①,现代非道德政治以保护个人的私有财产为目的,其所形成的法律社会制度是一切不幸的根源。因此,卢梭重申传统德性伦理学中关于人性的德性之维,把其作为人之为人的根本所在。与传统德性伦理学把道德的根据规定于外在的神圣秩序不同,卢梭把道德的根源置放于人的良心自律的内部,"在传统德性论将道德依赖于他律的地方,卢梭显示了自己真正的启蒙特征:道德获得了自由的本质"②。自由成为道德何以可能的根据,这里所谓的自由就是在服从善良意志的普遍性基础上遵从自我的意志而不受他物的奴役。道德行为的本源在于独立于身体欲望的自由的意志,而自由的意志能够通过选择"为善弃恶"。由此可见,"卢梭确立了启蒙人本主义道德学最朴素也最深刻的道理:道德是一种选择性行为,没有无条件的意志自由,就没有选择,也就没有道德责任和义务"③。卢梭把自己的道德理想运用于政治设计之中就是"公意",它实质上是参与契约制定的每个人服从于自己所制定的法律,亦即服从于"自我立法",服从自己给自己制定的法律。服从"公意"既是义务,也是自由,"唯有公意才能够按照国家创制的目的,即公共幸福,来指导国家的各种力量"④。可见,卢梭希望通过"道德的政治"建构一个好的公民社会,把个体的善和公共的善有机结合起来,以此解决启蒙现代政治的合法性问题。总体来看,卢梭在全新的"道德"视域中重新审视启蒙感性幸福论,也试图把个体的私利包容于公共政治的建构之中,但是他依然没有能够解决道德和幸福这两大人类价值的统一性问题,甚至有高扬人的德性价值而牺牲人的幸福价值的风险。"在对科学与艺术所带来的现代弊端、布尔乔亚式的自私与虚荣的极端化批判中,在对纯真、简朴的自然人心驰神往的描述中,人类对感性幸福的正面追求,被完全淹没在对其负面影响的极度夸张和过度否定之中。"⑤启蒙运动中卢梭的"精神知音"——康德在道德形而上学的实践理性批判中努力弥合道德和幸福这两大人类价值的冲突和分裂,继续着对启蒙现代性批

---

① 卢梭:《社会契约论》,何兆武译,北京:商务印书馆,1980年版,第8页。
② 王葎:《幸福与德性:启蒙传统的现代价值意涵》,《哲学研究》,2014年第2期。
③ 王葎:《幸福与德性:启蒙传统的现代价值意涵》,《哲学研究》,2014年第2期。
④ 卢梭:《社会契约论》,何兆武译,北京:商务印书馆,1980年版,第35页。
⑤ 王葎:《幸福与德性:启蒙传统的现代价值意涵》,《哲学研究》,2014年第2期。

判的事业。

康德承接了卢梭把道德的根源诉诸道德主体之自由意志的思想,并将其置放于先验哲学界面上,从而把道德作为人性中理性维度的本质,把幸福看作人的感性欲望的本能产物。在康德的伦理学中,实践理性分析的首要任务是区分以先验理性原理为准则的道德学和以感性经验原理为基础的幸福论。在道德学中,"康德给卢梭所创始的道德根源的主观化和内在化提供了一个坚实而崭新的基础。道德律令来自内部,不再为外在命令所界定。但是,它也并不是由我的本能冲动来界定,而只是理性的属性……是由实践理性的程序所界定,这就要求人们按照普遍原则行事"①。换言之,康德把道德先验化的一个决定性的步骤是在把人性划分为理性和感性的基础上高扬人的理性本质,将其作为"确定不移"的逻辑基础。理性的使命不是为了幸福,而是为了实现更高的理想,这个理想就是人性中的"善良意志"。善良意志指导人们的行为排除一切自然欲望意图的干扰,摆脱人的感性动机,而仅仅听命于理性法则,从而使得人的意志是自律的,因而也就是自由的。因此,康德也把自由意志称为纯粹意志,这种意志能够依据普遍有效的客观性法则行动,它只能在理性而不是感性中寻求。自由的善良的纯粹意志能够产生如下的绝对命令:"要只按照你同时认为也能成为普遍规律的准则去行动……你的行动,应该把行为准则通过你的意志变为普遍的自然规律。"②康德通过意志自由把握到人自己为自己订立道德法则的理性规律,它"清除"了一切经验与感性的成分,而只由先天的法则来决定的受自律性普遍法则规制的纯粹理念世界,这也就是康德的"道德形而上学"。康德的道德形而上学所得到的是一个纯粹的形式化的原则,"因为在康德伦理学中,一个道德原理的任何质料性内容都是指感性欲求能力的对象,所以一切质料化的道德原理都属于经验论的幸福原则或自爱原则,这与道德的先验结构和理性本质不符"③。因此,在"道德学"的对立面"幸福论"中,康德把幸福贬斥为人的感性欲望的本能表现,它屈服于外在的对象,"所谓世上的幸福,就是一切通过在人之内或者人之内的自然而达到的可能目的的集合体"④。在康德看来,幸福是一个表示感性欲求的概念,是尘世之中的理性存在者一生所遇

---

① 泰勒:《自我的根源:现代认同的形成》,韩震等译,南京:译林出版社,2001年版,第561页。
② 康德:《道德形而上学原理》,苗力田译,上海:上海人民出版社,2005年版,第39-40页。
③ 张盾:《从启蒙运动看康德先验伦理学的动机》,《吉林大学社会科学学报》,2003年第4期。
④ 康德:《判断力批判》(下卷),宗白华译,北京:商务印书馆,1964年版,第95页。

到的事情都能"称心如意"的状况,它的决定行为的原则是"自爱原则",它的原理是一个质料性的原理。因此,以欲望的满足为其核心内容的幸福质料性原理就不可能是道德的,不管其对象是个人的幸福还是一般人的幸福,所得到的原则虽然可以是"一般性规则",但是永远不可能是"普遍性规则"。由此,康德改变了一直以来把幸福当作伦理生活的最高目标的传统,"在哲学史上,康德伦理学与其他伦理学不同的卓异之处有两点:一是康德把道德原则置于绝对的先验原则之上……二是康德断然把幸福从一贯作为道德生活最高目的的位置上贬谪下来,这是他将伦理学先验化的一个必然理论后果"①。

康德贬斥感性欲望的幸福而把道德提升到"令人眩晕"的高度,契合了启蒙运动人的解放主题,坚信人性的进步,提高人生的境界,但也因此带来了其伦理学中的"实践理性二律背反"的问题。何谓启蒙?康德将其界定为"勇敢地运用你的理性",运用理性的自由是人的高贵性所在。康德反对把人按照普遍性的道德法则行事的目的定位于感性幸福的庸俗目的论,其意图也在于突出人的尊严,它具体展现为,在这样一个"目的王国"之中,"你的行动,要把你自己人身中的人性和其他人身中的人性,在任何时候都同样看作目的,永远不能只看作手段"②,"目的王国中的一切,或者有价值,或者有尊严……超越于一切价值之上,没有等价物可代替,才是尊严"③。因此,在康德的心目中,只有道德以及和其相适应的理性人性才是无上的最高的善,它是人的尊严和高贵的本质体现。问题是,把道德和幸福截然对立起来的康德先验伦理学不仅与历史上主流伦理学相抵牾,而且造成了"实践理性二律背反"的矛盾。人作为有限的理性存在者具有感性的欲望,"求得幸福,必然是每一个理性的然而却有限的存在者的热望"④,道德不能以幸福为目的,而幸福又是每一个有限的理性存在者不可避免的诉求,"道德与幸福的冲突的确是人性中最深刻的一种冲突,修德与祈福是人类生活中既不能单选又不能两全的两个目的"⑤。那么,康德该如何解决实践理性中道德和幸福两个要素的统一问题呢?如果不能解决"实践理性二律背反"的矛盾,那么康德的道德形而上学就有崩塌的危险。

---

① 张盾:《从启蒙运动看康德先验伦理学的动机》,《吉林大学社会科学学报》,2003年第4期。
② 康德:《道德形而上学原理》,苗力田译,上海:上海人民出版社,2005年版,第48页。
③ 康德:《道德形而上学原理》,苗力田译,上海:上海人民出版社,2005年版,第55页。
④ 康德:《实践理性批判》,韩水法译,北京:商务印书馆,1999年版,第24页。
⑤ 张盾:《从启蒙运动看康德先验伦理学的动机》,《吉林大学社会科学学报》,2003年第4期。

康德需要解决的问题的实质是"德福一致"的路径问题,在实践理性批判的"辨证论"中,康德通过引入宗教"我能希望什么"的"至善"概念将两者统合起来,它也是康德整个先验伦理学的最终目标即"德福一致"的"圆满的善"。康德在无限拔高人的理想化的道德境界的同时又纠结着人的幸福问题,他不愿意幸福概念高于道德概念,但又不能放弃幸福概念,道德虽然是最高的善,但是在一个理想的状态之中,"至善"的世界应该是道德和幸福协调一致的。"按我的理论,则既不是人类道德本身也不仅仅是幸福本身,而是世界上最可能的至善——它就在于这两者的结合与一致——才是创造主的唯一目的。……幸福只有在与理性存在者的德性严格成比例、因而使理性存在者配得幸福时,才构成一个世界的至善。"①那么,道德和幸福结合与一致何以可能呢?康德首先指出,"德福一致"不可能通过"分析方式"获得,因为两者是相互独立、不可互相代替的两种价值,换言之,道德和幸福不能从一方分析推导出另一方。"幸福和道德原是至善里面所包含着的两个完全种类不同的要素,因此,它们的结合是不能在分析方式下认识到的(就如追求自己幸福的人只要一分析他的概念就竟然发现他在这样行事时是有德性的,或者就像一个遵循德性指示的人,只要一自觉到这种行为,事实上就已感到幸福一样),而只是两个概念的综合。"②因此,道德和幸福的联结的

---

① 康德:《实践理性批判》,韩水法译,北京:商务印书馆,1999年版,第3-4页。
② 康德:《实践理性批判》,韩水法译,北京:商务印书馆,1999年版,第115页。古希腊时期开创西方理性主义传统的哲人们基本上把德性或者说美德与幸福看作具有同质性意义的概念,他们天然地把德性和幸福看作是统一的,以德性的核心关切阐释幸福的真实内涵以及获得幸福的途径,在超越感性世界生活偶然性的基础上,按照德性所规范的准则行动就是至善,德性与幸福是不言而喻地"融为一体"的。在《实践理性批判》第二卷的"辨证论"中,康德重点分析了通过"分析的方法"证明道德和幸福同一性问题的伊壁鸠鲁派的幸福论和斯多亚派的德性论两大伦理学流派。"在古希腊各学派中,从根本上说,唯有两派在规定至善概念时遵循同样的方法,但这只限于他们不让德行和幸福被当作至善的两种不同元素,从而依照同一性规则寻求原则的统一性;但是在这里他们又分道扬镳了:他们在两者之中分别选择了不同的根据概念。伊壁鸠鲁派说:意识到自己的导致幸福的准则,这就是德行;斯多亚派说,意识到自己的德行,就是幸福;对于前者来说明智就等于德性,后者给德行选择了一个尊称,对于他们来说,唯有德性才是真正的智慧。……斯多亚派主张,德行就是整个至善,幸福仅仅是意识到拥有德行属于主体的状态。伊壁鸠鲁派主张,幸福就是整个至善,德行仅仅是谋求幸福的准则形式,亦即合理地应用谋求幸福的手段的准则形式。"(参见康德:《实践理性批判》,韩水法译,北京:商务印书馆,1999年版,第122-123页。)康德在赞叹这些先哲们敏锐机智地思索幸福概念和德行概念的同一性的同时又惋惜他们在两种截然不同的概念之间以他们那个时代的"辩证精神"把不可调和的差别转化为"措辞之争",因而仅仅是从表面上"捏造出单单在不同命名之下的概念的统一性",从而达到扬弃道德和幸福概念的差别。康德道德形而上学幸福论的要害在于把道德和幸福看作两类不同性质的概念,它们无法在"分析论"中获得同一性,而只有在实践理性批判的"辩证论"中以"至善"将两者统合起来,这也恰恰体现了康德先验伦理学的独特性,由此也就可以理解伊壁鸠鲁派的幸福论和斯多亚派的德性论及类似统合两者的努力何以是失败的。

"至善"不是从"经验的"推论而是从概念的"先验的"演绎中综合得出的。道德和幸福的统一的"至善"不能在现世实现,因为德福不一的"德福悖论"是常态。"它们虽然同属于一个至善而使之成为可能,却在同一个主体之中竭力相互限制,相互妨碍。……通过一丝不苟遵循道德法则(而成就的)幸福与德行之间必然的和足以达到至善的连接,在这个世界是无法指望的。"①"德福一致"的至善理想世界只存在于"我能希望什么"的彼岸世界,存在于宗教的来世之中。为了实现这一目标,康德提出了著名的"三公设"理论。首先,由于至善的实现只存在于无限趋近的过程之中,它只能寄希望于人的灵魂生命的无限的延长,所以康德提出了"灵魂不朽"的假设。"只有在一个向着那个完全的契合性而趋于无穷的前进中才能见及……但是,这个无穷的前进只有以进入无限延续的实存和同一个理性存在者的人格(人们称之为灵魂不朽)为先决条件,才是可能的。这样,至善只有以灵魂不朽为先决条件才在实践上是可能的。"②其次,至善必须在拥有最高智慧的仲裁者的仲裁之下才能够依据德性按比例地分配幸福,这个最高仲裁者就是上帝,"至善只有在上帝此在的条件下才发生,所以这就将上帝的此在这个先决条件与职责不可分割地联结在一起,亦即认定上帝的此在,在道德上是必然的"③。最后,至善虽然是"德福一致",但是两者的地位是不同的,德性是幸福的前提条件,幸福只是作为德性的结果并受道德的规制或者说幸福是道德的"附件",而道德实践的可能性在于"意志自由"的悬设。康德德性论的内核是人的行为动机必须出于遵循具有普遍性的道德法则,而道德法则必须在意志是自由的状态中才能存在。由于现实的意志不可避免地受到欲望本能的牵制而不自由,所以康德不得不从先验的高度,悬设人的意志自由,从而确保善良意志总是以德性为第一准则。"自由概念的实在性既然已由实践理性的一条无可争辩的法则证明,它就构成了纯粹的、甚至思辨的理性体系的整个建筑的拱顶石。"④意志自由使得"灵魂不朽"和"上帝存在"的理念获得了"实在性""权限"和"主观必然性"。由此可见,康德通过"灵魂不朽""上帝存在"和"意志自由"的悬设,把幸福推向了彼岸世界,"只有在宗教参与之后,我们确实才有希望有一天以我们为配当幸福所做努力的程度分

---

① 康德:《实践理性批判》,韩水法译,北京:商务印书馆,1999年版,第124-125页。
② 康德:《实践理性批判》,韩水法译,北京:商务印书馆,1999年版,第134页。
③ 康德:《实践理性批判》,韩水法译,北京:商务印书馆,1999年版,第137页。
④ 康德:《实践理性批判》,韩水法译,北京:商务印书馆,1999年版,第1-2页。

享幸福。……趋向宗教的步子已经迈出之后,这个德性学说才能命名为幸福学说,因为对幸福的希望首先只是与宗教一起发轫的。"①

在先验道德形而上学的幸福论体系中,康德把道德放在第一位,幸福则是第二位,由此也可理解康德理性主义幸福论的功能不是追寻幸福的"指南",而是阐明配享幸福的"条件"。康德宁愿每个人都是神,没有自然的感性的欲求破坏道德的纯粹性,但现实是人作为有限的理性存在者又无法排除感性欲望追求幸福的一面,所以无可奈何的康德通过至善给幸福一个恰当的位置。即便如此,康德也一再强调道德是幸福的前提,必须加入"限制条件"的幸福才是真正的幸福,"如果人们追问上帝创世的终极目的,那么他们不应该举出世界上理性存在者的幸福,而必须举出至善;至善为这个存在者的那个愿望添加了一个条件,也就是配当幸福,亦即这些理性存在者的德性"②。德性是幸福的绝对条件,没有德性作为限制性条件的幸福是没有意义的,幸福只是德性的"派生物"和"补偿"。正因为如此,康德指出:"道德学根本就不是关于我们如何谋得幸福的学说,而是关于我们应当如何配当幸福的学说。……人们决不应该把道德学本身当作幸福学说对待,亦即当作如何享有幸福的指导对待;因为道德学仅仅处理幸福的理性条件[conditio sine qua non(必要条件)],而不处理获得幸福的手段。"③古希腊以来,幸福学说都是以"幸福是什么"的界定为逻辑出发点教导人们应该如何去追寻真实的而非虚假的幸福,从而过上善的有意义生活,康德先验伦理学颠覆了这一传统。康德惧怕追寻幸福的感性欲望玷污了道德的纯洁性,反复申明道德学的目的绝不是为了获得幸福,而是配享幸福,道德是配享幸福的前提性条件,这个前提性条件的前提是幸福不应掺杂于以普遍性为准则的道德行为之中。

康德先验道德哲学是反思启蒙幸福论的产物,从另一个意义上深化了启蒙的"解放"主题,它对于升华人生,确立"人是目的"的价值目标具有重要

---

① 康德:《实践理性批判》,韩水法译,北京:商务印书馆,1999年版,第142-143页。这里需要强调指出的是,我们对康德幸福论的固有印象就是康德把幸福推向彼岸的宗教世界,而不具有现实性,对此学界有学者提出康德幸福论存在"上升"和"下降"两种思路,其"下降思路"突出体现于康德晚年的《法权形而上学》之中,通过"权利的尊重""财产权""法治社会"等概念,康德把幸福又拉回了此岸世界。具体参见:张盾,《"道德政治"谱系中的卢梭、康德、马克思》,《中国社会科学》,2011年第3期;沈卫星:《法权:康德幸福论此岸性的回归》,《道德与文明》,2012年第3期等。
② 康德:《实践理性批判》,韩水法译,北京:商务印书馆,1999年版,第143页。
③ 康德:《实践理性批判》,韩水法译,北京:商务印书馆,1999年版,第142页。

意义,引发了一系列的理论和实践效应。马克思主义幸福观内含的人的自由而全面的发展的理想一定意义上是康德"人是目的"思想的进一步发展。西方传统德性论幸福观的核心思想无疑是突出人区别于其他存在物的精神超越性特征,它是人之为人的根本依据,而近代感性主义幸福论在释放人的感性欲望的同时却降低了人的品格,这是康德所不能赞同的,"康德道德哲学的旨趣恰恰在于批判近代功利主义的'幸福论',因为近代的'幸福论'在力图使人摆脱上帝永恒律束缚的同时,牺牲了自苏格拉底以来的'德性论'孜孜追求的超越精神,以致到了法国唯物主义那里,人就完全受制于自然因果律而不能自拔,自由也就成了无力的口号。所以,康德以复兴'德性论'来为自由辩护"①。康德对"德性论"的复兴是在理性主义和宗教的双重背景之下展开的,根本目的是提升人的精神境界,让人成为真正的人,"康德的这个观点实际上就是主张人生的追求或境界,就是从自然、感性欲望经由幸福最终趋向至善(宗教)这样一个深化过程"②。康德的道德理想如此崇高,以至于受到种种不公正的"遭遇",但正如康德哲学研究大家邓晓芒教授所说,"人的本性就在于'知其不可为而为之'……人类终极目的的悬设正是激发他的无穷创造力的必要条件,只有在这一条件下,人的本质潜能或人的本质力量的全面丰富性才能得到最充分的发展,人才能日益完善自身,摆脱自己受奴役的状态"③。自此之后,伦理学的研究不从康德开始是不可能的,同样,伦理学的研究不"背叛"康德也是不可能的。马克思把康德"虚无缥缈"的"人是目的"的理想转化为社会历史问题,不是以道德压制幸福,而是在人们自己的生活过程中通过社会实践不断创造属于人的幸福生活,最终实现人的自由、人的全面发展和各方面能力的提升。

## 四、黑格尔精神哲学幸福观和青年黑格尔派费尔巴哈人本主义幸福论

康德先验哲学视域下的道德形而上学幸福论把"形式化"普遍道德法则推向极致,为了"形式"的纯粹性而牺牲了"内容"的具体性,"形式"与"内容"在康德那里相互脱节,过度"形式化"的先验哲学遭到了黑格尔的极力反对。

---

① 张荣:《奥古斯丁的基督教幸福观辨正》,《哲学研究》,2003年第5期。
② 江德兴、庄立峰:《马克思的"人是目的"思想与民生幸福》,《东南大学学报(哲学社会科学版)》,2012年第4期。
③ 邓晓芒:《康德哲学讲演录》,桂林:广西师范大学出版社,2005年版,第223页。

黑格尔试图在思辨哲学的辩证阐释中把"形式"和"内容"有机统一起来。在思辨精神哲学的视野下,黑格尔以"自由意志"为立脚点,从精神自我辩证发展的整体过程把握"幸福"的道德哲学意涵。

黑格尔和康德一样,把自由作为意志的根本性规定,它是整个精神自我发展的起点。黑格尔认为,自由意志最初是以抽象的无任何规定性的"自我"出现,"所有出于本性、需要、欲望和冲动而直接存在的限制,或者不论通过什么方式而成为现成的和被规定的内容都消除了"①,换言之,在纯粹的反思中,人可以从一切特殊性的规定性中抽象出来,从而形成一个无限的"自我"。然而,自由意志必须从追求某对象走向特殊化而不总停留在空洞的、毫无规定性的抽象"自我"之中。这个过程表现为人出于自然本能的冲动而追求欲望满足的过程,不同于动物的单纯本能,人的自然欲望表现为主观目的。正因为如此,意志感受到自身是受限制的,因而是"在自身中有限的意志"。此种意志虽然也是自由的,但它没有把"自由"作为目的本身,而是以欲望的直接的满足为根本目的,其内容始终表现为有限物。如果自由意志停留于此,那么其对幸福的理解就会把无止境的感性欲望的满足作为幸福的真实内涵。黑格尔哲学的最大特征就是范畴不是静止的,而是辩证运动的。在自由意志的进一步发展中,人会从多种多样满足欲望的对象和方法中作出选择,而选择就表现为自由,这种自由如果没有普遍性的限制,那么其就表现为任性。在黑格尔看来,任性不是真正的自由,它只是形式的、表面化的自由幻象。真正的自由是在精神的反思中以"善""恶"为道德评价的标准,为感性欲望的满足寻求道德上的正当性,"这个评价的目的就是要把冲动从它们的本能欲望或自然需求中,从其内容的主观性和任性的偶然性中解放出来,使冲动纯洁化,使各种欲望和冲动成为由自由意志或普遍的'善'所规定的合理体系。这也就意味着,自由意志开始从自在的、自然的形态中走出来,追求自身所具有的普遍性内容"②。在黑格尔精神哲学幸福观中,"幸福"表现为两重内涵:其一,作为"满足的总和",幸福的内容具有特殊性的规定。"由于幸福的内容是以每一个人的主观性和感觉为转移的,所以这一普遍目的就他自己方面说来是特异的,因此其中的形式和内容没有达

---

① 黑格尔:《法哲学原理》,范扬、张企泰译,北京:商务印书馆,1961年版,第13-14页。
② 阎孟伟:《对幸福内涵的道德哲学理解》,《道德与文明》,2021年第2期。

到任何真正的统一。"①幸福虽然是每个人追求的普遍目的,但是因为其内容的特殊规定性,所以对于幸福的理解因人而异。其二,真正的幸福表现为自由意志必须扬弃感性欲望冲动的自然性和直接性,从而把感性的特殊性和思维教养的普遍性统一起来。"在幸福的思想中就已经驾驭着冲动的自然力,因为思想是不满足于片刻的东西,而要求整个幸福。"②因此,在黑格尔看来,在精神的自我发展过程中,意志对幸福的追求不应满足于特殊性而应该把普遍性作为其内容,此种意志是把幸福作为"满足的普遍本质"予以理解的,因而这样的意志摆脱了任性的偶然性,它不仅是"自在的",而且是"自为的"自由意志。综上所述,在精神哲学的视野中,黑格尔从自由意志的自我辩证发展过程把握幸福的内涵,进而把幸福阐释为由自由意志限制规定的"合理体系",幸福的内在价值和根本规定性在于扬弃了绝对自我的意志"自由"。

意志自由是康德先验伦理学体系的"拱顶石",意志自由的悬设为康德"配享幸福"的道德学奠定了牢固的基础,黑格尔同样把意志和自由等同起来,认为没有自由的意志,乃是"无内容的空谈"。这种把意志作为抽象的独立力量和自在的本体的超自然主义思想遭到了德国古典哲学的"终结者"费尔巴哈的强烈批判,"只有伟大的德国思辨哲学家们才杜撰出某种与追求幸福不同的而且是独立的抽象的意志,某种只是想象的意志……他们把形而上学引进意志中来,把意志转化为形而上学的本质或能力,转化为某种自在的东西,转化为本体"③。费尔巴哈认为:"没有幸福的自由,不能摆脱生活上应予消除的祸害,而勿宁使生活上最显著的灾难成为神圣不可侵犯的自由,这是德国人思辨式的自由,它的存在等于不存在,缺乏它不感觉为祸害,存在它不感觉为幸福,像这样的自由完全是毫无意义的空谈。"④因此,在费尔巴哈看来,意志的本质不在于抽象的空洞的自由,而在于对幸福的追求,意志与幸福是不可分离的。"凡是活着的东西就有爱,即使只爱自己和自己的生命;它希望生活,因为它活着;它希望存在,因为它存在着;但,要注意,它所希望的,只是健康和幸福,因为从有生命、有感觉、有愿望的生物的观点看来,只有幸福的存在才是存在,只有这种存在才是被渴望的和可爱的存

---

① 黑格尔:《法哲学原理》,范扬、张企泰译,北京:商务印书馆,1961年版,第30页。
② 黑格尔:《法哲学原理》,范扬、张企泰译,北京:商务印书馆,1961年版,第30页。
③ 《费尔巴哈哲学著作选集》(上卷),北京:生活·读书·新知三联书店,1959年版,第538页。
④ 《费尔巴哈哲学著作选集》(上卷),北京:生活·读书·新知三联书店,1959年版,第537页。

在。"①人和其他有感觉的生物一样,人的任何一种追求都是对幸福的追求,人的一切行为的根据就在于对生命的热爱、自我保存的愿望和对于幸福的渴望。因此,意志的首要条件是感觉,"如果没有感觉,那就不会有苦恼、痛苦、疾病、不安乐,不会有贫困和悲哀,不会有不足和需要,不会有饥饿和口渴,简而言之,不会有不幸福,不会有祸害;而没有祸害的地方,也就不会有抵抗和对立,不会有追求,不会有排除祸害的努力和愿望,即不会有意志。对贫困和悲哀来说,反感(Widerwille)——是最初的意志,借助于这种意志,有感觉的生物开始和维护自己的生存"②。感觉是费尔巴哈评判是非曲直的根本标准,依据感觉可以判断幸福与否,判断快乐和悲苦,判断道德与不道德,"感觉的呼声是第一重要的绝对命令……对于脱离一切感觉的纯粹理性说来,既不存在神与恶魔,也不存在善与恶;只有立足于感觉并为感觉服务的理性,才能做到这种区别,并遵守这种区别"③。

费尔巴哈把幸福作为意志"基本的和原始的"追求,那么什么是幸福呢?费尔巴哈从自然主义而不是超自然主义的角度界定了幸福的内涵。在费尔巴哈看来,"幸福……不是别的,只是某一生物的健康的正常的状态,它的十分强健的或安乐的状态;在这一种状态下,生物能够无阻碍地满足和实际上满足为它本身所特别具有的、并关系到它的本质和生存的特殊需要和追求"④。也就是说,幸福在于体现人的本质的自然需要得到满足后的健康快乐状态。具体来说:(1)幸福在于拥有生命,"生命本身就是幸福",就是可珍贵的幸福,对幸福的追求就是对生命的热爱。(2)幸福在于生活,生命通过生活的形式表现出来,因而"生活的东西都属于幸福","什么是属于幸福的东西?所有一切属于生活的东西都属于幸福,因为生活(自然是无匮乏的生活、健康的和正常的生活)和幸福原来就是一个东西。一切的追求,至少一切健全的追求都是对于幸福的追求;生命的或身体的一切器官,至少一切必需的、不是多余的和不是无益的器官都是幸福的器官"⑤。(3)幸福与不幸是相对存在的。幸福在于生命、生活的正常的健康的安乐状态,因而与这种状态相

---

① 《费尔巴哈哲学著作选集》(上卷),北京:生活·读书·新知三联书店,1959年版,第535页。
② 《费尔巴哈哲学著作选集》(上卷),北京:生活·读书·新知三联书店,1959年版,第536-537页。
③ 《费尔巴哈哲学著作选集》(上卷),北京:生活·读书·新知三联书店,1959年版,第589页。
④ 《费尔巴哈哲学著作选集》(上卷),北京:生活·读书·新知三联书店,1959年版,第536页。
⑤ 《费尔巴哈哲学著作选集》(上卷),北京:生活·读书·新知三联书店,1959年版,第543页。

违背的状态就是不幸的,意志在于反抗这种对于幸福的否定,从而追求幸福。

幸福是意志的绝对命令,意志的"我希望"意即"我不想受苦难,我想得到幸福"。那么这种自爱意义上的幸福追求不会导致利己主义吗?它与道德矛盾吗?费尔巴哈围绕这些问题阐释了作为道德原则的幸福不仅不与道德相矛盾,恰恰相反,它是道德的前提条件,幸福与利己主义具有本质区别。我们知道,在康德那里,自由意志不以幸福为最高目的,而是以纯粹的道德形式作为目的,虽然康德并没有放弃幸福,但是其仅处于次要的地位,它是道德法则和现实妥协的结果。"在康德哲学中,对于幸福的追求就没有被否定,而只是把它放到后面,放在末尾,而不是放在开端;在他的哲学中,当履行义务时,便把对于幸福的追求加以撇弃,并且把幸福的动机看为是某种不纯洁的东西,不让这种动机混入义务的履行中去。"①在费尔巴哈看来,康德的这种哲学极易导致"伪善"的道德。与康德不同,费尔巴哈把幸福放在道德"开端"的位置上,"自己的幸福自然不是道德的目的和终结,但它是道德的基础及其前提条件。……因为只有由我的对于幸福追求的经验,我才知道什么是好的,什么是坏的,我才知道生或死、爱或憎是什么和发生怎样的作用"②。换言之,只有在追求幸福的自爱中,人才能懂得如何处理他人追求幸福的权利,而自我和他人(他我)的关系恰恰是道德的根本性内涵,因为道德体现于人与人之间的关系之中。因此,费尔巴哈极度推崇中国孔子的"己所不欲,勿施于人"的黄金规则,强调"推己及人"。在此过程中,也体现了权利和义务、善与恶、良心和德行等一系列道德范畴的内涵。权利就是自己追求幸福的权利,是"我想要",而义务就是承认他人也有追求幸福的权利,是"你应当",因此幸福不是单方面的,而是双方共同的"同志式幸福",善则是以他人的幸福作为自己行动的原则和准则,恶则是破坏他人对于幸福的追求,良心不是康德那种源于善良意志的东西,而是人对于幸福和不幸的"类意识",是在我自身之中的他我的共同性,德行"就是自己的幸福,这种幸福只是在与他人的联系中才感觉自己幸福"③,即按照自己追求幸福的方式保障他人追求幸福。因此,在费尔巴哈的视域中,道德与幸福并不矛盾,只有

---

① 《费尔巴哈哲学著作选集》(上卷),北京:生活·读书·新知三联书店,1959年版,第589-590页。
② 《费尔巴哈哲学著作选集》(上卷),北京:生活·读书·新知三联书店,1959年版,第577页。
③ 《费尔巴哈哲学著作选集》(上卷),北京:生活·读书·新知三联书店,1959年版,第588页。

立足他人的不幸而为自己谋得幸福才是不道德的。由此可见,费尔巴哈并不否定人的自爱心,认为这是道德的前提,换言之,建立在承认他人追求幸福权利基础上的"利己主义"是合理的"利己主义",人不能排除利己主义,"不过你应区别——我不能经常提醒你注意这一点——什么是恶的、残忍的和冷酷无情的利己主义,什么是善的、富有同情心的、合乎人情的利己主义;区别什么是宽厚的、自己克制的、只有在对他人的爱中寻求满足的利己主义,什么是任性的、故意的、只有对他人的冷淡无情中会甚至在直接的恶意行为中寻求满足的利己主义"①。可见,合理的"利己主义"是自我幸福和他人幸福的有机统一。费尔巴哈建立在人们追求满足自己的需要,达到幸福的基础上的道德与禁欲主义的、伪善的、宗教的道德具有迥然不同的品质。这是"利己主义"的道德吗?"不错,但这是健全的、纯朴的、正直的、诚实的道德,是渗透到血和肉中的人的道德,而不是幻想的、伪善的、道貌岸然的道德。"②费尔巴哈的回答充分体现了其幸福论的此岸性。

费尔巴哈的幸福论被称为感性幸福论,他把幸福的追求指认为基于人的本性的一种自然权利,具有人本主义的精神气质,这与费尔巴哈批判"旧哲学"和创立"新哲学"的哲学变革的精神旨趣是一致的,感性幸福论与感性哲学革命自成一体。在哲学史上,费尔巴哈的突出贡献在于对宗教本质的揭示和对思辨哲学的批判,从而把哲学从天国拉回人间(思辨哲学是另一种意义上的宗教)。"旧哲学的出发点是这样一个命题:'我是一个抽象的实体,一个仅仅思维的实体,肉体是不属于我的本质的'。新哲学则以另一个命题为出发点:'我是一个实在的感觉的本质,肉体总体就是我的"自我",我的实体本身'。"③新哲学是一种光明正大的感性哲学,建立在这种哲学基础上的幸福论必然是一种光明正大的感性幸福论。回顾哲学史和幸福思想史,自苏格拉底—柏拉图以来,否定人的感性,抬高人的理性的形而上学幸福思想占据主流地位,我们偶尔在伊壁鸠鲁、近代唯物主义那里看到感性的光辉,费尔巴哈则在新的时代条件下"恢复了唯物主义的权威",揭示了宗教的本质,"宗教之内容和对象,道道地地是属人的内容和对象;我们已经证明,神学之秘密是人本学,属神的本质之秘密,就是属人的本质"④,"宗教的

---

① 《费尔巴哈哲学著作选集》(上卷),北京:生活·读书·新知三联书店,1959年版,第579页。
② 《费尔巴哈哲学著作选集》(上卷),北京:生活·读书·新知三联书店,1959年版,第578页。
③ 《费尔巴哈哲学著作选集》(上卷),北京:生活·读书·新知三联书店,1959年版,第169页。
④ 费尔巴哈:《基督教的本质》,荣震华译,北京:商务印书馆,1984年版,第349页。

整个本质……便是依赖感——恐惧、怀疑、对后果的无把握、未来的不可知、对于所犯罪行的良心上的咎责……结果、目的则是自我感——自信、满意、对后果的有把握、自由和幸福"①。可见,在与"神本"相对立的"人本"中,费尔巴哈关注人、生命、欲望、感性,关注人的现实幸福,尽管其依然是抽象的,但其具有独特的幸福思想史价值。费尔巴哈的宗教批判和对黑格尔等思辨哲学的批判深刻影响了马克思,感性哲学革命基础上的感性幸福论为马克思主义现实幸福观的确立提供了思想来源。从"感性的人"到"感性的活动"的哲学思维方式的转变克服了费尔巴哈幸福论的抽象性,在社会历史性的感性实践活动中,把人的解放作为最高境界的幸福,马克思继承并且超越了费尔巴哈,在历史唯物主义视域中最终深化了对于人类幸福的理解。

## 第三节 空想社会主义幸福论

### 一、现代性之"殇":空想社会主义幸福论的出场语境

15 世纪末 16 世纪初以来,晚期的西方封建社会经历了一场被称作"现代性"的社会转型。西方的经济、社会、政治、文化等生活世界发生了巨大的变化,从而进入了一个与传统社会性质迥然相异的现代社会,这个"现代社会"的实质是新兴的资产阶级社会。资本主义生产方式的产生、确立和发展为人类的幸福带来了前所未有的可能性,这就是资本的"文明面"的积极作用。具体来说,社会生产力的快速发展、摆脱人对人依赖关系的个人的独立、社会关系的丰富以及世界历史语境中人的生存空间的拓展等为人的幸福的现实性、创造性和未来性提供了契机,"在资本主义生产方式中人的幸福回到了此岸世界,回到了人的生产逻辑,资本运行的逻辑之中,'生产''资本'构成了人追寻幸福的现实路径。……人的幸福的历史借助于物和资本向人历史性地敞开来,这就让'人'在绝望中看到希望,可以在资本逻辑构造的现实苦难中探求现实的幸福"②。然而,正如马克思所说,现代社会似乎每

---

① 费尔巴哈:《宗教的本质》,王太庆译,北京:商务印书馆,2010 年版,第 31-32 页。
② 杨楹:《马克思幸福论的特质》,《道德与文明》,2013 年第 5 期。

一个事物都包含相反的方面,资本在发挥"文明面"的积极作用的同时,其"阴暗面"的消极作用也如影随形。资本的这一特性自从其来到人间就从未改变过,从资本的原始积累时期起到机器大工业时期,资本主义在开辟人类幸福可能性的同时,也给社会带来了极大的不幸。"现代性之殇"是资本主义生产方式内部矛盾的表现形式,资本主义生产方式造就的幸福悖论正是空想社会主义产生和发展的缘由所在。在 15 世纪末到 19 世纪初资本主义生产方式发展的过程中,空想社会主义也经历了三个发展阶段:对"理想社会制度的空想的描写"的早期空想社会主义阶段、18 世纪的"直接共产主义的理论"阶段以及 19 世纪初的完整的"批判的和空想的社会主义和共产主义"阶段。空想社会主义的共同特质是在批判资本主义造就人们不幸的现实的基础上,构想一个没有压迫、没有剥削、人人平等的美好幸福的理想社会。

"现代性之殇"是空想社会主义幸福论的出场语境,是时代所带来的问题在理论上的回响,是资本主义生产方式的弊端造就的不幸社会事实。那么,"现代性之殇"的"殇"体现在哪里呢?现代性之"殇"首要的体现就是现代社会贫困的普遍化。在前现代社会,贫困现象也一定程度地存在,但其往往发生在重大自然灾害或爆发战争等特定的社会历史时期,而现代社会的贫困却是一种普遍性的顽疾,表现出与前现代社会不同的特质。德国古典哲学家黑格尔在《法哲学原理》的"市民社会"章中精准把握了现代社会贫困的性质并将其称为现代社会的"苦恼的问题","怎样解决贫困,是推动现代社会并使它感到苦恼的一个重要问题"[①]。黑格尔认为,现代社会的贫困是人从传统共同体中脱离出来而成为市民社会中具有主观自由的独立个体在生产财富的过程中且在社会财富总体丰裕的情形下发生的贫困,在"需要的体系"与社会分工形成的社会交换体系中,"特殊劳动的细分和局限性,从而束缚于这种劳动的阶级的依赖性和匮乏,也愈益增长"[②]。这种贫困的性质与传统社会的贫困性质是不同的,黑格尔的深刻之处在于他认识到在市民社会自身运行机制中无法避免和解决贫困问题,"尽管财富过剩,市民社会总是不够富足的,这就是说,它所占有而属于它所有的财产,如果用来防止

---

① 黑格尔:《法哲学原理》,范扬、张企泰译,北京:商务印书馆,1961 年版,第 245 页。
② 黑格尔:《法哲学原理》,范扬、张企泰译,北京:商务印书馆,1961 年版,第 244 页。

过分贫困和贱民的产生,总是不够的"①。在空想社会主义者傅立叶那里,我们看到了同样的辩证思想,"在文明时代,贫困是由过剩本身产生的"②。事实上,在现代性的开端处,早期空想社会主义者如莫尔等就激烈地控诉资本原始积累时期"羊吃人"的圈地运动给底层群众造成的极度贫困现象。"'你们的羊'……'一向是那么驯服,那么容易喂饱,据说现在变得很贪婪、很凶蛮,以至于吃人,并把你们的田地,家园和城市蹂躏成废墟……这些不幸的人在各种逼迫之下非离开家园不可……找不到安身的去处'。"③德国思想家罗伯特·库尔茨指出:"基本历史经验告诉我们,资本主义使少数人致富而大部人一贫如洗。……资本主义初期阶段一开始就已经产生了大众贫困。在工业化之前的现代化早期阶段,整个欧洲陷入了但丁笔下的地狱一般的贫困境地。"④莫尔在《乌托邦》"第一部分"对资本主义原始积累时期不合理的社会现象的抨击直接影响了马克思。马克思在《资本论》第一卷中对资本原始积累的批判直接引用了莫尔的论述,并进一步概括为资本来到世间,每一个毛孔都滴着血和肮脏的东西。康帕内拉在《太阳城》中同样批判了贫富严重对立造成社会上一部分人骄奢淫逸而另一部分人精疲力竭的社会问题扼杀了人类的幸福。18 世纪的空想社会主义者摩莱里、马布利、巴贝夫等在资本主义进一步的发展过程中继续深化这一批判。如巴贝夫从阶级对立的角度把社会分为穷人和富人两个阶级,而在这样的社会里,广大的劳动者阶级是无法获得幸福的。19 世纪的空想社会主义者如傅立叶等人批判了资本主义物质和道德上的双重贫困,正如恩格斯所指出的,"傅立叶抓住了资产阶级所说的话,抓住了他们的革命前的狂热预言者和革命后得到利益的奉承者所说的话。他无情地揭露资产阶级在物质上和道德上的贫困,他不仅拿这种贫困同以往的启蒙学者关于只应由理性统治的社会、关于能给所有的人以幸福的文明、关于人类无限完善化的能力的诱人的诺言作对比,而且也拿这种贫困同当时的资产阶级意识形态家的华丽的词句作对比;他指出,同最响亮的词句相对应的到处都是最可怜的现实,他辛辣地讽刺这种

---

① 黑格尔:《法哲学原理》,范扬、张企泰译,北京:商务印书馆,1961 年版,第 245 页。
② 《马克思恩格斯文集》(第 3 卷),北京:人民出版社,2009 年版,第 532 页。
③ 莫尔:《乌托邦》,戴镏龄译,北京:商务印书馆,1982 年版,第 20 页。
④ 库尔茨:《资本主义黑皮书:自由市场经济的终曲》,钱敏汝等译,北京:社会科学文献出版社,2003 年版,第 3 页。

词句的无可挽救的破产"①。由此可见,资本主义社会的发展并没有带来社会的"普遍的富裕",相反带来的却是社会贫困问题的普遍化。其次,现代性之"殇"还体现在资本原始积累以及工厂制度、机器大工业的发展过程中出现的大量的失业问题和流民现象。资本主义生产方式确立之前的资本原始积累阶段本身就是一个"血与火"相互交织的阶段,在这个阶段中,大量失去土地的农民成为居无定所的流民,而在资本主义生产方式确立之后,由于资本增殖的需要,社会上产生了大量的失业人员,这种现象在经济危机爆发时变得更加普遍。再次,由于贫困的普遍化和大量的失业,下层群众的衣食住行等生活条件急剧恶化,"无产者群众在冷酷无情的资本家的鞭子下当囚徒,为了一点半饥不饱的工资从清晨工作到半夜,……其他的人都要讨饭。他们拄着拐杖,满脸伤痕,两臂残缺,在大街小巷到处为家"②。最后,由于主导社会的原则是赤裸裸的利益关系,人与人之间的关系处在紧张状态之中,社会撕裂的可能性成为现代性问题。现代性随着自由竞争的市场经济和市民社会而发展起来,它改变了传统的人际关系,"以个人主义为核心的自由主义的强势推进,传统共同体不断式微而追逐私利的市民社会横空出世……形塑了个体将他者视为潜在对手或假想'敌人'的生活模式,这一切导致社会分化、社会排斥,引发人际关系的紧张与对抗"③。

现代性之"殇"是一个带有普遍性的社会问题,本质上是资本主义生产关系萌芽、产生和发展过程中必然产生的现象,它表明现代性并没有构筑起更加理性的、幸福的王国。恩格斯在《社会主义从空想到科学的发展》中指出:"现代社会主义,就其内容来说,首先是对现代社会中普遍存在的有财产者和无财产者之间、资本家和雇佣工人之间的阶级对立以及生产中普遍存在的无政府状态这两个方面进行考察的结果。"④空想社会主义幸福论是时代的问题在理论上的反映,是对"理性化为无稽,幸福变成痛苦"的日益觉醒的认识,在这个时代语境中,"富有和贫穷的对立并没有化为普遍的幸福……总之,同启蒙学者的华美诺言比起来,由'理性的胜利'建立起来的社

---

① 《马克思恩格斯文集》(第3卷),北京:人民出版社,2009年版,第531页。
② 《巴贝夫文选:附导论、题解和注释》,梅溪译,北京:商务印书馆,1962年版,第68页。
③ 高信奇:《空想社会主义共同体福利的三重图像》,《中共福建省委党校学报》,2017年第10期。
④ 《马克思恩格斯文集》(第3卷),北京:人民出版社,2009年版,第523页。

会制度和政治制度竟是一幅令人极度失望的讽刺画"①。正是对这幅"讽刺画"的讽刺批判,空想社会主义幸福论得以出场。

## 二、空想社会主义幸福论的基本逻辑及其历史意义

马克思、恩格斯曾经指出,统治阶级为了使得自身的阶级统治更加合理化和合法化,往往把自身的"特殊利益"粉饰成"普遍利益"。事实上,在资产阶级取得统治的过程中,为了裹挟广大人民群众一起推翻封建制度而斗争,资产阶级曾经许诺给劳苦大众提供自由、平等、正义之保障,新社会将会是一个全体民众普遍幸福的社会。然而,"革命之后的政治既没有带来普遍福利,给劳苦大众以平等的财产权,使他们摆脱贫困和受压迫;也没有兑现普遍政治自由、权利平等的理性之诺"②。资本主义为人类幸福提供了可能性,但是,正如傅立叶所指出的,"文明制度的工业只能创造幸福的因素,而不能创造幸福。相反,事实将会证明,如果不能发现循着社会发展阶梯真正前进的办法,则工业的过分发展会给文明制度带来极大的不幸……文明制度在各方面已经成为理智的迷途,在各方面都陷入了恶性循环"③。面对广大无产者的贫困和被奴役的不幸现象,空想社会主义者们强烈体会到无产者和有产者之间的经济政治上的对立,为了实现真正的幸福,克服"文明制度"的弊端,建立一个无处不温饱、无处不快乐的人间福地的新合作和谐社会的空想社会主义幸福论便应运而生。针锋相对于资本主义的幸福悖论,空想社会主义从幸福的概念、幸福的主体以及实现幸福的途径等方面建构了系统的幸福论,从而成为马克思主义幸福观的重要理论来源。

第一,空想社会主义者们阐释了与资本逻辑不同的丰富幸福内涵。

空想社会主义者们在分析幸福的方法上继承了文艺复兴启蒙运动以来的理性原则,但是其对幸福内涵的阐释却与资本主义社会的幸福观念不同。在空想社会主义者看来,主导资本主义幸福观念的核心是利益原则,在追求个人财富的过程中,嫉妒、猜忌、欺诈、伪善等充斥着资本主义社会,因而不能使人获得真正的幸福。真正的幸福绝不仅仅是财富的占有。在空想社会主义创始人莫尔看来,快乐是幸福的内容,但这种快乐不是功利主义幸福观

---

① 《马克思恩格斯文集》(第3卷),北京:人民出版社,2009年版,第526—527页。
② 卢坤:《圣西门、傅里叶与欧文思想的政治伦理旨趣》,《社会主义研究》,2010年第2期。
③ 《傅立叶选集》(第1卷),赵俊欣等译,北京:商务印书馆,1979年版,第124—126页

的单纯感官感受,而是包含道德行为、符合自然的快乐。"所谓快乐,乌托邦人指人们自然而然喜爱的身或心的活动及状态。他们把人们的自然爱好包括在内,这是对的。由于官能和正当理性所要达到的是任何天生愉快的事物——任何事物,如果违反自然,人们却一致不切实际地设想,以为那是使他们感到甜美的(好像他们有权改变事物的性质,如同有权改变事物的名称一样),那么,这种事物不但不能导致幸福,甚至还严重地阻碍幸福。"[①]因此,在莫尔看来,违背自然原则的快乐是"虚假的幸福"。在自然原则主导下的幸福概念同道德相联系,"乌托邦人主张,构成幸福的不是每一种快乐,而只是正当高尚的快乐。德行引导我们的自然本性趋向正当高尚的快乐。如同趋向至善一般……乌托邦人给至善下的定义是:符合于自然的生活"[②]。如果说早期空想社会主义者还是运用文学描写的方式畅想幸福,那么,18世纪的空想社会主义者则明确运用启蒙运动的理性和自然法则,强调理性对欲望的控制是幸福的题中应有之义,"在我们所具有的一切东西中,最重要的和最高尚的是理性;它是上帝用来指导我们的义务的机关,也是能够引导我们走向幸福的惟一指导者"[③]。19世纪的三大空想社会主义者立足于工业资本主义的社会现实,着重从人的自由和全面性角度阐释幸福概念的内涵,他们对幸福的理解完满而全面,"人们的智力得到了广泛的发展,以致使他们能够欣赏艺术、知道支配自然现象的规律和改造自然的方法,而且他们在精神方面受到关怀,则他们的幸福就是最美满的"[④]。因此,真正的幸福是消除固定的劳动分工,摆脱脑力劳动和体力劳动的分离,既从事生产劳动,又能从事科学和艺术,人的情欲得到全面的发展。空想社会主义者们对幸福概念内涵的理解尽管不尽相同,但是对于淹没在"利己主义冰水"中的资本主义幸福观念的批判却是一致的。

第二,空想社会主义幸福论中的幸福主体直接指向广大劳动群众。

空想社会主义幸福论之所以产生,根本原因是资本主义社会并没有带来普遍的富裕和幸福,对于劳苦大众来说,幸福成为虚无缥缈的幻想,换言之,广大劳动群众并不是幸福的主体,整个社会的经济政治体制并不以劳动群众的幸福为落脚点。莫尔认为,"羊吃人"的不幸现象之所以发生,根本原

---

① 莫尔:《乌托邦》,戴镏龄译,北京:商务印书馆,1982年版,第75页。
② 莫尔:《乌托邦》,戴镏龄译,北京:商务印书馆,1982年版,第73页。
③ 《马布利选集》,何清新译,北京:商务印书馆,1960年版,第110页。
④ 《圣西门选集》(第2卷),董果良译,北京:商务印书馆,1982年版,第14页。

因是经济制度的问题,因此才使得广大农民成为流民。随着资本主义的发展,阶级对立现象日益严重,法国空想社会主义者巴贝夫直截了当地指出,资本主义制度是一种新的"奴隶制度",法国大革命后的法国社会存在两个根本对立的集团,一个是人数只有 100 万的少数上层统治者,他们什么都不缺,一个是拥有 2 400 万人的下层劳动者,他们一无所有,资产者"自己不劳动,只靠大多数别人的血汗和劳动来生活,他们蔑视和奴役唯一能够对全体社会成员作出贡献的人民群众,他们永远要购买群众的体力、智力和他们的劳动,同时又要让他们饿死"①。资本主义社会中广大劳动群众的不幸遭遇使得空想社会主义把幸福的主体主要设定为下层贫苦大众(当然,恩格斯曾经指出,由于阶级和时代的局限性,乌托邦社会主义者不是首先解放无产阶级自身然后才解放全人类,而是一开始就幻想解放全人类,让每一个人都过上平等幸福的生活)。"乌托邦"所描绘的至善至美的人间天堂就是一个人人都能够过上幸福美好生活的"乌有之乡"。乌托邦所设定的目标就是建立一个没有贫困和奴役,每个人都能充分享有物质和精神财富,都能够最大限度地自由发展的社会。在三大空想社会主义者那里,功利主义的幸福观成为评判现实政治好坏的根本性标准。如欧文认为好的政治就是幸福的最大化,"政治的目的是使治人者和治于人者创造最大的幸福的政治,便是最好的政治"②。圣西门则把"大多数人过幸福生活"作为好政治的首要标准。在他们看来,幸福是人不可剥夺、与生俱来的人权,社会组织的最终目的不是为少数人谋幸福,而是要让社会每一个成员普遍幸福。作为社会主义思想家,"最大多数人"的概念直接指向广大劳动群众,他们才是幸福的真正主体。因此,在空想社会主义幸福论体系中,空想社会主义者特别重视劳动在分配中的比重和劳动的幸福。"劳动的收入至少应占利润的十二分之五,而且还可考虑把它的份额提高一些,即按这样的比例:劳动占六分之三,资本占六分之二,才能占六分之一。"③在他们看来,劳动是一切美德的源泉,也是幸福的前提和基础,在未来社会中,人人应当劳动,并且借助于劳动合作制,劳动不再是奴役而是享受和个性发展的需要,劳动幸福成为幸福的重要内容。毫无疑问,空想社会主义幸福论中的劳动幸福思想对马克思主义幸福

---

① 《巴贝夫文选:附导论、题解和注释》,梅溪译,北京:商务印书馆,1962 年版,第 77 页。
② 《欧文选集》(第 1 卷),柯象峰等译,北京:商务印书馆,1979 年版,第 67 页。
③ 《傅立叶选集》(第 2 卷),赵俊欣等译,北京:商务印书馆,1981 年版,第 181 页。

观的影响是显而易见的。

第三,空想社会主义提出消灭私有制,建立公有制是实现幸福的根本途径。

空想社会主义对"文明社会"不幸现象的批判和对"和谐社会"幸福生活的向往的基础建立在对不幸现实根源的深层分析之上。纵观空想社会主义思想的发展史,绝大部分的空想社会主义者们认为私有制是"万恶之源",是造成不幸事实的根源,只有彻底废除私有制,建立公有制,才能实现道德的完善和人民的幸福。空想社会主义的创始人莫尔指出,"如果不彻底废除私有制,产品不可能公平分配,人类不可能获得幸福"①。只有消灭私有制,人的精神才不会被金钱与财富左右,进而能够遵循理性的引导去追求自然的快乐幸福,这才是"至善","在乌托邦,一切归全民所有,因此只要公仓装满粮食,就决无人怀疑任何私人会感到什么缺乏。原因是:这儿对物资分配十分慷慨。这儿看不到穷人和乞丐。每人一无所有,而又每人富裕"②。之后的空想社会主义者们基本上继承了莫尔的这一思路,认为私有制导致的贫富差距是万恶之源,特别是人的道德败坏的根源。18世纪的空想社会主义者们从启蒙政治的"理性"出发,从理论上论证废除私有制的问题,"18世纪法国空想社会主义者的幸福论同启蒙哲学家的幸福论不同之处在于:他们虽然也主张人人都渴望幸福,认为追求幸福是由人的本质所决定的,却认为,启蒙学者所鼓吹的资本主义制度也是违背人性的,它不可能使人们得到真正的幸福,只有消灭私有制,建立公有制,才能满足人们本性的要求,才能把千百万人的愿望、追求汇成一个目标——共同幸福,才能使幸福像阳光一样,普照众人"③。摩莱里认为,追求幸福是人的本性,但是不受理性控制的欲望无限发展导致了私有制的产生,而私有制又加剧了人的自私本质,从而成为不幸的根源。为了使人们获得幸福,必须运用理性去认识最完美的制度和社会道德,亦即消灭私有制,建立合乎自然理性的公有制社会,贯彻平均主义政策,禁绝除维持生存之外的一切不合理的享受。马布利同样认为,资本主义私有制度是违反自然理性的制度,而违反自然理性的幸福则是"虚假的幸福",因此,必须从理性出发,节制人的欲望,掌握管理欲望的艺术,恢

---

① 莫尔:《乌托邦》,戴镏龄译,北京:商务印书馆,1982年版,第44页。
② 莫尔:《乌托邦》,戴镏龄译,北京:商务印书馆,1982年版,第115页。
③ 冯俊科:《西方幸福论——从梭伦到费尔巴哈》,北京:中华书局,2011年版,第309页。

复理性的权威,建立符合自然理性秩序的公有制社会。欧文则明确揭露和批判资本主义的私有制是资本主义制度最根本的缺陷,而公有制是消灭阶级、消灭剥削和奴役,促进社会和谐与普遍幸福的根本途径,他还通过社会试验对之加以验证。与消灭私有制,建立公有制的逻辑相一致,空想社会主义者们提出了"按需分配"的分配原则,把分配正义作为实现幸福的题中之义,进而研究"最能促进人类幸福的财富分配原理"。

正如英法空想社会主义是马克思主义的来源一样,空想社会主义幸福论也是马克思主义幸福观的重要来源,只是由于阶级和历史时代条件的限制,空想社会主义的幸福理想难以避免地陷入"空想"。正如马克思恩、格斯在《共产党宣言》中所指出的,"这些社会主义和共产主义的著作也含有批判的成分。这些著作抨击现存社会的全部基础。因此,他们提供了启发工人觉悟的极为宝贵的材料。它们关于未来社会的积极主张,例如消灭城乡对立,消灭家庭,消灭私人营利,提倡社会和谐,把国家变成纯粹的生产管理机构——所有这些主张只是表明要消灭阶级对立,而这种对立在当时刚刚开始发展,它们所知道的只是这种对立的早期的、不明显的、不确定的形式。因此,这些主张本身还带有纯粹空想的性质"①。空想社会主义对资本主义不幸社会现象的无情揭露和全面批判本身就是其幸福论中的"最好方面之一"。然而,资本逻辑语境中的社会问题表现出来的只是"弊病",空想社会主义把消除这些问题作为"思维着的理性的任务"。所以,他们就从头脑中"发明"更完善更幸福的社会新制度,通过"宣传""典型示范"等方式从外面强加于社会,"他们用以批判和规范现实与未来的是抽象的道德原则,这无论如何智慧都只能悬置于社会历史之外,而非历史本身的运动、本身的生成,因而本质上它只能'静观'历史,而不可能'改变'历史。这样,他们所设定的那个未来道德化社会固然与资本主义的现实境况格格不入地对立着,但这种对立是没有中介的、直接的、感性的,因而是外在的、表象间的冲突,完全可以通由观念变通、社会改良和理想实验而得以解决"②。空想社会主义的幸福方案是历史的产物,而在阶级斗争日益明朗化的时代语境中,历史又呼唤科学的幸福观指导广大无产阶级争取幸福的斗争,马克思主义幸福观便"应运而生"了。

---

① 《马克思恩格斯选集》(第3卷),北京:人民出版社,1995年版,第304页。
② 卢坤:《圣西门、傅里叶与欧文思想的政治伦理旨趣》,《社会主义研究》,2010年第2期。

# 第二章
# 马克思主义幸福观的发展轨迹

马克思主义幸福观的形成不是一蹴而就的,而是经历了漫长复杂的演化发展过程。马克思主义幸福观作为马克思主义世界观的有机组成部分,它的演化发展的内在逻辑与马克思主义世界观的萌芽、确立和深化的过程是一致的。换言之,马克思主义哲学世界观的变革过程是考察马克思主义幸福观发展轨迹的核心线索。根据马克思主义经典作家从唯心主义转变为唯物主义、革命民主主义转变为共产主义,从"旧世界观"转变到"新世界观"以及运用他们创立的"新世界观"分析批判具体现实的资本主义社会形态,我们把马克思主义幸福观的发展轨迹大体分为以下三个阶段:(1)幸福的显性表达:马克思主义幸福观的初创。(2)新的哲学世界观:马克思主义幸福观的确立。(3)论资本与幸福的具体勾连:马克思主义幸福观的深化。从马克思主义经典作家的文本来看,第一个阶段主要从马克思的中学毕业论文《青年在选择职业时的考虑》到《1844年经济学哲学手稿》《神圣家族》等著作,第二个阶段主要是《关于费尔巴哈的提纲》《德意志意识形态》《哲学的贫困》《共产党宣言》及其他相关著作,第三个阶段主要是《资本论》及其手稿等著作。

## 第一节 幸福的显性表达:马克思主义幸福观的初创

**一、"普罗米修斯"式幸福理想的确立与主观唯心主义的"定在"幸福**

1. 中学时代马克思的幸福观

普罗米修斯是古希腊神话中的神明,他为人类盗取火种而被宙斯严酷惩罚却无怨无悔:"为人类造福,有什么错！我可以忍受各种痛苦,但绝不会承认错误,更不会归还火种！"中学时代的马克思也以一个基督徒的身份豪迈地宣称:"历史把那些为共同目标工作因而自己变得高尚的人称为最伟大的人物；经验赞美那些为大多数人带来幸福的人是最幸福的人；宗教本身也教诲我们,人人敬仰的典范,就曾为人类而牺牲自己——有谁敢否定这类教诲呢？"①青少年时期的马克思正是在宗教的教诲和影响下确立了为人类幸福而工作的"普罗米修斯"式的人生理想,这一理想一经确立就从未动摇过,尽管经历艰难困苦,付出巨大牺牲,但它却贯穿于马克思一生的理论和实践之中,从而也成为贯穿马克思主义理论的一条主线。

《青年在选择职业时的考虑》是马克思中学时代三篇作文中最为世人所熟知的,在这篇作文中,马克思从神与人的关系中确证了人的本性为在为同时代的人幸福而工作中实现自身的完善,从而确立了为人类幸福而奋斗的崇高理想和远大志向。马克思认为,人与动物是有本质区别的,动物只在自然规定的范围内活动,不会超出这个范围也不会考虑有其他范围的存在,相比较之下,神虽然也为人规定了共同的目标,然而,"神要人自己去寻找可以达到这个目标的手段；神让人在社会上选择一个最适合于他、最能使他和社会变得高尚的地位"②。人自己去寻找达到目标的手段充分说明了人的自主选择性,这是人优越于动物的地方。人必须谨慎选择,认真权衡,不要被一时的热情、虚荣心等非理性因素左右,在正确评价自身能力的基础上,选择有尊严的能够在自己领域内独立地进行创造的职业,这种职业能够使得有才干的人感到幸福。马克思正是在这样的思想指导下慷慨激昂地宣称:"在选择职业时,我们应该遵循的主要指针是人类的幸福和我们自身的完美。不应认为,这两种利益会彼此敌对、互相冲突,一种利益必定消灭另一种利益；相反,人的本性是这样的：人只有为同时代人的完美,为他们的幸福而工作,自己才能达到完美。如果一个人只为自己劳动,他也许能够成为著名的学者、伟大的哲人、卓越的诗人,然而他永远不能成为完美的、真正伟大的人物。"③马克思把为人类幸福而工作和自身的完善有机结合起来,把人生的价值寓于为社会作贡献之上。这是典型的奉献型幸福观。马克思最后指出:

---

① 《马克思恩格斯全集》(第1卷),北京：人民出版社,1995年版,第459页。
② 《马克思恩格斯全集》(第1卷),北京：人民出版社,1995年版,第455页。
③ 《马克思恩格斯全集》(第1卷),北京：人民出版社,1995年版,第459页。

"如果我们选择了最能为人类而工作的职业,那么重担就不能把我们压倒,因为这是为大家作出的牺牲;那时我们所享受的就不是可怜的、有限的、自私的乐趣,我们的幸福将属于千百万人,我们的事业将悄无声息地存在下去,但是它会永远发挥作用,而面对我们的骨灰,高尚的人们将洒下热泪。"①当我们从马克思的一生"从后思索"这段话时认为,重担没有压垮马克思,马克思对为大众谋幸福的人类解放事业作出了巨大的牺牲,但正如马克思所说,他所开创的事业"永远发挥作用",马克思主义依然指引着人类探寻实现幸福的现实道路。

由此可见,青少年时期的马克思虽然是在信仰基督和宗教的教诲下确立了"普罗米修斯"式的人生理想,但他不是把幸福寄托于对基督的皈依之中,而是始终关切人的生存状况,神只对人作趋于高尚的启示,然而人的幸福和自我完善却存在于自己的审慎选择中,在这里主体是"人",而不是"神","总体来说,基督教的神在当时是马克思的人生思考的首要前提,在'神—人'的逻辑中已经蕴含着'人—神'的逻辑,这是一种偏离了传统神学形而上学的理路。在把人与神的一致的必要的讨论引向对人的命运、幸福的关注"②。马克思主义幸福观的人本主义价值取向在此萌芽。

在随后的另一篇中学作文《奥古斯都的元首政治应不应当算是罗马国家较幸福的时代?》中马克思继续探讨幸福问题,追问幸福时代的特征是什么。在这篇作文中,马克思指出:"如果一个时代的风尚、自由和优秀品质受到损害或者完全衰落了,而贪婪、奢侈和放纵无度之风却充斥泛滥,那么这个时代就不能称为幸福时代。"③而幸福时代的特征则是"风尚纯朴""积极进取""官吏和人民公正无私"。马克思从比较的视野、古代人的评价和各种技艺科学的状况三个方面分析得出奥古斯都元首政治总体上算是一个较幸福的时代。"既然国家看来治理得不错,元首愿为人民造福,并且最杰出的人们根据他的倡议担任了国家职务;既然奥古斯都时代并不逊于罗马历史上最好的时代,并且看来它有别于那些坏的时代;既然我们看到派别纷争已经终止,而各种技艺和科学繁荣昌盛,——那么,由于这一切,奥古斯都的元首政治应该算是最好的时代。"④马克思从历史中总结出了构成幸福时代的核

---

① 《马克思恩格斯全集》(第1卷),北京:人民出版社,1995年版,第459-460页。
② 于晓权:《马克思幸福观的哲学意蕴》,长春:吉林大学出版社,2008年版,第64页。
③ 《马克思恩格斯全集》(第1卷),北京:人民出版社,1995年版,第463页。
④ 《马克思恩格斯全集》(第1卷),北京:人民出版社,1995年版,第464页。

心构成要素。

2. 大学时代马克思的幸福观

中学时期马克思确立的"普罗米修斯"式的幸福理想在大学时代化为对什么是幸福的探索。大学时代马克思的思想经历了复杂的转变过程,从受浪漫主义、康德—费希特思想影响转变为信奉黑格尔哲学。浪漫主义的激情一度占据马克思思想的中心,大学时代的诗歌创作充分展现了马克思的浪漫主义情怀。在接受黑格尔哲学前,康德—费希特思想影响着马克思的理想主义情怀。然而,在幸福论题上,康德等人的幸福思想太过于理想化,割裂了理想与现实的辩证关系。马克思指出:"康德和费希特在太空飞翔,对未知世界在黑暗中探索,而我只求深入全面地领悟在地面上遇到的日常事物。"①因此,在先验哲学界面上建立的道德形而上学把幸福推向遥远的类似于宗教境界的彼岸世界的康德幸福思想以及费希特的绝对自我思想遭到了马克思的批判,马克思需要新的思想来指导其对理想与现实辩证关系的把握,"帷幕降下来了,我最神圣的东西被摧毁了,必须用新的神来填补这个位置"②。正是在此背景下,马克思从浪漫主义、康德—费希特哲学转向了黑格尔哲学,以此来寻求人的现实自由幸福,实现形式与内容的统一。

众所周知,黑格尔哲学解体后形成了老年黑格尔派和青年黑格尔派,马克思深受青年黑格尔派哲学思想的影响。在大学期间,马克思加入了青年黑格尔派的"博士俱乐部",他的思想受到青年黑格尔派的代表人物布鲁诺·鲍威尔的影响,反对宗教神学限制人的意志自由,认为宗教妨碍了人的自由幸福,强调自我意识的决定性作用。以布鲁诺·鲍威尔为核心的青年黑格尔派的自我意识哲学深刻影响了马克思,正是在这样的影响下马克思选择了伊壁鸠鲁自然哲学和德谟克利特自然哲学的差别作为博士论文的主题,"出于以布鲁诺·鲍威尔为核心的青年黑格尔派的政治理论需要,即为了创立这个派别的自我意识哲学、无神论观点和资产阶级民主主义观点而去利用亚里士多德以后的各种体系——伊壁鸠鲁哲学、斯多葛哲学、怀疑论哲学"③。换言之,马克思是"以古喻今",从伊壁鸠鲁的哲学资源中寻找自我

---

① 《马克思恩格斯全集》(第40卷),北京:人民出版社,1982年版,第651-652页。
② 《马克思恩格斯全集》(第40卷),北京:人民出版社,1982年版,第14页。
③ 转引自曾长秋、邱荷:《论马克思大学时代的幸福观》,《湖南师范大学社会科学学报》,2013年第1期。

意识自由的合理性,进而证明人的幸福的现实可能性,"伊壁鸠鲁以新的哲学形态总结了希腊哲学,坚持了人的自由。他才是把希腊人及其自由哲学的文化遗产留给西方后世的关键人物。在这个意义上,他的重要性甚至超过了柏拉图和亚里士多德。因此,谁要想明白希腊西方文化的根本精神,就必须从他入手"①。

德谟克利特和伊壁鸠鲁是古希腊原子论的两位代表性人物,他们都承认世界是由虚空和原子构成的,但在很多方面又存在巨大的差异性,正是这种差异性体现了伊壁鸠鲁自然哲学独特的积极意义。在博士论文中,马克思批判前人把伊壁鸠鲁哲学和德谟克利特哲学等同起来的偏见以及对伊壁鸠鲁有意无意的贬低(如《论信从伊壁鸠鲁不可能有幸福的生活》等),运用黑格尔哲学的辩证法精神肯定了伊壁鸠鲁哲学的重要意义。在两者自然哲学的具体差异中,马克思敏锐地发现,德谟克利特强调原子的直线运动,而伊壁鸠鲁强调原子脱离直线的"偏斜运动",正是这种偏斜运动展现了两者自然哲学完全不同的旨趣,其中涉及的是必然性和偶然性的关系。在德谟克利特那里,必然性是现实性的反思形式,是命运、法和天意,是世界的创造者。正如亚里士多德所说,德谟克利特把一切都归结为必然性,其代表的是取消了偶然的古代学说,由此导致的必然是机械的决定论。与此相反,"伊壁鸠鲁说:'被某些人当作万物主宰的必然性,并不存在,毋宁说有些事物是偶然的,另一些事物则取决于我们的任意性。必然性是不容劝说的,相反,偶然是不稳定的。所以宁可听信关于神灵的神话,也比当物理学家所说的命运的奴隶要好些'"②。在伊壁鸠鲁看来,只有在偶然性中才有人的自由和幸福,而必然性则使人成为"命运的奴隶","在必然性中生活,是不幸的事,但是在必然性中生活,并不是一种必然性。通向自由的道路到处都敞开着,这种道路很多,它们是便捷易行的"③。原子偏斜运动所体现的偶然性是伊壁鸠鲁哲学的本质规定,"原子脱离直线而偏斜不是特殊的、偶然出现在伊壁鸠鲁物理学中的规定。相反,偏斜所表现的规律贯穿于整个伊壁鸠鲁哲学,因此,不言而喻,这一规律出现时的规定性,取决于它被应用的范围"④。由此可见,伊壁鸠鲁自然哲学所要达到的目的是人的自由,他的解释方法的

---

① 杨适:《人的解放——重读马克思》,成都:四川人民出版社,1996年版,第17页。
② 《马克思恩格斯全集》(第1卷),北京:人民出版社,1995年版,第25-26页。
③ 《马克思恩格斯全集》(第1卷),北京:人民出版社,1995年版,第26页。
④ 《马克思恩格斯全集》(第1卷),北京:人民出版社,1995年版,第35页。

目的不是为了认识自然而是求得自我意识的心灵的宁静,这才是伊壁鸠鲁自然哲学的要害,也是伊壁鸠鲁幸福观的核心要义。马克思正是在伊壁鸠鲁自然哲学和德谟克利特自然哲学的比较中发现了伊壁鸠鲁原子偏斜运动中表达的自我意识自由的思想,并以此反对宗教对人的自由的压制,坚持无神论立场,因此马克思称其为"最伟大的希腊启蒙思想家"①。

马克思在肯定伊壁鸠鲁巨大贡献的同时,又批判了伊壁鸠鲁哲学视野中的幸福是脱离"定在"的幸福,而不是现实的"定在"中的幸福。伊壁鸠鲁哲学所推崇的自由是在个别性上理解的自我意识的绝对性和自由,其幸福的真意是不受外界干扰的"心灵的宁静",本质上是一种个体内心的精神自由。马克思指出,在伊壁鸠鲁那里,"行为的目的就是脱离、离开痛苦和困惑,即获得心灵的宁静。所以,善就是逃避恶,而快乐就是脱离痛苦"②。快乐作为人生的最高善就是脱离痛苦而获得幸福。为什么伊壁鸠鲁把幸福归结于内心的精神自由,具有深刻的时代背景,"这一幸福观与古希腊城邦时代的幸福有所不同,因为在马其顿帝国的专制统治下,原来的城邦中的集体幸福已经取消,这时的希腊人还可能保留的仅仅是个人的幸福,而这一个人幸福在宗教神学和帝国专制的统治下没有现实的社会保障,于是个人的幸福集中表现在个人的内在精神幸福"③。因此,伊壁鸠鲁幸福观最大的问题是脱离了"限制性的定在",在残酷的现实面前无法抗争时只能退回到个体的内心世界,以求得心灵宁静自由的快乐幸福。马克思批判了伊壁鸠鲁脱离"定在"的幸福,运用黑格尔哲学的辩证法深刻地指出:"在自身中变得自由的理论精神成为实践力量,作为意志走出阿门塞斯冥国,面向那存在于理论精神之外的尘世的现实,——这是一条心理学规律。"④通过把"内在之光"转变为"吞噬一切的火焰",人的自由幸福不再是抽象个体性内心的精神自由而是现实的自由幸福,"世界的哲学化同时也就是哲学的世界化"⑤,两者相互作用,共同推动人的自由幸福的实现。

马克思此时的幸福观依然处在主观唯心主义阶段,但是其处处表现出的从"纯思想"中走出来进而关注"现实"的倾向为其成熟时期的幸福思想奠

---

① 《马克思恩格斯全集》(第1卷),北京:人民出版社,1995年版,第63页。
② 《马克思恩格斯全集》(第1卷),北京:人民出版社,1995年版,第35页。
③ 于晓权:《马克思幸福观的哲学意蕴》,长春:吉林大学出版社,2008年版,第67页。
④ 《马克思恩格斯全集》(第1卷),北京:人民出版社,1995年版,第75页。
⑤ 《马克思恩格斯全集》(第1卷),北京:人民出版社,1995年版,第76页。

定了重要的基础。其后,马克思十分注重当时社会紧迫的现实政治问题,直接参与现实政治问题的讨论,从理论探讨走向现实的政治斗争。

## 二、黑格尔法哲学批判中的幸福论唯物主义转向

博士论文中的幸福思想表明马克思已经摆脱了基督教的影响而以启蒙主义精神理解幸福——幸福的本质在于对自由的追求,而自由意味着自我意识的解放。此时马克思的主导性思想依然是黑格尔的唯心主义哲学,通过高扬人的主体性精神,马克思自认为找到了实现幸福的根本途径。虽然博士论文中,马克思的幸福思想表达出强烈的现实主义倾向,但这依然不过是在"象牙塔"里的理论探索。当他在真正的现实社会问题面前,现实的残酷性将他原先的哲学信仰"击得粉碎",清算黑格尔唯心主义哲学就是在这样的背景下发生的,它是马克思幸福思想从抽象的主观唯心主义转向现实的唯物主义的关键一环。

众所周知,马克思大学毕业后未能如愿进入大学执教而是到了《莱茵报》工作并成为该报的主编,在这期间,马克思接触了大量的社会现实问题尤其是劳苦群众的社会经济问题。马克思的第一篇政论文章针对的是普鲁士当局的书报检查令。在《评普鲁士最近的书报检查令》中,马克思以人的精神特性在于自由,只有出版言论自由了,才能实现人民的自由幸福为价值指导批判书报检查制度违背了国家和法的"普遍理性"的本性,因此,马克思得出结论:"整治书报检查制度的真正而根本的办法,就是废除书报检查制度。"①在《关于新闻出版自由和公布省等级会议辩论情况的辩论》中,马克思从具体的政治观点出发进一步捍卫新闻出版自由。在《关于林木盗窃法的辩论》中,马克思直接触碰到了现实的物质利益问题,直接研究劳苦群众的物质生活条件,马克思以劳苦群众的利益为根本政治立场,揭露了普鲁士政府代表特权阶层的本质,"我们为穷人要求习惯法,而且要求的不是地方性的习惯法,而是一切国家的穷人的习惯法。我们还要进一步说明,这种习惯法按其本质来说只能是这些最底层的一无所有的基本群众的法"②。这就使马克思充分意识到物质利益对于人民群众幸福的重要性,也使马克思看清支配人的思想和行动的不是黑格尔哲学中的国家和法的"普遍理性",而是

---

① 《马克思恩格斯全集》(第1卷),北京:人民出版社,1995年版,第134页。
② 《马克思恩格斯全集》(第1卷),北京:人民出版社,1995年版,第248页。

私有财产的逻辑,正因为如此,国家才沦为维护林木所有者利益的工具。在其后的《摩泽尔记者的辩护》中,马克思更是通过大量的调查材料批判了普鲁士政府的反动本质,揭示了劳动群众贫困和不幸遭遇的根源。在残酷的社会现实问题面前,马克思之前信仰的代表普遍理性自由的国家和法的观念遭遇了严重的冲击,并产生了"苦恼的疑问"。多年后,马克思在《〈政治经济学批判〉序言》中回顾这段社会实践的历程时说:"为了解决使我苦恼的疑问,我写的第一部著作是对黑格尔法哲学的批判性的分析……我的研究得出这样一个结果:法的关系正像国家的形式一样,既不能从它们本身来理解,也不能从所谓人类精神的一般发展来理解,相反,它们根源于物质的生活关系,这种物质的生活关系的总和,黑格尔按照18世纪的英国人和法国人的先例,概括为'市民社会',而对市民社会的解剖应该到政治经济学中去寻求。"①我们先来看马克思对黑格尔法哲学的批判性分析。

  法哲学是黑格尔哲学中"最现实"的内容,但其仍然从属于黑格尔精神哲学的逻辑环节,是其精神发展的"客观精神"阶段。在法哲学中,黑格尔以意志自由为中心概念,通过"抽象法""道德"和"伦理"("伦理"又分为"家庭""市民社会"和"国家"三个阶段)辩证发展过程阐释了自由的发展历程,自由最终在代表最高伦理概念的"国家"中得以实现。就幸福来说,黑格尔是在法哲学体系中来阐释的。黑格尔对幸福的理解是置放于自由意志的整个精神发展过程中的,把自由意志作为幸福的根本规定性和内在价值,明确指出幸福不是任性的欲望的满足,而是具有合理性体系的"满足的总和"。换言之,黑格尔幸福思想的主体是绝对观念,是绝对精神不断扬弃的过程,这在把握幸福的发展性中具有重要价值,但是在逻辑思辨的意义上把握幸福则是把对幸福的理解推向了绝对思辨抽象的深渊之中。以意志自由为核心的精神世界的"幸福"概念在现实面前不堪一击。这也正是马克思在运用黑格尔的理性国家概念分析现实社会问题遭遇"难事"的根源所在。因此,在《黑格尔法哲学批判》中,马克思首先批判了黑格尔法哲学的唯心主义性质,由于马克思的疑问在于国家和法的本性与现实物质利益的冲突,因此马克思主要集中批判的是黑格尔的理性国家观。黑格尔把家庭和市民社会看作国家的概念领域,是国家自己把自己分为家庭和市民社会这两个有限性领域,

---

① 《马克思恩格斯全集》(第31卷),北京:人民出版社,1998年版,第412页。

从而为了返回自身成为自为的存在。马克思指出,这是"逻辑的、泛神论的神秘主义"的表现,"观念变成了主体,而家庭和市民社会对国家的现实的关系被理解为观念的内在想象活动"①。通过批判黑格尔头足倒置的思辨唯心主义的法哲学体系,马克思明确指出,家庭和市民社会才是国家的现实前提和动力,没有家庭的自然基础和市民社会的人为基础,国家就不可能存在。家庭和市民社会与国家的关系是制约者与被制约者、规定者和被规定者的现实关系而不是相反。现代理性国家之所以不能实现人的幸福,是因为其不可能实现人民的根本利益和人的普遍性本质。对黑格尔法哲学的批判使得马克思开始自觉地转向唯物主义,从对现实的市民社会物质利益关系分析中探寻人的普遍解放和幸福的可能性。沿着这一思路,在接下来的《论犹太人问题》中,马克思进一步分析了现实世界中人的两重性存在:市民社会的"私人"和政治国家中的"政治人"的矛盾。他明确指出政治解放只是驱除了市民社会的政治性质,实现了市民社会一部分人的解放,还不是真正的人的解放,自由、平等、安全、所有权等现代人权和公民权体系并没有给人带来真正的幸福,"只有当现实的个人把抽象的公民复归于自身,并且作为个人,在自己的经验生活、自己的个体劳动、自己的个体关系中间,成为类存在物的时候,只有当人认识到自身'固有的力量'是社会力量,并把这种力量组织起来因而不再把社会力量以政治力量的形式同自身分离的时候,只有到了那个时候,人的解放才能完成"②。

黑格尔法哲学批判是马克思幸福观走向唯物主义的关键环节,而走向现实的唯物主义幸福观的前提性条件是对宗教虚幻幸福的批判,它是其他一切批判的前提。在《〈黑格尔法哲学批判〉导言》中,马克思明确提出"废除作为人民的虚幻幸福的宗教,就是要求人民的现实幸福"③,并且找到了实现人民现实幸福的主体力量——无产阶级。宗教是人区别于动物的特有意识形式,它的产生从客观方面来说是因为人在现实世界遭遇的不幸和苦难,正因为在现实世界中人遭遇不幸而又无力改变,所以便把希望寄托于超人间的力量,以便获得心灵的慰藉和幸福的达成。由此可见,宗教的幸福是观念中的虚幻的幸福,它改变的不是现实世界的苦难不幸,而是看待问题的方

---

① 《马克思恩格斯全集》(第3卷),北京:人民出版社,2002年版,第10页。
② 《马克思恩格斯全集》(第3卷),北京:人民出版社,2002年版,第189页。
③ 《马克思恩格斯文集》(第1卷),北京:人民出版社,2009年版,第4页。

式,这是典型的唯心主义的信仰幸福观。而从主观方面来看,宗教产生的原因在于人的自我意识的异化,是人的本质在宗教虚幻世界中的反映,换言之,宗教是人的自我意识反思的结果,现实世界中人意识不到自己的存在,而把自己的存在置放于神的存在之中。"宗教是还没有获得自身或已经再度丧失自身的人的自我意识和自我感觉。……宗教是人的本质在幻想中的实现,因为人的本质不具有真正的现实性。"①人在把幸福寄托于彼岸世界的时候便心甘情愿忍受现实世界的不幸和苦难,而不考虑改变现存的生存境遇,宗教只是"人民的鸦片"。因此,宗教作为一种颠倒的世界产生的颠倒的世界意识,它是由人自己创造的,这是反宗教的批判的根据,而反对宗教的斗争"间接地就是反对以宗教为精神抚慰的那个世界的斗争"②。马克思的独特之处不在于对宗教本身的批判,也不在于"废除作为人民的虚幻幸福的宗教",而在于"要求人民的现实幸福"即对现实生活本身的批判。从施特劳斯到费尔巴哈等德国古典哲学家对宗教的批判不可谓不深刻,但他们都没有达到对现实生活本身的批判,因而不可能找到实现人的本质和幸福的现实道路。在马克思看来,对宗教的批判只是对苦难尘世批判的"胚芽",批判宗教的最终目的在于回到人的现实生活状况,把人从彼岸世界的幸福拉回到此岸世界的现实幸福。正如马克思所指出的:"真理的彼岸世界消逝以后,历史的任务就是确立此岸世界的真理。人的自我异化的神圣形象被揭穿以后,揭露具有非神圣形象的自我异化,就成了为历史服务的哲学的迫切任务。于是,对天国的批判变成对尘世的批判,对宗教的批判变成对法的批判,对神学的批判变成对政治批判。"③马克思将批判的矛头指向现实的"尘世""法"和"政治",发现了现实尘世的法的和政治的关系的异化,提出这样的绝对命令:"必须推翻使人成为被侮辱、被奴役、被遗弃和被蔑视的东西的一切关系。"④正是在从宗教批判转向现实生活本身批判的过程中,马克思发现了无产阶级的历史作用和历史使命,深刻认识到无产阶级是实现人的解放和现实幸福的革命主体和现实力量,"哲学把无产阶级当做自己的物质武器,同样,无产阶级也把哲学当做自己的精神武器"⑤。因

---

① 《马克思恩格斯文集》(第1卷),北京:人民出版社,2009年版,第3页。
② 《马克思恩格斯文集》(第1卷),北京:人民出版社,2009年版,第3页。
③ 《马克思恩格斯文集》(第1卷),北京:人民出版社,2009年版,第4页。
④ 《马克思恩格斯文集》(第1卷),北京:人民出版社,2009年版,第11页。
⑤ 《马克思恩格斯文集》(第1卷),北京:人民出版社,2009年版,第17页。

此,在对"苦难世界"的不幸批判和对未来幸福社会的构想中,马克思把希望寄托于无产阶级身上,这是马克思主义的历史唯物主义幸福论创立的重要一环。

### 三、解剖市民社会与历史唯物主义幸福论奠基

马克思通过对黑格尔法哲学的批判得出不是政治国家决定市民社会,而是市民社会决定政治国家的唯物主义结论,因此人的幸福也不是作为意志自由辩证运动过程中的精神幸福,而是现实的人的幸福。为了寻求人民的现实幸福,不仅要对尘世、法和政治进行批判,更需要深入解剖现代市民社会的内部结构,而对市民社会的解剖需要到"政治经济学中去寻求"。转向政治经济学研究是马克思思想发生的重要转变,它使得马克思能够逐步切入现代社会的真正现实,从而为历史唯物主义的创立奠定坚实的基础。正是对现代市民社会的政治经济学解剖,马克思发现了异化劳动和私有财产是人的不幸的根源,从而提出了积极扬弃人的自我异化的共产主义是人民现实幸福得以实现的根本保障。哲学、政治经济学和共产主义首次融为一体,为马克思主义的历史唯物主义幸福论的出场提供了前提条件。

黑格尔把政治经济学称为"现代基础上所产生的若干门科学的一门"①,只有在现代社会中才会产生政治经济学这门科学。在古典经济学看来,现代社会是个商业社会,每个人绝大部分需要的满足需要通过自己的劳动产品与他人交换而获得,由此社会联结成一个网络,在国民财富不断增长的基础上每个人都能够获得幸福的生活。马克思针锋相对地指出:"既然按照斯密的意见,大多数人遭受痛苦的社会是不幸福的,社会的最富裕状态会造成大多数人遭受这种痛苦,而且国民经济学(总之,私人利益的社会)是要导致这种最富裕状态,那么国民经济学的目的也就是社会的不幸。"②马克思对古典经济学的批判不仅是现象上的批判,更是对其本质的批判,古典经济学的问题在于从私有财产的既定事实出发,"它没有给我们说明这个事实。它把私有财产在现实中所经历的物质过程,放进一般的、抽象的公式,然后把这些公式当做规律。它不理解这些规律,就是说,它没有

---

① 黑格尔:《法哲学原理》,范扬、张企泰译,北京:商务印书馆,1961年版,第204页。
② 《马克思恩格斯文集》(第1卷),北京:人民出版社,2009年版,第122页。

指明这些规律是怎样从私有财产的本质中产生出来的"①。与此相反,马克思从当前的"经济事实"出发,揭示了私有制条件下劳动的异化所导致的人的不幸生存境遇。

当前的经济事实是什么?"工人生产的财富越多,他的生产的影响和规模越大,他就越贫穷。工人创造的商品越多,他就越变成廉价的商品。物的世界的增殖同人的世界的贬值成正比。"②这样的经济事实显然与"常识"相违背,劳动产品作为异己的存在物与人相对立,这就是异化现象。马克思以此为切入点,阐释了异化劳动的四个方面的规定,从而全面揭示了资本主义私有制条件下人的生存状况。(1)工人同劳动产品相异化。工人生产的劳动产品越多,他却越不幸福,劳动的产品成为支配劳动者的外在力量,劳动者沦为劳动产品的奴隶,为劳动产品所奴役。(2)劳动本身的异化。劳动产品的异化只是异化的结果,其原因在于劳动过程本身的异化。"劳动对工人来说是外在的东西,也就是说,不属于他的本质;因此,他在自己的劳动中不是肯定自己,而是否定自己,不是感到幸福,而是感到不幸,不是自由地发挥自己的体力和智力,而是使自己的肉体受折磨、精神遭摧残。"③换言之,本来意义上的劳动应该是人体验幸福的劳动,而事实是异化劳动不是自愿的而是强制的劳动,不是满足劳动本身的需要,而是满足生存需要的一种手段。劳动的异己性表现在只要没有强制,人就会像逃避瘟疫般逃避劳动。后来,马克思在《1857—1858年经济学手稿》中表达了相同的观点:"在奴隶劳动、徭役劳动、雇佣劳动这样一些劳动的历史形式下,劳动始终是令人厌恶的事情,始终表现为外在的强制劳动,而与此相反,不劳动却是'自由和幸福'。"④(3)人的类本质的异化。宗教批判使得把人的本质追问从虚幻转化为现实。现实的人的本质是什么?马克思认为,自由自觉的生命活动即劳动是人的类本质。"一个种的整体特性、种的类特性就在于生命活动的性质,而自由的有意识的活动恰恰就是人的类特性。"⑤自由自觉的生命活动是人与动物的根本区别,动物同自己的生命活动是直接同一的,而人则把自己的生命活动变成自己意志和意识的对象,动物只按照它所属的那个种的尺

---

① 《马克思恩格斯文集》(第1卷),北京:人民出版社,2009年版,第155页。
② 《马克思恩格斯文集》(第1卷),北京:人民出版社,2009年版,第156页。
③ 《马克思恩格斯文集》(第1卷),北京:人民出版社,2009年版,第159页。
④ 《马克思恩格斯全集》(第30卷),北京:人民出版社,1995年版,第612页。
⑤ 《马克思恩格斯文集》(第1卷),北京:人民出版社,2009年版,第159页。

度和需要构造,而人则能够按照任何一个种的尺度来生产,同时按照美的规律来构造。然而,异化了的类本质使人优越于动物的地方成为人的缺陷,体现人的本质的自主自由的劳动变成了维持生存的手段。这就彻底否定了属于人的幸福,因为幸福的内涵真切地体现于人的本质活动之中。(4)人同人相异化。马克思指出,当人同自身在劳动、劳动产品和对自身的关系相对立的时候,他也必然地同他人、他人的劳动、劳动产品处于对立之中。异化劳动对于工人是不幸的,"如果工人的活动对他本身来说是一种痛苦,那么这种活动就必然给他人带来享受和生活乐趣。不是神也不是自然界,只有人自身才能成为统治人的异己力量"①。在马克思、恩格斯合著的《神圣家族》中,马克思、恩格斯深刻指出:"有产阶级和无产阶级同样表现了人的自我异化。但是,有产阶级在这种自我异化中感到幸福,感到自己被确证,它认为异化是它自己的力量所在,并在异化中获得人的生存的外观。"②人与人之间处于异化的关系之中,幸福异化为不幸与苦难。

马克思从"人是什么"的幸福观前提性问题入手,深刻分析了现实社会的劳动异化、经济异化使人处于不幸的生存境遇之中,接下来的工作便是分析产生这种不幸现象的根源及其如何实现人的幸福。马克思从人的受动性和能动性的存在状况出发,以人的类特性即人的本质来定义人的幸福,以此表达人的对象化活动的状况,揭示了幸福不只是一种主观的心理感受,更是人的创造性活动过程。现实社会中,是什么因素导致了劳动的异化呢?马克思指出了异化劳动和私有财产之间的辩证关联,"私有财产是外化劳动即工人对自然界和对自身的外在关系的产物、结果和必然后果"③,私有财产又进一步加深劳动的异化。显然,人的异化生存状态不是一种幸福的生存状态,既然私有财产是人的异化和不幸的根源,那么,扬弃私有财产,消除人的自我异化,实现人的本质的复归则是人获得幸福的必然逻辑,而这正是共产主义运动。"共产主义是对私有财产即人的自我异化的积极的扬弃,因而是通过人并且为了人而对人的本质的真正占有;因此,它是人向自身、也就是向社会的即合乎人性的人的复归,这种复归是完全的复归,是自觉实现并在以往发展的全部财富的范围内实现的复归。这种共

---

① 《马克思恩格斯文集》(第1卷),北京:人民出版社,2009年版,第165页。
② 《马克思恩格斯文集》(第1卷),北京:人民出版社,2009年版,第261页。
③ 《马克思恩格斯文集》(第1卷),北京:人民出版社,2009年版,第166页。

产主义,作为完成了的自然主义,等于人道主义,而作为完成了的人道主义,等于自然主义,它是人和自然界之间、人和人之间的矛盾的真正解决,是存在和本质、对象化和自我确证、自由和必然、个体和类之间的斗争的真正解决。"① 这种共产主义是通过"工人解放"的政治形式来表现的。马克思显然吸收了黑格尔的辩证法思想,把私有财产的扬弃看作社会本身运动过程的结果。在此思想指导下,幸福表现为人的本质的复归,但这种复归是在继承以往发展成果基础上的复归,而不是粗陋的共产主义"对整个文化和文明的世界的抽象否定,向贫穷的需求不高的人——他不仅没有超越私有财产的水平,甚至从来没有达到私有财产的水平——非自然的简单状态的倒退,恰恰证明对私有财产的这种扬弃决不是真正的占有"②。幸福还表现为对人的本质的占有,这种占有是在对象化活动中人的本质力量的展示,而不是对外物的单纯拥有的粗俗的"占有幸福观"。马克思批判性地指出:"私有制使我们变得如此愚蠢而片面,以致一个对象,只有当它们为我们所拥有的时候,就是说,当它对我们来说作为资本而存在,或者它被我们直接占有,被我们吃、喝、穿、住的时候,简言之,在它被我们使用的时候,才是我们的。"③ 总之,共产主义社会是人的幸福理想能够实现的社会,人作为一个完整的人占有自己全面的本质。

综上所述,马克思在市民社会的政治经济学解剖中发现了经济异化是幸福异化的根源,提出了超越资本主义私有制而实现共产主义幸福社会的美好理想,以异化理论为分析框架深入研究了"人是什么,人的幸福是什么""人的不幸的根源究竟是什么"以及"如何能够实现人的幸福"等关于幸福观的一系列核心问题。虽然此时马克思的幸福思想依然带有费尔巴哈人本主义和哲学思辨的痕迹,以异化概念为核心分析幸福也表明马克思尚未能以一种全新的理论框架来重新诠释幸福问题,但是它却为历史唯物主义幸福论的出场奠定了基础。在不断清算费尔巴哈人本主义幸福思想影响的基础上,新的哲学世界观呼之欲出,马克思主义诠释幸福的方式得以建构,马克思主义幸福观最终得以确立。

---

① 《马克思恩格斯文集》(第1卷),北京:人民出版社,2009年版,第185页。
② 《马克思恩格斯文集》(第1卷),北京:人民出版社,2009年版,第184页。
③ 《马克思恩格斯文集》(第1卷),北京:人民出版社,2009年版,第189页。

## 第二节 新的哲学世界观：马克思主义幸福观的确立

### 一、历史唯心主义语境中的德国观念论幸福观批判

不同民族表达同一个概念的语言方式具有差异性，马克思在《1844年经济学哲学手稿》中指出，"异化的扬弃总是从作为统治力量的异化形式出发：在德国是自我意识；在法国是平等，因为这是政治；在英国是现实的、物质的、仅仅以自身来衡量自身的实际需要"①。在幸福论题上，德国古典哲学也着重强调人的主体能动性，围绕人的意志自由和幸福之间的关系而展开。康德把人看作理性和感性的综合体，理性的道德自律的道德学和感性的自然欲望的幸福学在"意志自由""灵魂不朽""上帝存在"三大公设中达到"至善"的自由宗教境界，康德"配享幸福"的道德形而上学把幸福推向了彼岸世界，作为至善的人生境界不是现在现世，而是在来世中实现。费希特则从"自我＝自我"出发，强调人要获得幸福必须要有思想和政治自由，"我们在这个尘世的唯一幸福……是自由的、不受阻碍的自我活动，是自力更生，辛勤劳动，努力追求自己目标的活动"②。黑格尔在作为客观精神的法哲学中从意志自由出发，强调幸福的自然、冲动、热情等欲望必须受到意志自由的约束，把幸福看作各种欲望形成的"合理的体系"，在精神自由的自我辩证运动中把握幸福。总体而言，德国古典哲学关注幸福主要是以人的观念精神领域的自由为中心，以此说明幸福的内涵，其观念论幸福观特征明显。对此，马克思在《关于费尔巴哈的提纲》中对唯心主义的批判切中了要害：唯心主义从主体方面把能动的维度抽象地发展了。由于唯心主义不懂得现实的、活生生的感性活动本身，因此其在脱离现实的感性活动基础上追求的幸福必然是囿于精神世界的抽象幸福。

施特劳斯、鲍威尔等青年黑格尔派继承了黑格尔的自我意识哲学，他们

---

① 《马克思恩格斯文集》（第1卷），北京：人民出版社，2009年版，第231页。
② 《费希特著作选辑》（第1卷），北京：商务印书馆，1990年版，第164页。

在批判黑格尔精神哲学幸福观不足的同时甚至把黑格尔哲学中"现实"的部分也抛弃了,把精神与具体现实彻底割裂开来,赋予自我意识的自由精神以绝对的自律和力量,从而局限于"纯理论批判",同"现实的影子"作"哲学的斗争","震撼世界的词句"革命在面对现实的不幸时软弱无力,进一步把幸福观念化。青年黑格尔派将"批判"当作历史发展的动力、当作社会历史发展的唯一的积极因素,认为人们的不幸在于受到"词句"的奴役,只要人从这些"词句"中解放出来也就获得了自由幸福,换言之,只要人从思想思维中清除种种不幸就能实现现实的解放。马克思针锋相对地指出,人从来没有受到"词句"的奴役,人们现实生活中的不幸是由现实生活关系造成的,因而青年黑格尔派震撼世界的革命口号看似是积极的行动派,事实上却是"最大的保守派"。"德意志意识形态"中的种种表现为观念的幸福论都是脱离现实生活的"头脑风暴","迄今为止人们总是为自己造出关于自己本身、关于自己是何物或应当成为何物的种种虚假观念。他们按照自己关于神、关于标准人等观念来建立自己的联系。他们头脑的产物不受他们支配。他们这些创造者屈从于自己的创造物。……这些天真的幼稚的空想构成现代青年黑格尔派哲学的核心"[①]。青年黑格尔派的"意识形态家"们没有关注到德国的哲学和德国的现实之间的关系,没有关注到理论批判和物质环境之间的关系,他们只是以"词句"反对"词句",而仅仅反对这个世界的"词句"恰恰表明他们不会反对现实的现存世界。因此,在纯粹的思想领域以纯理论批判取代反对现存制度的斗争无论如何实现不了"人民的现实幸福"。马克思对青年黑格尔派观念论幸福观的批判同样适用于所谓的"真正的社会主义""基督教社会主义""无政府主义"等观念论幸福观,它表明要想获得"人民的现实幸福",必须从人们的现实生活出发,而不是囿于纯粹的理论批判。

在马克思主义的历史唯物主义幸福观的形成过程中,马克思持续不断地对黑格尔精神哲学进行了批判,而其中的中介和桥梁是费尔巴哈的唯物主义感性幸福论。费尔巴哈恢复了唯物主义的权威,把黑格尔颠倒了的思维和存在的关系颠倒过来。在《关于哲学改造的临时纲要》《未来哲学原理》等著作中,费尔巴哈以自然感性批判黑格尔的抽象理性,把被黑格尔精神化的自然还原为感性的自然,自我意识化的人还原为感性的人,并以此为基础

---

[①] 《马克思恩格斯文集》(第1卷),北京:人民出版社,2009年版,第509页。

创立了人本主义的唯物主义"新哲学"。在幸福观问题上,费尔巴哈贯彻了其唯物主义的基本立场。在其《幸福论》著作中,费尔巴哈从人不是上帝或精神外化的产物而是自然的产物出发,反对一切宗教神学的虚幻幸福观、康德的道德形而上学幸福观,尤其是黑格尔哲学的精神哲学幸福观等抽象的幸福论体系,认为人追求幸福的特性和其他一切有生命的生物一样是出于自然本能的欲望,提出了"生命本身就是幸福"的唯物主义命题,从而建构了直观唯物主义幸福论体系。马克思在《1844年经济学哲学手稿》中曾对费尔巴哈的功绩作了充分的肯定,承认"感性(见费尔巴哈)必须是一切科学的基础。科学只有从感性意识和感性需要这两种形式的感性出发,因而,科学只有从自然界出发,才是现实的科学。可见,全部历史是为了使'人'成为感性意识的对象和使'人作为人'的需要成为需要而作准备的历史(发展的历史)"①。"费尔巴哈是唯一对黑格尔辩证法采取严肃的、批判态度的人;只有他在这个领域内作出了真正的发现,总之,他真正克服了旧哲学。"②总的来说,费尔巴哈的伟大功绩体现于:"(1)哲学(黑格尔哲学,笔者注)只不过是变成思想的并且通过思维加以阐明的宗教,不过是人的本质的异化的另一种形式和存在方式;因此哲学同样应当受到谴责。(2)创立了真正的唯物主义和实在的科学,因为费尔巴哈使社会关系即'人与人之间的'关系也同样成为理论的基本原则。(3)他把基于自身并且积极地以自身为根据的肯定的东西同自称是绝对肯定的东西的那个否定的否定对立起来。"③费尔巴哈以把感觉确定的东西作为其新哲学的出发点的唯物主义精神给予黑格尔抽象的精神哲学致命一击,而对正处于世界观转变时期的马克思、恩格斯来说具有相当的"震撼力",借用恩格斯的话,马克思、恩格斯一时间都成了"费尔巴哈派"。这一方面说明费尔巴哈感性的唯物主义幸福论对马克思、恩格斯的影响,尤其是在批判黑格尔精神哲学过程中的重大意义,另一方面说明马克思、恩格斯对费尔巴哈作了过高的评价,他们尚未创立自己新的哲学世界观。马克思、恩格斯只有在对费尔巴哈感性幸福论所恢复的唯物主义权威的批判的基础上继续前进,才能够创立历史唯物主义的新哲学世界观,从而为科学理解幸福的内涵以及实现幸福的现实途径奠定坚实的哲学基础。

---

① 《马克思恩格斯文集》(第1卷),北京:人民出版社,2009年版,第194页。
② 《马克思恩格斯文集》(第1卷),北京:人民出版社,2009年版,第199页。
③ 《马克思恩格斯文集》(第1卷),北京:人民出版社,2009年版,第200页。

在被恩格斯称为"包含着新世界观的天才萌芽的第一个文件"——《关于费尔巴哈的提纲》中,马克思以感性的实践活动批判了费尔巴哈的直观唯物主义的缺陷。在开篇"第一条"马克思即指出:"从前的一切唯物主义(包括费尔巴哈的唯物主义)的主要缺点是:对对象、现实、感性,只是从客体的或者直观的形式去理解,而不是把它们当做感性的人的活动,当做实践去理解,不是从主体方面去理解。……费尔巴哈想要研究跟思想客体确实不同的感性客体,但是他没有把人的活动本身理解为对象性的活动。因此,他在《基督教的本质》中仅仅把理论的活动看做是真正人的活动,而对于实践则只是从它的卑污的犹太人的表现形式去理解和确定。因此,他不了解'革命的''实践批判的'活动的意义。"①费尔巴哈虽然恢复了唯物主义的权威,把对象、现实、感性作为哲学建构的出发点,但是他只是从"客体的或者直观的形式"理解对象、现实、感性,没有把"感性的对象"理解为"感性的活动",因而他就不可能真正理解人的本质及其现实的历史发展过程。在宗教批判中,费尔巴哈把宗教的本质归结为人的本质,宗教是人的本质自我异化的产物。然而,"人的本质不是单个人所固有的抽象物,在其现实性上,它是一切社会关系的总和"②。费尔巴哈从哲学的直观出发,把人的本质看作单个个体的共同性的抽象,而没有从现实的感性活动出发客观地分析人所处的一定历史阶段的社会关系,因而也不可能对人的现实的本质进行批判,"因此他不得不:(1)撇开历史的进程,把宗教感情固定为独立的东西,并假定有一种抽象的——孤立的——人的个体。(2)因此,本质只能被理解为'类',理解为一种内在的、无声的、把许多个人自然地联系起来的普遍性"③。换言之,费尔巴哈不懂得"人"是处于一定社会形式中的具体的人,而不是抽象的人,不懂得"全部社会生活在本质上是实践的"④。其结果只能是,"直观的唯物主义,即不是把感性理解为实践活动的唯物主义,至多也只能达到对单个人和市民社会的直观"⑤。从市民社会转化到"人类社会或社会的人类",新唯物主义相对于旧唯物主义立脚点的位移决定了新唯物主义不是"解释世界"的旧哲学,而是"改变世界"的新哲学世界观。在《德意志意识形态》中,

---

① 《马克思恩格斯文集》(第1卷),北京:人民出版社,2009年版,第499页。
② 《马克思恩格斯文集》(第1卷),北京:人民出版社,2009年版,第501页。
③ 《马克思恩格斯文集》(第1卷),北京:人民出版社,2009年版,第501页。
④ 《马克思恩格斯文集》(第1卷),北京:人民出版社,2009年版,第501页。
⑤ 《马克思恩格斯文集》(第1卷),北京:人民出版社,2009年版,第502页。

马克思、恩格斯进一步批判了费尔巴哈历史观上的唯心主义特征。由于费尔巴哈对"感性世界"的理解局限于单纯的直观和单纯的感觉,其所设定的"人"不是"现实的历史的人",因此也就不能正确理解人与人之间的现实关系。"诚然,费尔巴哈与'纯粹的'唯物主义相比有很大的优点:他承认人也是'感性对象'。但是,他把人只看做是'感性对象',而不是'感性活动',因为他在这里也仍然停留在理论领域,没有从人们现有的社会联系,从那些使人们成为现在这种样子的周围生活条件来观察人们——这一点且不说,他还从来没有看到现实存在着的、活动的人,而是停留于抽象的'人',并且仅仅限于在感情范围内承认'现实的、单个的、肉体的人',也就是说,除了爱与友情,而且是理想化了的爱与友情以外,他不知道'人与人之间'还有什么其他的'人的关系'。"①因而,其对于幸福的理解也必然陷入抽象,更缺乏对现实生活中不幸现象的批判力和建构力。"他从来没有把感性世界理解为构成这一世界的个人的全部活生生的感性活动,因而比方说,当他看到的是大批患瘰疬病的、积劳成疾的和患肺痨的穷苦人而不是健康人的时候,他不得不求助于'最高的直观'和观念上的'类的平等化',这就是说,正是在共产主义的唯物主义者看到改造工业和社会结构的必要性和条件的地方,他却重新陷入唯心主义。"②马克思、恩格斯进一步指出:"某物或某人的存在同时也就是某物或某人的本质:一个动物或一个人的一定生存条件、生活方式和活动,就是使这个动物或这个人的'本质'感到满意的东西。任何例外在这里都被肯定地看做是不幸的偶然事件,是不能改变的反常现象。这样说来,如果千百万无产者根本不满意他们的生活条件,如果他们的'存在'同他们的'本质'完全不符合,那么根据上述论点,这是不可避免的不幸,应当平心静气地忍受这种不幸。可是,这千百万无产者或共产主义者所想的完全不一样,而且这一点他们将在适当时候,在实践中,即通过革命使自己的'存在'同自己的'本质'协调一致的时候予以证明。"③由此可见,费尔巴哈的感性的自然主义的幸福论既不能深刻把握人的现实性本质,也不能理解社会生活过程的本质,因而无法把人的现实幸福和人的本质及其社会生活的实践性过程辩证联系起来,终究无法开辟实现"人民的现实幸福"的现实道路。

---

① 《马克思恩格斯文集》(第1卷),北京:人民出版社,2009年版,第530页。
② 《马克思恩格斯文集》(第1卷),北京:人民出版社,2009年版,第530页。
③ 《马克思恩格斯文集》(第1卷),北京:人民出版社,2009年版,第549页。

在《费尔巴哈与德国古典哲学的终结》中,恩格斯以"小写字母"的形式集中批判了费尔巴哈宗教哲学和伦理学中幸福论的唯心主义本质及其内容的"惊人的贫乏"。恩格斯指出,费尔巴哈虽然批判了宗教,批判宗教的虚幻幸福,但是他绝没有废除宗教,而是希望以"爱的宗教"进一步将宗教完善化。费尔巴哈虽然不满意黑格尔哲学的抽象的思维而诉诸"感性",但是,"费尔巴哈在每一页上都宣传感性,宣传专心研究具体的东西,研究现实,可是这同一个费尔巴哈,一谈到某种比人们之间的纯粹性关系更进一步的关系,就变成完全抽象的了。他在这种关系中仅仅看到一个方面——道德。在这里,和黑格尔比较起来,费尔巴哈的惊人的贫乏又使我们诧异。……就形式讲,他是现实的,他把人作为出发点;但是,关于这个人生活其中的世界却根本没有讲到,因而这个人始终是宗教哲学中所说的那种抽象的人。这个人不是从娘胎里生出来的,他是从一神教的神羽化而来的,所以他也不是生活在现实的、历史地发生和历史地确定了的世界里面;虽然他同其他的人来往,但是任何一个其他的人也和他本人一样是抽象的。……政治对费尔巴哈是一个不可通过的区域"①。正因为费尔巴哈所说的幸福不是从现实的人而是从抽象的人出发,其幸福的内涵必然是抽象空洞的,在其道德论中,费尔巴哈以"合理的利己主义"构建了幸福论。"关于道德,费尔巴哈所告诉我们的东西是极其贫乏的。追求幸福的欲望是人生下来就有的,因而应当成为一切道德的基础。但是追求幸福的欲望受到双重的矫正。第一,受到我们的行为的自然后果的矫正:酒醉之后,必定头痛;放荡成习,必生疾病。第二,受到我们的行为的社会后果的矫正:要是我们不尊重他人追求幸福的同样的欲望,那末他们就会反抗,妨碍我们自己追求幸福的欲望。由此可见:我们要满足我们的这种欲望,就必须能够正确地估量我们的行为的后果,同时还必须承认他人的相应的欲望的平等权利。因此,对己以合理的自我节制,对人以爱(永远是爱!),这就是费尔巴哈的道德的基本准则,其余的一切都是从这个准则推出来的。"②在个人追求幸福的权利和他人追求幸福的平等权利方面,费尔巴哈幸福论的抽象性更是暴露无遗。在个人追求幸福的权利上,"当一个人专为自己打算的时候,他追求幸福的欲望只有在非常罕见的情况下才能满足,而且决不是对己对人都有利。他需要和外部世

---

① 《马克思恩格斯全集》(第21卷),北京:人民出版社,1965年版,第329-330页。
② 《马克思恩格斯全集》(第21卷),北京:人民出版社,1965年版,第331页。

界来往,需要满足这种欲望的手段:食物、异性、书籍、谈话、辩论、活动、消费品和操作对象。二者必居其一:或者费尔巴哈的道德是以每一个人无疑地都有这些满足欲望的手段和对象为前提,或者它只向每一个人提供无法应用的忠告,因而它对于没有这些手段的人是一文不值的"①。在他人追求幸福的平等权利上,情况也是一样,"费尔巴哈无条件地提出这种要求,认为这种要求是适合于任何时代和任何情况的。但这种要求从什么时候起被认为是适合的呢?在古代奴隶和奴隶主之间,在中世纪的农奴和领主之间,难道谈得上追求幸福的平等权利吗?被压迫阶级追求幸福的欲望不是被冷酷无情地和'由于正当理由'变成了统治阶级的这种欲望的牺牲品吗?——是的,这也是不道德的,但是现在平等权利被承认了。自从阶级在反对封建制度的斗争中并在发展资本主义生产的过程中不得不废除一切等级的即个人的特权,而且起初在私法方面、后来逐渐在公法方面实施了个人在法律上的平等权利以来,平等权利在口头上是被承认了。但是,追求幸福的欲望只有极微小的一部分可以靠理想的权利来满足,绝大部分却要靠物质的手段来实现,而由于资本主义生产所关心的,是使绝大多数权利平等的人仅有最必需的东西来勉强维持生活,所以资本主义对多数人追求幸福的平等权利所给予的尊重,即使一般说来多些,也未必比奴隶制或农奴制所给予的多。关于幸福的精神手段、教育手段,情况是否好一些呢?就连'萨多瓦的小学教师'不也是一个神话人物吗?"②恩格斯的这一批判实际上表述了历史唯物主义幸福论中"幸福"的历史性特征。在利益分化和阶级对抗的社会中,费尔巴哈以"爱"为核心的直观唯物主义幸福论注定是无法实现的空想,"这样一来,他的哲学中的最后一点革命性也消失了,留下的只是一个老调子:彼此相爱吧!不分性别、不分等级地互相拥抱吧,——大家一团和气地痛饮吧!……简单扼要地说,费尔巴哈的道德论是和它的一切前驱者一样的。它适用于一切时代、一切民族、一切情况;正因为如此,它在任何时候和任何地方都是不适用的,而在现实世界面前,是和康德的绝对命令一样软弱无力的"③。费尔巴哈虽然批判了德国古典哲学尤其是黑格尔哲学的抽象性而从感性的自然界和感性的人出发,但是他不能把感性的自然界和感性的人转

---

① 《马克思恩格斯全集》(第21卷),北京:人民出版社,1965年版,第331页。
② 《马克思恩格斯全集》(第21卷),北京:人民出版社,1965年版,第332页。
③ 《马克思恩格斯全集》(第21卷),北京:人民出版社,1965年版,第333页。

到活生生的、现实的人,最终陷入抽象形而上学的窠臼。费尔巴哈的直观唯物主义幸福论是德国古典哲学抽象精神幸福论走向历史唯物主义幸福论的关键一环,"费尔巴哈所没有走的一步,终究是有人要走的。对抽象的人的崇拜,即费尔巴哈的新宗教的核心,必须由关于现实的人及其历史发展的科学来代替"①。马克思、恩格斯从《神圣家族》开始走出第一步,最终在《关于费尔巴哈的提纲》和《德意志意识形态》中完成了幸福论的历史唯物主义奠基。

由此可见,马克思、恩格斯在批判费尔巴哈直观唯物主义幸福论时坚持了辩证唯物主义的基本原则。一方面,马克思、恩格斯充分肯定费尔巴哈极大地推动了德国古典哲学的宗教批判,把宗教的本质还原为人本主义的人的本质,把上帝还原为人的"类本质",以感性的人而不是精神的人作为幸福论的起点和落脚点,进而把人的幸福植根于对人的生活的直观基础之上,从而开启了幸福论场域从宗教的批判走向政治的、社会生活批判的思维转向,表达了人的幸福的本质在于消灭宗教的、精神的异化生存状况,实现人的本真的"类本质"的存在方式。另一方面,马克思、恩格斯又批判了费尔巴哈直观唯物主义幸福论的缺陷。费尔巴哈虽然从宗教上的自我异化即世界被二重化为宗教的虚幻世界和现实的世俗世界出发,把宗教的世界归结为它的世俗基础,从而为感性的、自然主义的幸福论出场奠定了哲学基础,但是,在完成这项工作之后,费尔巴哈就止步了,而"主要的事情"还没有做,他只是从客体的、直观的形式去理解感性的自然和感性的人,没有从"感性的活动"即实践来理解,所以他无法理解宗教异化和现实异化、个体和类之间的关系,对世俗基础本身的矛盾缺乏深刻分析,不懂得人的现实要在实践中使现实世界"革命化",终究不能把德国古典哲学观念论的幸福和宗教虚幻的幸福的批判推进到对现实社会生活本身的批判,最终同样落入了抽象观念论幸福观的深渊之中。费尔巴哈没有从根本上超越前人,而马克思、恩格斯超越了费尔巴哈。

综上所述,马克思、恩格斯之所以批判青年黑格尔派的精神活动和费尔巴哈的直观活动,是因为两者共同的缺陷都在于脱离了人的现实生活过程,从而把"幸福"观念论化,使得幸福远离了人的社会生活实践过程。与之相

---

① 《马克思恩格斯全集》(第 21 卷),北京:人民出版社,1965 年版,第 334 页。

反,马克思、恩格斯把人看作在历史中行动的人,实践是其存在方式,不仅把人看作"感性的人",而且把人看作"感性的活动",从人们的现实生活过程把握人的现实幸福,进而把费尔巴哈的直观唯物主义感性幸福推进到历史唯物主义现实幸福论的新阶段。

**二、历史唯物主义幸福论的出场逻辑**

青年黑格尔派的费尔巴哈实现了哲学视域和基础的根本性转变,费尔巴哈将哲学置于直观的感性的自然的生活基础上,在人本主义语境中建构了新的唯物主义哲学范式,使得唯物主义在感性的基础上现实化为生活性的思维原则,进而为在唯物主义视野中解决人的幸福提供了理论基础。费尔巴哈的直观唯物主义直接触动了马克思和恩格斯从实践的、现实的、历史的维度出发,在人的社会生活过程中考察人的幸福。质言之,马克思、恩格斯正是在费尔巴哈等人的哲学思想的基础上,实现了考察人的幸福的哲学前提和基础的重建,最终确立了科学的历史唯物主义方法论,进而为人类追寻幸福找到了一条既可欲又可行的新路径。

正如马克思、恩格斯曾宣称他们不是教条式地设想新世界,而是在批判旧世界中建构新世界那样,马克思、恩格斯也不是抽象地设想幸福是什么以及在精神的世界中畅想如何实现幸福,而是在批判中从现实的生活过程出发考察幸福,他们既克服了各式各样唯心主义幸福观夸大人的主观能动性的片面性,又避免了包含费尔巴哈直观唯物主义在内的旧唯物主义幸福观只从客体的或直观的形式考察幸福的机械性,从而在历史唯物主义视域中为科学认识幸福的本质和实现人民的现实幸福指明了方向。马克思、恩格斯在实践的唯物主义即新唯物主义的哲学世界观基础上创立的幸福观与唯心主义和旧唯物主义幸福观划清了界限,历史唯物主义幸福观得以出场,马克思主义幸福观最终得以确立。

经由《关于费尔巴哈的提纲》确立的新的科学"实践观",马克思、恩格斯基于《德意志意识形态》批判青年黑格尔派的观念论哲学意识形态,最终形成了科学的历史观——历史唯物主义。马克思、恩格斯指出:"这种历史观就在于:从直接生活的物质生产出发阐述现实的生产过程,把同这种生产方式相联系的、它所产生的交往形式即各个不同阶段上的市民社会理解为整个历史的基础,从市民社会作为国家的活动描述市民社会,同时从市民社会出发阐明意识的所有各种不同的理论产物和形式,如宗教、哲学、道德等等,而且追溯它们产生的过程。……这种历史观和唯心主义历史观不同,它不是在每个时代中寻找某种范畴,而是始终站在现实历史的基础上,不是从观念出发来解释实践,而是从物质实践出发解释各种观念形态,由此也就得出下述结论:意识的一切形式和产物不是可以通过把它们消融在'自我意识'或化为'怪影''怪想'等消灭的,而只有通过实际地推翻这一切唯心主义谬论所由产生的现实的社会关系,才能把它们消灭;历史的动力以及宗教、哲学和任何其他理论的动力是革命,而不是批判。"①马克思、恩格斯以精练的语言表述了历史唯物主义的核心要义及其与历史唯心主义的本质区别,虽然马克思、恩格斯在此没有对幸福论题的"显性表达",但是为科学把握考察幸福论题的出发点以及如何实现幸福等幸福观的基本问题提供了根本的立脚点。

马克思、恩格斯实现的幸福观问题上的革命性变革,首先体现在幸福主体问题上的历史唯物主义理解,解构了唯心主义和旧唯物主义对于幸福主体的抽象化理解,从而为考察幸福确立了合理科学的出发点。从本质上讲,幸福是人对自身以及与周围自然的、人的、社会的等关系的体验、情感、认知的意识与观念,换言之,幸福也是意识的一种形式,它是人们在自己的实践活动、生活需要中产生出来的。马克思早就指出,动物的活动只是出于本能的活动,它与周围的环境并无关系式的存在,其与环境是一体的、同一的,因此对于动物而言并无幸福与否的价值评判。相比较而言,人的生命活动是有意识的,是人自己的意志和意识的对象,也就是说,人的活动是"自由的活动"。人的意识随着实践的发展而发展,作为意识形式的幸福意识也必然不是固定不变的,而是逐渐生成变化和运动发展的。因此,幸福都只能是人的幸福,幸福的主体是人。然而,在历史唯物主义形成之前,对于研究幸福出发点的"人"是什么的问题却始终在历史唯心主义的窠臼之中兜圈子。黑格尔等唯心主义哲学家把人等同于精神层面的"自我意识",费尔巴哈虽然讲"现实的人",但是他只是把人看作"感性的对象"而不是"感性的活动",把人看作固定不变的抽象物,因而也未能在唯物主义视域内解决幸福的本质问题。马克思、恩格斯首先确认全部人类历史的第一个前提是有生命的个人

---

① 《马克思恩格斯文集》(第1卷),北京:人民出版社,2009年版,第544页。

的存在,"我们开始要谈的前提不是任意提出的,不是教条,而是一些只有在臆想中才能撇开的现实前提。这是一些现实的个人,是他们的活动和他们的物质生活条件,包括他们已有的和由他们自己的活动创造出来的物质生活条件。因此,这些前提可以用纯粹经验的方法来确认"①。历史唯物主义的考察方法从现实的前提出发,把人看作现实的、可以通过经验观察到的并且在一定条件下处于发展过程之中的存在物,而不是虚幻的、离群索居的和处于固定不变的状态中的存在物。马克思、恩格斯理解的"有生命的个人""现实的个人"不同于费尔巴哈的抽象的人,因为人不只是感性的对象,更是"感性的活动"。人类生存的第一个前提同时也是一切历史的第一个前提是人为了能够"创造历史",必须能够生活,而为了生活就必须满足吃、喝、住、穿等基本需要,所以人的第一个历史活动就是生产满足此类需要的物质资料,也就是"生产物质生活本身",已经得到满足的第一个需要本身又会产生新的需要,人类社会的历史就是在这种不断上升的运动中展开。物质生活的生产方式是个人的一定的、表现自己生命活动的生活方式,"个人怎样表现自己的生命,他们自己就是怎样的。因此,他们是什么样的,这同他们的生产是一致的——既和他们生产什么一致,又和他们怎样生产一致。因而,个人是什么样的,这取决于他们进行生产的物质条件"②。由此可见,马克思、恩格斯把"人"勘定为不受人们任意支配的界限、前提和条件下从事物质生产活动的人,这样的人才是现实的人,从而把人置于历史的现实的物质生活境遇中来考察人的幸福问题。当马克思、恩格斯以"感性的活动"即实践来理解人时,也就现实地把握了人的本质和人的根本存在方式,"感性的活动"不仅是人获得幸福的手段,本质上也是人的幸福的存在方式。正是在感性的物质生活实践中人才能获得、体验和感受幸福,换言之,幸福并非通过抽象思辨获得,而是通过人们的感性的创造性活动获得。

马克思、恩格斯立足于现实的生活过程理解人和人的幸福,一方面把人理解为从事感性活动的从而与自然发生关系的存在物,另一方面从事物质生产活动的人结成一定的社会关系才能有他们对自然的能动关系。前者是生产力,后者是生产关系,生产力和生产关系、经济基础和上层建筑的自我矛盾运动推动着人的幸福的广度和深度的发展运动。无论是唯心主义幸福

---

① 《马克思恩格斯文集》(第 1 卷),北京:人民出版社,2009 年版,第 518-519 页。
② 《马克思恩格斯文集》(第 1 卷),北京:人民出版社,2009 年版,第 520 页。

观还是旧唯物主义幸福观,它们都脱离了现实的社会生活过程,没有在把握社会历史发展规律的基础上从社会制度和社会关系的高度去审视把握幸福,因而未能理解幸福的真谛,对幸福范畴作抽象的描述。什么是历史?马克思、恩格斯认为,"只要描绘出这个能动的生活过程,历史就不再像那些本身还是抽象的经验主义者所认为的那样,是一些僵死的事实的汇集,也不再像唯心主义者所认为的那样,是想象的主体的想象活动"①。正如马克思、恩格斯所说,历史是对人们的现实的能动的生活过程的描述,是追求着自身目的的人的活动过程的展开,它不是外在于人的现实生活世界的主观想象。人通过对对象世界的改造实现自身的本质,满足自身的各种需要和体验生活的幸福,在追求自己的幸福生活的感性活动中,自然、社会和历史得以生成和发展。在历史唯物主义视域中,生产力是实现人的幸福的根本物质保障,幸福的获得离不开一定的物质条件,离开社会生产力这一物质条件谈论人的幸福,必然使人的幸福不具有真实性和具体性,都必然会陷入虚幻和抽象。因此,虽然幸福具有主观性,是人的主观体验和个体感受,但其绝不是脱离现实物质生活条件的纯粹臆想和抽象思辨。马克思、恩格斯反对不顾生产力的发展抽象地谈论幸福问题,反对任何抽象的、空洞的幸福承诺和幸福方案,而是将其建立在牢固的现实生产生活基础上。幸福具有其现实的客观条件和客观尺度,生产力的巨大增长和高度发展是人的幸福最终得以实现的根本前提,"生产力的这种发展(随着这种发展,人们的世界历史性的而不是地域性的存在同时已经是经验的存在了)之所以是绝对必需的实际前提,还因为如果没有这种发展,那就只会有贫穷、极端贫困的普遍化;而在极端贫困的情况下,必须重新开始争取必需品的斗争,全部陈腐污浊的东西又要死灰复燃"②。一定的生产力必然有一定的生产关系与之相适应,在不同的生产关系中人的幸福的实现程度是不一样的。而随着生产力的不断发展,生产关系也不断发生变革,生产力和生产关系的统一构成一定的社会生产方式,生产方式的矛盾运动过程就是人的幸福不断发展的过程。在批判费尔巴哈的直观唯物主义幸福观的抽象性缺陷时,恩格斯曾经从奴隶制、中世纪的封建制和现代资本主义生产方式的变革中分析了幸福的具体的历史的发展过程。因此,在历史唯物主义的视野中,幸福是不能够离开一定的社

---

① 《马克思恩格斯文集》(第1卷),北京:人民出版社,2009年版,第525-526页。
② 《马克思恩格斯文集》(第1卷),北京:人民出版社,2009年版,第538页。

会生产方式来考察和理解的,幸福不是抽象的、固定的、永恒不变的,而是具体的、历史的和不断发展的,幸福的实现过程就是人类社会历史不断发展的过程,其内蕴于社会历史发展的规律之中。

马克思、恩格斯在历史唯物主义的视域内把握了幸福与社会历史发展过程的内在联系,同时指出了实现幸福的主体是无产阶级,实现幸福的现实途径是革命斗争。众所周知,马克思在《〈黑格尔法哲学批判〉导言》中就已经明确指出了在实现"人民的现实幸福"的过程中无产阶级的历史地位和历史作用,"哲学把无产阶级当做自己的物质武器",强调"批判的武器"不能代替"武器的批判"。在历史唯物主义科学的世界观和方法论制定后,马克思、恩格斯再次强调指出了无产阶级是实现人类幸福的主体,在生产力发展达到一定的高度后,在现存的关系下生产力和交往手段只能造成灾难,此时的生产力已经不是建设的力量,而是破坏的力量。与此同时,"产生了一个阶级,它必须承担社会的一切重负,而不能享受社会的福利,它被排斥于社会之外,因而不得不同其他一切阶级发生最激烈的对立;这个阶级构成了全体社会成员中的大多数,从这个阶级中产生出必须实行彻底革命的意识"①。当无产阶级意识到自身的历史使命后,其改变自身不幸的命运,实现自身和全人类幸福的手段不是不切实际的幻想,而是革命的斗争。马克思、恩格斯坚决反对任何"空泛地臆造一切阶级的协调和幸福的制度",反对"工人应该像虔诚的基督徒那样,相信牧师的话:抛弃一切尘世的幸福,一心一意渴求升入天堂"②,反对费尔巴哈面对不幸时的那种承认"这是不可避免的不幸,应当平心静气地忍受这种不幸"的消极态度,而是"在实践中,即通过革命使自己的'存在'同自己的'本质'协调一致"。马克思、恩格斯之所以反对种种观念论的幸福观,是因为其对于人的解放和幸福的实现并没有实质性"前进一步",无助于人的自由幸福,在历史唯物主义的视域中,"'解放'是一种历史活动,不是思想活动,'解放'是由历史的关系,是由工业状况、商业状况、农业状况、交往状况促成的"③,只有在现实的生活世界中使用现实的手段才能实现真正的解放和自由幸福。因此,"对实践的唯物主义者即共产主义者来说,全部问题都在于使现存世界革命化,实际地反对并改变现存的事

---

① 《马克思恩格斯文集》(第1卷),北京:人民出版社,2009年版,第542页。
② 《马克思恩格斯文集》(第3卷),北京:人民出版社,2009年版,第340页。
③ 《马克思恩格斯文集》(第1卷),北京:人民出版社,2009年版,第527页。

物"①。由此可见,马克思、恩格斯以历史唯物主义来考察人的解放和幸福问题,认为人们获得幸福的种种阻碍不会"自动消除",制约人的幸福的不合理的社会制度和社会关系也不会"自动消失",实现人的现实幸福的各式社会条件同样不会"自动生成",无产阶级和广大人民群众只有通过革命的斗争才能清除幸福道路上的障碍,才能创造实现幸福的社会条件。与空想社会主义者寄希望于良心的发现和统治阶级的善心来改造社会实现幸福的目标不同,马克思、恩格斯尤其强调革命斗争的重要性。"革命之所以必需,不仅是因为没有任何其他的办法能够推翻统治阶级,而且还因为推翻统治阶级的那个阶级,只有在革命中才能抛掉自己身上的一切陈旧的肮脏东西,才能胜任重建社会的工作。"②无产阶级通过革命斗争实现的社会就是共产主义社会,这个共产主义社会是从现有条件的矛盾运动中生成的,"共产主义对我们来说不是应当确立的状况,不是现实应当与之相适应的理想。我们所称为共产主义的是那种消灭现存状况的现实的运动。这个运动的条件是由现有的前提产生的"③。过去的革命运动并没有触动活动本身的性质,只不过按另外的方式在另一些人中间重新"分配劳动",而无产阶级革命斗争的共产主义运动"则针对活动迄今具有的性质,消灭劳动,并消灭任何阶级的统治以及这些阶级本身"④。

在"消灭劳动",消除阶级对立的新社会中,个人是摆脱强制分工的"有个性的个人"而不是"偶然的个人",共同体则是"真实的共同体"而不是"虚幻的共同体",幸福在"有个性的个人"和"真实的共同体"中即真正人的存在方式中成为现实的存在。在共产主义新社会之前的社会中,由于社会是自然形成的,分工也不是出于自愿,因而分工这种扩大的社会生产力和交往形式对于个人来说完全是外在的偶然的,个人也就成了"偶然的个人","人本身的活动对人来说就成为一种异己的、同他对立的力量,这种力量压迫着人,而不是人驾驭着这种力量"⑤。在此语境下,个人被束缚于片面性的分工中。马克思、恩格斯的价值理想是个人能够控制共同活动产生的社会力量,在对生产力的总和占有的基础上,消除一切自发性,使其重新受自己的支

---

① 《马克思恩格斯文集》(第1卷),北京:人民出版社,2009年版,第527页。
② 《马克思恩格斯文集》(第1卷),北京:人民出版社,2009年版,第543页。
③ 《马克思恩格斯文集》(第1卷),北京:人民出版社,2009年版,第539页。
④ 《马克思恩格斯文集》(第1卷),北京:人民出版社,2009年版,第543页。
⑤ 《马克思恩格斯文集》(第1卷),北京:人民出版社,2009年版,第537页。

配,从而发挥自己的才能,展示自己的个性,劳动成为自主性的活动并从中体会幸福。"任何人都没有特殊的活动范围,而是都可以在任何部门内发展,社会调节着整个生产,因而使我有可能随自己的兴趣今天干这事,明天干那事,上午打猎,下午捕鱼,傍晚从事畜牧,晚饭后从事批判,这样就不会使我老是一个猎人、渔夫、牧人或批判者。"①这里虽然没有"幸福"的显性表达,却是何等幸福的境界!当然,"有个性的个人"和"偶然的个人"之间的差别不是概念的而是历史的差别,"无产者,为了实现自己的个性,就应当消灭他们迄今面临的生存条件,消灭这个同时也是整个迄今为止的社会的生存条件,即消灭劳动"②。消除自然形成的分工产生的异化力量的自发性,重新驾驭控制这些共同力量,只有共同体才能实现。马克思、恩格斯明确指出:"只有在共同体中,个人才能获得全面发展其才能的手段,也就是说,只有在共同体中才可能有个人自由。"③当然,根据条件的不同,共同体有"虚幻的共同体"和"真实的共同体"之别。"偶然的个人"相对的是"虚幻的共同体",而"有个性的个人"相对的则是"真实的共同体"。"虚幻的共同体"也被称为"冒充的共同体",它受偶然性条件的支配,是作为独立的东西同个人相对立的,个人是作为阶级的成员参加共同体的,只有对于统治阶级的成员才有个人自由,其本质是一个阶级反对另一个阶级的联合。而"真实的共同体"也被称为"真正的共同体",它是个人作为个人参加的共同体,并且控制了自己的生存条件,这种共同体的联合控制了个人的自由发展和运动的条件,"在真正的共同体的条件下,各个人在自己的联合中并通过这种联合获得自己的自由"④。在此共同体中,每个人都能够充分展示自己自由的生命活动,地域性的个人转变为世界历史性的个人,个人的社会关系无论在广度上还是深度上都呈现出前所未有的丰富性,从而确证个体的幸福感受。总之,在社会历史的运动发展中,"有个性的个人"和"真实的共同体"作为人的幸福的最优生存方式样态具有历史的必然性,充分表明历史唯物主义并不存在"人学空场",而是内蕴人的自由、解放和幸福。

综上所述,马克思、恩格斯在科学的哲学世界观形成后,竭力避免从个人的主观意愿或先入为主式的习惯性思维抽象地考察幸福,在历史唯物主

---

① 《马克思恩格斯文集》(第1卷),北京:人民出版社,2009年版,第537页。
② 《马克思恩格斯文集》(第1卷),北京:人民出版社,2009年版,第573页。
③ 《马克思恩格斯文集》(第1卷),北京:人民出版社,2009年版,第571页。
④ 《马克思恩格斯文集》(第1卷),北京:人民出版社,2009年版,第571页。

义视域中克服了唯心主义和旧唯物主义幸福观的片面性和机械性,克服了以往哲学在形而上学的框架内追逐一成不变的永恒幸福的虚幻性,进而从现实的生活过程出发探求幸福的真蕴以及实现幸福的现实路径,为我们历史地、辩证地、现实地审视幸福提供了科学的世界观和方法论。

历史唯物主义幸福观确立后,马克思、恩格斯持续地批判一切脱离现实生活过程的形形色色的抽象幸福观。比如,在《哲学的贫困》中,马克思、恩格斯虽然赞同蒲鲁东自愿为"人类最大幸福"而作的努力,但是坚决反对蒲鲁东脱离社会现实生活,站在抽象的人的立场之上,以政治经济学的形而上学方法论空谈人的幸福。蒲鲁东认为平等是最好的东西,是"最高的幸福",一切经济关系仅仅是因为平等的利益才被发明的,而现实却是一步一步地背离平等,因此,为了平等和幸福,必须保留经济范畴"好的方面",去除"坏的方面"。马克思、恩格斯指出,这种仅仅从抽象概念范畴的演绎中来阐释人的平等和幸福的方法显然是对黑格尔思辨哲学的"拙劣模仿",必然会得出荒谬的结论。为了实现真正的平等幸福,必须从社会经济关系内在的自我矛盾运动中把握平等幸福问题,尤其是对资本逻辑主导的现代资本主义经济关系及其矛盾运动规律的科学分析,只有这样才能真正实现无产阶级和广大人民群众的幸福。

## 第三节　论资本与幸福的具体勾连:
## 　　　　马克思主义幸福观的深化

### 一、资本的"文明面"与"消极面":幸福悖论的经典时代

在历史唯物主义视域中,马克思、恩格斯从现实的处于物质生产生活过程中的人的活动及其关系出发界定人的现实幸福,换言之,马克思、恩格斯是从历史的角度,以生产方式及其变革来把握人民的现实幸福,这为科学把握幸福观的基本问题奠定了坚实的理论基础。以人的物质生产活动为核心的人类物质生活过程是理解马克思主义幸福观的核心要义。当然,马克思、恩格斯不是一般地、抽象地谈论生产,而是强调一定历史发展阶段的生产,"因此,说到生产,总是指在一定社会发展阶段上的生产——社会个人的生

产。……一开始就要声明,我们指的是某个一定的历史时代,例如,是现代资产阶级生产——这种生产事实上是我们研究的本题"①。马克思、恩格斯承认"生产一般"的抽象即一切时代的生产都共有的某些共同标志和共同规定,但并不是否认不同生产阶段的历史差别,而是作出"合理的抽象"避免重复而已。资产阶级经济学家正是否认这种差别而把现代资产阶级生产看作是自然的、永恒的。"那些证明现存社会关系永存与和谐的现代经济学家的全部智慧,就在于忘记这种差别。"②因此,马克思、恩格斯在历史唯物主义视域中确立把握幸福观基本问题的方法论,并不是抽象地谈论幸福问题,而是将其置放于个人的"一定社会性质的生产"即现代资本主义生产方式的基础上,以历史唯物主义的方法论透视现代资本主义生产方式,进而把握谋求"人民的现实幸福"的现实道路。

恩格斯在为《资本论》撰写的书评中明确指出,"资本和劳动的关系,是我们现代全部社会体系所赖以旋转的轴心"③,而在资本和劳动相互作用相互制约的关系中"资本"无疑处于主导地位,资本是现代资产阶级社会的"特殊的以太""普照的光",离开对资本的理解,现代社会人的幸福论题就会陷入云雾之中而无从把握。何谓资本?在《雇佣劳动与资本》中,马克思指出,从表面的内容来看,"资本是用于生产新的原料、新的劳动工具和新的生活资料的各种原料、劳动工具和生活资料组成的。资本的所有这些组成部分都是劳动的创造物,劳动的产品,积累起来的劳动。作为进行新生产的手段积累起来的劳动就是资本"④。资产阶级经济学家就是如此撇开一定的社会关系来看待资本,把资本看作人类社会生产的必要条件。在《1857—1858年经济学手稿》中,马克思明确指出:"如果这样抽掉资本的一定形式,只强调内容,而资本作为这种内容是一切劳动的一种必要要素,那么,要证明资本是一切人类生产的必要条件,自然就是再容易不过的事情了。抽掉了使资本成为人类生产某一特殊发展的历史阶段的要素的那些特殊规定,恰好就得出这一证明。……资本被理解为物,而没有被理解为关系。"⑤因此,与资产阶级经济学家把资本看作物,看作人类一切历史阶段的生产条件

---

① 《马克思恩格斯全集》(第30卷),北京:人民出版社,1995年版,第26页。
② 《马克思恩格斯全集》(第30卷),北京:人民出版社,1995年版,第26页。
③ 《马克思恩格斯文集》(第3卷),北京:人民出版社,2009年版,第79页。
④ 《马克思恩格斯文集》(第1卷),北京:人民出版社,2009年版,第723页。
⑤ 《马克思恩格斯全集》(第30卷),北京:人民出版社,1995年版,第214页。

不同,马克思明确指出资本是一种关系,只有在一定的条件下,这些"物"才会成为资本。"黑人就是黑人。只有在一定的关系下,他才成为奴隶。纺纱机是纺棉花的机器。只有在一定的关系下,它才成为资本。脱离了这种关系,它也就不是资本了。"①由此可见,在马克思主义的语境中,"资本也是一种社会生产关系。这是资产阶级的生产关系,是资产阶级社会的生产关系。构成资本的生活资料、劳动工具和原料,难道不是在一定的社会条件下,不是在一定的社会关系内生产出来和积累起来的吗？难道这一切不是在一定的社会条件下,在一定的社会关系内被用来进行新生产的吗？并且,难道不正是这种一定的社会性质把那些用来进行新生产的产品变为资本的吗？"②马克思一连串的反问凸显了资本的实质不在于其是新生产的手段,而是一种历史性的社会生产关系,它的实质在于一无所有的阶级的活劳动替积累起来的死劳动充当保存并增加交换价值的手段。马克思此时已经指出资本是一种独立的社会力量和支配权力,但仍然没有明确指出雇佣劳动与资本的增殖之间的"剩余价值"关联。在《资本论》中,马克思从资本主义占统治地位的财富表现形式——商品入手,通过使用价值和价值之间矛盾关系的分析得出货币范畴,然后通过货币和劳动力商品之间的交换关系明确指明了资本产生的历史性条件及其如何通过"剩余价值"的生产增殖自身。资本主义时代的特点是劳动力成为商品,一种特殊的商品,劳动的历史性存在方式是雇佣劳动形式,这是它不同于其他历史时代的特征。马克思指出:"有了商品流通和货币流通,决不是就具备了资本存在的历史条件。只有当生产资料和生活资料的占有者在市场上找到出卖自己劳动力的自由工人的时候,资本才产生;而单是这一历史条件就包含着一部世界史。因此,资本一出现,就标志着社会生产过程的一个新时代。"③作为新的历史性生产关系的"资本"创造了一个新的时代,在这个新的时代中,人是一种什么样的存在状态呢？人的本质力量得到何种状况的展示呢？人与人之间的关系又是如何呢？换言之,在资本时代,人们的生存感受如何,人的幸福呈现何种样式？马克思、恩格斯以历史的、辩证的、发展的视野分析了资本的"文明面"和"消极面",给世人描绘了一幅幸福悖论经典时代的讽刺画。

---

① 《马克思恩格斯文集》(第1卷),北京:人民出版社,2009年版,第723页。
② 《马克思恩格斯文集》(第1卷),北京:人民出版社,2009年版,第724页。
③ 马克思:《资本论》(第1卷),北京:人民出版社,2004年版,第198页。

马克思、恩格斯不同于空想社会主义者基于不幸的社会现象而对资本采取全面否定的态度,而是以历史唯物主义为根本出发点,以人的幸福的社会条件为判定尺度,具体分析了资本的"文明面"所体现的历史进步意义。在《共产党宣言》的开篇,马克思、恩格斯以历史唯物主义分析社会历史过程,在第一部分的"资产者和无产者"章明确指出资本的人格化代表即现代资产阶级是社会历史长期发展过程中生产方式和交换方式一系列变革的产物,资产阶级的产生代表社会发展的新阶段,它的产生具有重要的历史意义,"资产阶级在历史上曾经起过非常革命的作用"[①]。而在《1857—1858年经济学手稿》中,马克思则集中表述了"资本"的伟大文明作用:"只有资本才创造出资产阶级社会,并创造出社会成员对自然界和社会联系本身的普遍占有。由此产生了资本的伟大的文明作用:它创造了这样一个社会阶段,与这个社会阶段相比,一切以前的社会阶段都只表现为人类的地方性发展和对自然的崇拜。只有在资本主义制度下自然界才真正是人的对象,真正是有用物;它不再被认为是自为的力量;而对自然界的独立规律的理论认识本身不过表现为狡猾,其目的是使自然界(不管是作为消费品,还是作为生产资料)服从于人的需要。资本按照自己的这种趋势,既要克服把自然神化的现象,克服流传下来的、在一定界限内闭关自守地满足于现有需要和重复旧生活方式的状况,又要克服民族界限和民族偏见。资本破坏这一切并使之不断革命化,摧毁一切阻碍发展生产力、扩大需要、使生产多样化、利用和交换自然力量和精神力量的限制。"[②]在《资本论》及其他相关著作中,马克思、恩格斯同样肯定了资本造就的新的社会生产方式对于人的本质力量发挥和社会文明进步的重要作用。

根据马克思、恩格斯著作中的相关论述,我们可以把资本的"文明面"对人的幸福的促进作用概括为以下几个方面。(1)资本为人的幸福创造了发达的生产力这一物质条件。历史唯物主义幸福观的首要观点是幸福的基础在于现实的物质生活过程中的生产力状况。资本作为一种社会生产的组织方式,它是生产的,是发展社会生产力的重要关系,通过简单协作、工场手工业、机器大工业等方式把社会生产要素组织起来以及科学地在生产中应用,促进了社会分工的广度和深度,它从根本上摆脱了自然的神秘性和人与自

---

① 《马克思恩格斯文集》(第2卷),北京:人民出版社,2009年版,第33页。
② 《马克思恩格斯全集》(第30卷),北京:人民出版社,1995年版,第390页。

然关系中人的被动性,为生产而生产的社会动力机制充分显示了人的主动性和创造性。资本这种新的生产组织方式和社会生产关系促进了社会生产力的巨大增长,以至于马克思、恩格斯发出如此感叹:"资产阶级在它的不到一百年的阶级统治中所创造的生产力,比过去一切世代创造的全部生产力还要多,还要大。自然力的征服,机器的采用,化学在工业和农业中的应用,轮船的行驶,铁路的通行,电报的使用,整个整个大陆的开垦,河川的通航,仿佛用法术从地下呼唤出来的大量人口——过去哪一个世纪料想到在社会劳动里蕴藏有这样的生产力呢?"[1](2)资本丰富了人与人之间的社会关系,为人的幸福延展了现实可能性和未来发展性。资本破坏了"一切封建的、宗法的和田园诗般的关系",斩断了"把人们束缚于天然尊长的形形色色的封建羁绊"[2],在商品交换价值的流通体系中确立了主体之间的平等关系,"平等和自由不仅在以交换价值为基础的交换中受到尊重,而且交换价值的交换是一切平等和自由的生产的、现实的基础。作为纯粹观念,平等和自由仅仅是交换价值的交换的一种理想化的表现;作为在法律的、政治的、社会的关系上发展了的东西,平等和自由不过是另一次方上的这种基础而已。而这种情况也已为历史所证实。这种意义的平等和自由恰好是古代的自由和平等的反面"[3]。劳动力作为一种商品,其交换过程同样遵循平等自由原则,"劳动力的买和卖是在流通领域或商品交换领域的界限以内进行的,这个领域确实是天赋人权的真正伊甸园。那里占统治地位的只是自由、平等、所有权和边沁"[4]。以资本为基础的现代交换价值体系生产出个人关系和能力的普遍性和全面性,它改变了人类发展早期阶段那种还没有形成丰富关系的狭隘的全面性状况。浪漫主义派希望回到那种单个人显得比较全面的时代,马克思、恩格斯对此指出,"留恋那种原始的丰富,是可笑的,相信必须停留在那种完全的空虚化之中,也是可笑的"[5]。以历史唯物主义的观点看待人类社会关系的发展过程突出体现于著名的社会发展三阶段论之中。"人的依赖关系(起初完全是自然发生的),是最初的社会形式,在这种形式下,人的生产能力只是在狭小的范围内和孤立的地点上发展着。以物的依赖性

---

[1] 《马克思恩格斯文集》(第2卷),北京:人民出版社,2009年版,第36页。
[2] 《马克思恩格斯文集》(第2卷),北京:人民出版社,2009年版,第33-34页。
[3] 《马克思恩格斯全集》(第30卷),北京:人民出版社,1995年版,第199页。
[4] 马克思:《资本论》(第1卷),北京:人民出版社,2004年版,第204页。
[5] 《马克思恩格斯全集》(第30卷),北京:人民出版社,1995年版,第112页。

为基础的人的独立性,是第二大形式,在这种形式下,才形成普遍的社会物质变换、全面的关系、多方面的需要以及全面的能力体系。建立在个人全面发展和他们共同的、社会的生产能力成为从属于他们的社会财富这一基础上的自由个性,是第三个阶段。第二个阶段为第三个阶段创造条件。因此,家长制的,古代的(以及封建的)状态随着商业、奢侈、货币、交换价值的发展而没落下去,现代社会则随着这些东西同步发展起来。"①前现代社会,现代社会和未来社会的社会关系的发展状况,以资本为基础的现代社会起着承上启下的历史性作用。(3)资本把人从地域性的个人转变为世界历史性的个人,拓展了人的生活生存空间,使人的幸福呈现出广阔的可能性前景。马克思指出,"创造世界市场的趋势已经直接包含在资本的概念本身中。任何界限都表现为必须克服的限制"②。资本为了扩大产品销路,必须在全球各地拓展世界市场,"它必须到处落户,到处开发,到处建立联系"③。由此带来的结果是一切国家的生产和消费都成为世界性的,一切民族甚至最野蛮的民族都被卷进文明中来,它使农村从属于城市,未开化和半开化的国家从属于文明国家,农民的民族从属于资产阶级的民族,东方从属于西方,使生产资料和人口等集中起来。资本按照自己的面貌创造出一个世界,这在客观上使人的生存空间得到了极大的拓展,世界历史性的个人由此生成。总之,在资本为代表的新时代中,"生产的不断变革,永远的不安定和变动,这就是资产阶级时代不同于过去一切时代的地方。……一切等级的和固定的东西都烟消云散了,一切神圣的东西都被亵渎了"④。在这个充满"流动性"的现代性中,人的幸福呈现出同前现代完全不同的特质,为人的现实幸福提供了客观条件。由此可见,资本主义生产方式把人的幸福带回了现实世界,为实现人的幸福提供了无限可能性,具有积极的历史进步意义。

马克思、恩格斯充分肯定资本的"文明面"为人的幸福开辟了道路,但马克思、恩格斯不是资本的辩护士,而是从辩证法的角度深刻揭示了资本的"消极面",它使人的幸福充满了矛盾性,资本时代的幸福悖论暴露无遗。马克思、恩格斯深刻地指出,资本作为社会生产的组织形式,作为一种社会生产关系,其本身就是矛盾,它把剩余劳动作为必要劳动的条件,通过不断扩

---

① 《马克思恩格斯全集》(第30卷),北京:人民出版社,1995年版,第107-108页。
② 《马克思恩格斯全集》(第30卷),北京:人民出版社,1995年版,第388页。
③ 《马克思恩格斯文集》(第2卷),北京:人民出版社,2009年版,第35页。
④ 《马克思恩格斯文集》(第2卷),北京:人民出版社,2009年版,第34-35页。

大剩余劳动来增殖自己的价值,创造出剩余价值,但是它又必须确定必要劳动和剩余劳动的界限。"因此,资本按照自己的本性来说,会为劳动和价值的创造确立界限,这种界限是和资本要无限度地扩大劳动和价值创造的趋势相矛盾的。因为资本一方面确立它所特有的界限,另一方面又驱使生产超出这个界限,所以资本是一个活生生的矛盾。"①资本的这种矛盾性表现在生产力方面,一方面资本促进社会生产力的发展从而为人的幸福提供了物质条件,但另一方面资本又是生产力发展的障碍。"一方面,资本的趋势是,为了增加相对剩余时间,必然把生产力提高到极限。另一方面,必要劳动时间由此减少了,因而工人的交换能力由此降低了。……总之,资本具有限制生产力的趋势。"②资本把现有生产前提的不断变革从而生产力的全面发展作为自己再生产的前提,但是这种生产力的发展又是在对立中进行的,"资本的限制就在于:这一切发展都是对立地进行的,生产力,一般财富等等,知识等等的创造,表现为从事劳动的个人本身的外化;他不是把自己创造出来的东西当作他自己的财富的条件,而是当作他人财富和自身贫穷的条件。但是这种对立的形式本身是暂时的,它产生出消灭它自身的现实条件"③。机器是资本推动生产力发展的技术手段,但是,"机器的资本主义应用……产生了经济学上的悖论,即缩短劳动时间的最有力的手段,竟变为把工人及其家属的全部生活时间转化为受资本支配的增殖资本价值的劳动时间的最可靠的手段"④。由此可见,文明的进步、社会生产力的增长只会使资本致富,而不会使劳动致富,反而增大了资本对劳动的统治权,"在自由工人的概念里已经包含着这样的意思:他是赤贫,潜在的赤贫"⑤,与此相反,"属于资本概念的东西却是:增长了的劳动生产力表现为劳动以外的力量的增长和劳动本身的力量的削弱"⑥。资本的矛盾性表现在人与人的社会关系方面,一方面资本斩断了封建的人身依附关系,确立了主体之间的自由平等关系,另一方面人与人之间的自由平等关系只是表面的现象,而摆脱了人身依附关系的个人又陷入物化的生存境遇之中,幸福再次沦为泡影。货币占有者

---

① 《马克思恩格斯全集》(第30卷),北京:人民出版社,1995年版,第405页。
② 《马克思恩格斯全集》(第30卷),北京:人民出版社,1995年版,第406页。
③ 《马克思恩格斯全集》(第30卷),北京:人民出版社,1995年版,第540-541页。
④ 马克思:《资本论》(第1卷),北京:人民出版社,2004年版,第469页。
⑤ 马克思:《资本论》(第3卷),北京:人民出版社,2004年版,第843页。
⑥ 《马克思恩格斯全集》(第31卷),北京:人民出版社,1998年版,第97页。

和劳动力商品的自由平等交换遵循等价交换原则,看似互惠互利,但这是在流通领域中进行的,"一离开这个简单流通领域或商品交换领域,……就会看到,我们的剧中人的面貌已经起了某种变化。原来的货币占有者作为资本家,昂首前行;劳动力占有者作为他的工人,尾随于后。一个笑容满面,雄心勃勃;一个战战兢兢,畏缩不前,像在市场上出卖了自己的皮一样,只有一个前途——让人家来揉"①。而摆脱了人身依附关系的个人获得的主体性、独立性则是在依赖物的基础上取得的。马克思从商品、货币和资本等物的特殊形式出发,呈现了商品拜物教、货币拜物教和资本拜物教中人与物的关系的彻底颠倒,人与人的关系转变为物与物之间的关系,幸福也异化为对外在财富及其抽象表现形式货币的占有。资本的矛盾性还表现为一方面它拓展了人的生存空间,开辟了世界市场,形成统一的市场、统一的法律、统一的文学,增强了人的幸福感受,但另一方面它又造成了"中心—边缘"的依附从属关系,使被压迫民族的人民的幸福成为虚幻的存在。

总之,资本所造成的一切发展,它为人的幸福所创造的条件都是在对立中进行的。在资本促成的新时代里,资本的"文明面"和"消极面"相互影响,相互制约。一方面,人的积极性、主动性和创造性得到极大的发挥,人的本质力量得以展现,这是一种不同于前现代社会的生活方式,但另一方面资本语境下的生活方式又是一种异化和扭曲的生活模式,人的一切生活的意义和目的都围绕资本的物质生产活动而展开。这就是资本时代幸福状况的现实表现形态。难怪美国思想家伯曼发出这样的感叹:"现代生活就是过一种充满悖论和矛盾的生活。"②

## 二、资本逻辑不幸现实的现象学批判

资本新时代的幸福悖论内在地包含着资本主义生产方式的反幸福本质,当人类社会进入资本主义生产方式之后,这种不幸的现实随着资本主义的发展而不断加深。马克思主义幸福观的突出特质在于科学分析资本逻辑语境中不幸现实及其根源的现象学批判。所谓资本逻辑不幸现实的现象学批判,也就是从资本逻辑的"事情本身"(黑格尔语)中去探寻资本主义生产

---

① 马克思:《资本论》(第1卷),北京:人民出版社,2004年版,第205页。
② 伯曼:《一切坚固的东西都烟消云散了——现代性体验》,北京:商务印书馆,2003年版,第13页。

方式中人的不幸现象的内在原因,而不是向资本逻辑现实之外寻求。

事实上,马克思、恩格斯在历史唯物主义方法论形成之前就已经初步揭示了资本主义社会不幸现象及其产生的原因,如马克思在政治经济学批判初期的代表性成果《1844年经济学哲学手稿》中以异化劳动为分析框架批判了私有财产造成劳动不是一种幸福的生命活动,而是使人感到不幸的活动,生命活动本身异化为维持肉体生存的活动,无产的阶级感到不幸和被毁灭,而有产的阶级表面上感到满足和幸福,实际上也是不幸福的,两者同是人的自我异化,而恩格斯通过实地调查,在《英国工人阶级状况》中深刻揭示了资本主义社会中工人的不幸事实及其表现形式。随着马克思、恩格斯社会实践和理论研究的深入,马克思、恩格斯以科学的方法论充分揭示了资本逻辑不幸现象的种种表现以及内在原因,这充分体现于马克思主义成熟时期的重要著作《资本论》之中,从而为无产阶级和广大人民群众谋求现实的幸福指明了方向,因而《资本论》也被称为"工人阶级的圣经",只不过工人不是通过祈祷而是通过现实的斗争求得幸福的。

马克思在《资本论》第一版序言中指出本书的研究主题是资本主义生产方式以及与之相适应的生产关系和交换关系进而揭示现代社会的经济运动规律。《资本论》的科学性特征似乎与价值性无涉,然而通过深入"阅读"《资本论》,我们可以发现,从幸福学的视域来看,《资本论》对资本主义经济规律的揭示也是对资本主义生产方式的批判,是对资本主义生产方式违反幸福原则和幸福本质的批判,同时也是对工人等广大人民群众陷入不幸的"苦难世界""温和的监狱"(马克思引用傅立叶语)的根源的揭示,其全方位地呈现于《资本论》对资本的产生及其运动过程所造成的不幸的批判。

古典经济学家斯密把资本最初的产生称为"预先积累",而马克思将之成为资本的"原始积累",它是资本主义生产方式的起点。资本的原始积累过程不是田园诗般的过程,而是"用血与火的文字载入人类编年史的"[①]。货币和商品开始并不是资本,它们需要转化为资本,这种转化的过程也就是资本关系的创造过程,它以劳动者和劳动条件即生产资料的所有权的分离过程为前提,"所谓原始积累只不过是生产者和生产资料分离的历史过程。这个过程所以表现为'原始的',因为它形成资本及与之相适应的生产方式的

---

① 马克思:《资本论》(第1卷),北京:人民出版社,2004年版,第822页。

前史"①。这个过程的基础就是对农民土地的剥夺过程,从而造就除了自身劳动力商品之外一无所有的"自由工人","血与火"的暴力是这一剥夺过程的主要形式。然而,这是资本原始积累的必然过程,"要使资本主义生产方式的'永恒的自然规律'充分表现出来,要完成劳动者同劳动条件的分离过程,要在一极使社会的生产资料和生活资料转化为资本,在另一极使人民群众转化为雇佣工人,转化为自由的'劳动贫民'这一现代历史的杰作,就需要经受这种苦难。如果按照奥日埃的说法,货币'来到世间,在一边脸上带着天生的血斑',那么,资本来到世间,从头到脚,每个毛孔都滴着血和肮脏的东西"②。

资本原始积累时期伴随的不幸和痛苦在资本主义生产方式确立之后,在资本主义生产过程中并没有消失,资产阶级革命时期的幸福承诺异化为痛苦,由理性的胜利建立起来的社会制度和政治制度竟是一幅令人极度失望的讽刺画。资本主义时代的特点是使阶级对立简单化了,社会日益分裂为资产阶级和无产阶级两大对立阶级。资本家和工人的生存状况如何呢?这里首要需要明确的是资本主义的生产过程绝不是单纯的使用价值的生产过程,而是资本不断运动增殖自身的过程。资本家作为资本运动有意识的承担者,占有抽象财富成为他活动的唯一动机,"决不能把使用价值看作资本家的直接目的。他的目的也不是取得一次利润,而只是谋取利润的无休止的运动。这种绝对的致富欲,这种价值追逐狂,是资本家和货币贮藏者所共有的,不过货币贮藏者是发狂的资本家,资本家是理智的货币贮藏者"③。由此可见,生产剩余价值是资本主义生产的特定的内容和目的,资本的运动是没有限度的。资本家作为资本的人格化代表执行着资本的职能,他害怕没有利润就像害怕自然界害怕真空一样,他为自己的资本不断增殖而苦恼,"作为资本家,他只是人格化的资本。他的灵魂就是资本的灵魂。而资本只有一种生活本能,这就是增殖自身,创造剩余价值,用自己的不变部分即生产资料吮吸尽可能多的剩余劳动。资本是死劳动,它像吸血鬼一样,只有吮吸活劳动才有生命,吮吸的活劳动越多,它的生命就越旺盛"④。而工人作为

---

① 马克思:《资本论》(第1卷),北京:人民出版社,2004年版,第822页。
② 马克思:《资本论》(第1卷),北京:人民出版社,2004年版,第870-871页。
③ 马克思:《资本论》(第1卷),北京:人民出版社,2004年版,第178-179页。
④ 马克思:《资本论》(第1卷),北京:人民出版社,2004年版,第269页。

劳动力商品的所有者,其劳动的性质是雇佣劳动,他的一切生产和生活活动都从属于资本不断增殖的需要,因此,"生产工人的概念决不只包含活动和效果之间的关系,工人和劳动产品之间的关系,而且还包含一种特殊社会的、历史地产生的生产关系。这种生产关系把工人变成资本增殖的直接手段。所以成为生产工人不是一种幸福,而是一种不幸"①。马克思主义幸福观实质上是一种"否定的幸福观"(沙夫语),马克思主义幸福观的核心着力点就是对工人阶级这种"不幸"的揭露。

劳动力的买和卖的商品流通领域是"天赋人权的真正伊甸园",而当深入资本主义生产过程中时,劳动力商品的所有者在挂着"非公莫入"牌子的隐蔽的生产场所只有"让人家来鞣"的命运,在阐述商品、货币、货币转化为资本后,《资本论》从绝对剩余价值的生产、相对剩余价值的生产、绝对剩余价值和相对剩余价值的生产过程揭示了工人的不幸生存状况。在资本与劳动的关系中,劳动从属于资本,劳动力商品的使用价值在于为资本创造必要价值之外的剩余价值,剩余价值的生产即资本的增殖过程主导支配着资本主义生产过程,由此导致资本主义生产方式的反幸福本质。资本逻辑下的工人生存的不幸体现在以下几个方面。(1)工人劳动本身的不幸。劳动力的使用过程就是工人的劳动过程,劳动本是工人的生命活动,是工人作为人的生命表现形式,其主动性、自主性、创造性等特征是人的幸福源泉。然而,资本逻辑下的劳动只是作为劳动力商品而存在,工人出卖这种生命活动只是为了工资,为了获得必需的生活资料而已。工人的劳动只是工人生存的手段,他并不认为劳动是他的生活,恰恰相反,劳动是牺牲自身的生活,只有在劳动活动之外的吃饭、消费、睡觉等才是生活。由此可见,资本主义生产方式下的劳动是一种强制的劳动,不是吸引人的给人带来幸福感受的劳动,"劳动的内容及其方式和方法越是不能吸引劳动者,劳动者越是不能把劳动当作他自己体力和智力的活动来享受"②。而在机器大工业时代,工人劳动的不幸则更加突出,"机器劳动极度地损害了神经系统,同时它又压抑肌肉的多方面运动,夺去身体上和精神上的一切自由活动。甚至减轻劳动也成了折磨人的手段,因为机器不是使工人摆脱劳动,而是使工人的劳动毫无内容。一切资本主义生产既然不仅是劳动过程,而且同时是资本的增殖过程,

---

① 《马克思恩格斯文集》(第5卷),北京:人民出版社,2009年版,第582页。
② 马克思:《资本论》(第1卷),北京:人民出版社,2004年版,第208页。

就有一个共同点,即不是工人使用劳动条件,相反地,而是劳动条件使用工人,不过这种颠倒只是随着机器的采用才取得了在技术上很明显的现实性"①。马克思这里对工人劳动本身的不幸状况的揭示似乎在重复其早期异化劳动的观点,所不同的是此时的马克思是在劳动力成为商品的资本与雇佣劳动关系这一科学范式中展开的批判。(2)工作日延长中工人过度劳动和危机时工人劳动不足的不幸。剩余劳动并不是资本的发明,在资本存在之前的经济社会形态中只要存在一部分人拥有生产资料的垄断权,劳动者就要在必要劳动之外追加剩余劳动,但是因为当时使用价值而不是交换价值占据优势地位,所以生产本身就不会造成对剩余劳动的无限制追求,因而也就不存在过度劳动(在古代,唯一例外的过度劳动存在于谋取具有独立的货币形式的交换价值的地方即金银的生产,其公开形式是累死人的强迫劳动)。资本主义生产则不同,其唯一的目的是追求剩余价值,因而到处充斥着"过度劳动的文明暴行",资本家对剩余劳动的贪欲表现在无限度地延长工作日的渴望,"资本由于无限度地盲目追逐剩余劳动,像狼一般地贪求剩余劳动,不仅突破了工作日的道德极限,而且突破了工作日的纯粹身体的极限"②。资本追逐剩余劳动还体现于机器的资本主义应用之中,"机器就其本身来说缩短劳动时间,而它的资本主义应用延长工作日;因为机器本身减轻劳动,而它的资本主义应用提高劳动强度;因为机器本身是人对自然力的胜利,而它的资本主义应用使人受自然力的奴役;因为机器本身增加生产者的财富,而它的资本主义应用使生产者变成需要救济的贫民,如此等等"③。由此可见,"资本是根本不关心工人的健康和寿命的,除非社会迫使它去关心。人们为体力和智力的衰退、夭折、过度劳动的折磨愤愤不平,资本却回答说:既然这种痛苦会增加我们的快乐(利润),我们又何必为此苦恼呢?不过总的说来,这也并不取决于个别资本家的善意或恶意。自由竞争使资本主义生产的内在规律作为外在的强制规律对每个资本家起作用"④。在资本逻辑中,工人不仅遭受过度劳动的不幸,而且在资本主义经济危机中,由于消费不足,生产过剩,资本家便不断地缩减工作日,工人处于失业或半失业状况,使得工人及其家庭成员的基本生存都难以为继。(3)工人生活方式的不幸。

---

① 马克思:《资本论》(第 1 卷),北京:人民出版社,2004 年版,第 486-487 页。
② 马克思:《资本论》(第 1 卷),北京:人民出版社,2004 年版,第 306 页。
③ 马克思:《资本论》(第 1 卷),北京:人民出版社,2004 年版,第 508 页。
④ 马克思:《资本论》(第 1 卷),北京:人民出版社,2004 年版,第 311-312 页。

广义的生活方式是包含生产劳动在内的人的整体性的生活过程,而狭义的生活方式概念则是工人在生产劳动过程之外的以消费为主要形式的活动。马克思通过对资本主义生产方式中劳动过程的不幸批判揭示出工人并不是把劳动作为生活的重要组成部分,工人在劳动过程中远离幸福感,因而把劳动之外的生活看作真正的生活。然而,在资本逻辑下,工人劳动之外的生活依然屈从于资本增殖的需要,毫无幸福感可言。"从社会角度来看,工人阶级,即使在直接劳动过程以外,也同死的劳动工具一样是资本的附属物。甚至工人阶级的个人消费,在一定限度内,也不过是资本再生产过程的一个要素。……个人消费一方面保证他们维持自己和再生产自己,另一方面通过生活资料的耗费来保证他们不断重新出现在劳动市场上。"①工人终生不过是劳动力,他的全部可以支配的时间都是劳动时间,应当用于资本的自行增殖。资本对于剩余劳动的吮吸侵占了工人的维持健康,呼吸新鲜空气甚至吃饭的时间。"至于个人受教育的时间,发展智力的时间,履行社会职能的时间,进行社交活动的时间,自由运用体力和智力的时间,以至于星期日的休息时间(即使是在信守安息日的国家里),——这全都是废话!"②工人的生活消费就像给蒸汽机添煤加水,给机轮上油等那样,把午饭时间仅仅当作劳动资料的辅助材料在生产过程中加给他们。工人整个生活在各个方面都成为资本不断增殖的工具,生活的个性化被资本虚无化。资本具有独立性和个性,而活动着的个人却没有独立性和个性。由此可见,工人不仅在生产过程中远离幸福,而且在个人的生活过程中也呈现全面不幸的景象。总之,工人生产过程和生活方式的全面不幸展示了资本逻辑下工人的现实生存状况。马克思作了精彩的总结:"在资本主义制度内部,一切提高社会劳动生产力的方法都是靠牺牲工人来实现的;一切发展生产的手段都转变为统治和剥削生产者的手段,都使工人畸形发展,成为局部的人,把工人贬低为机器的附属品,使工人受劳动的折磨,从而使劳动失去内容,并且随着科学作为独立的力量被并入劳动过程而使劳动过程的智力与工人相异化;这些手段使工人的劳动条件变得恶劣,使工人在劳动过程中屈服于最卑鄙的可恶的专制,把工人的生活时间转化为劳动时间。"③

---

① 《马克思恩格斯文集》(第5卷),北京:人民出版社,2009年版,第661-662页。
② 马克思:《资本论》(第1卷),北京:人民出版社,2004年版,第306页。
③ 马克思:《资本论》(第1卷),北京:人民出版社,2009年版,第743页。

资本的首要人权是平等地剥削劳动力,资本主义的生产过程不是简单再生产而是扩大再生产的过程,通过把剩余价值不断地转化为资本,增加资本积累,从而增强剥削的程度,在此过程中,工人阶级的不幸程度日益加深。资本逻辑下,资本的不变资本部分不断地吮吸可变资本创造的剩余价值,执行社会职能的资本的规模和能力越大,从而产业后备军也越大,而产业后备军越大,常备的过剩人口也就越多。"过剩的工人人口是积累或资本主义基础上的财富发展的必然产物,但是这种过剩人口反过来又成为资本主义积累的杠杆,甚至成为资本主义生产方式存在的一个条件"①,这也就意味着官方需要救济的贫民也就越多,这就是资本主义积累的绝对的一般规律。资本积累的过程同时就是贫困积累的过程,工人的状况随着资本的积累而不断恶化,由此必然导致两极分化,"在一极是财富的积累,同时在另一极,即在把自己的产品作为资本来生产的阶级方面,是贫困、劳动折磨、受奴役、无知、粗野和道德堕落的积累"②。由此可见,资产阶级财富的不断积累必然伴随着的是工人阶级痛苦和不幸的积累,这是资本主义积累的必然趋势和结局。

马克思主义不同于思辨哲学幸福观对于幸福概念或本性作形而上之思,不同于旧唯物主义哲学脱离社会经济关系探讨人的不幸的根源,也不同于宗教虚幻幸福观和心理主义幸福观从人的主观内部寻找人的不幸的原因,寄希望于在改变自我认识的意义上增进个人的幸福,而是深入资本主义生产关系内部探寻造成人的普遍不幸的根本缘由。马克思主义认为,资本逻辑下人的普遍不幸不是个人造成的,而是在个人之外,不管是资本家还是工人,他们只是社会经济关系和经济范畴的人格化,是一定的阶级关系和利益的承担者,他们遵从的都是资本主义经济运动的发展规律。就像马克思所说,资本家追逐剩余价值只是资本主义生产的内在规律作为外在的强制规律对资本家起作用而已,资本的本性就是自身的不断增殖,否则就不成其为资本了。因此,资本逻辑下人的普遍不幸的根源在于资本主义私有制下的雇佣劳动制度,是资本主义生产关系本身造成了有产阶级和无产阶级的普遍异化。不站在资本实现自行增殖的运动的高度,不站在资本主义制度的高度,不站在资本主义生产关系的高度,我们就无法理解资本逻辑的种种

---

① 马克思:《资本论》(第1卷),北京:人民出版社,2004年版,第728页。
② 马克思:《资本论》(第1卷),北京:人民出版社,2004年版,第743-744页。

悖论，也就找不到消除不幸，实现人的普遍幸福的现实道路。资本主义生产过程是劳动过程和价值增殖过程的统一，这一过程不仅生产物质产品，而且更重要的是资本家和工人的社会生产关系的生产和再生产，这就是资本主义的"现实"。正是通过对资本逻辑构造的现实生活世界中人的普遍不幸现象的揭露和对根源的现象学批判，马克思主义才能科学回答实现幸福所需的社会条件和未来社会的幸福前途。

### 三、资本的自我运动与"自由人联合体"的幸福图景

马克思主义不是从个体角度教人"如何获得幸福"的幸福学，也不是构造"如何配享幸福"条件的道德学，而是在资本逻辑所形成的资本主义社会制度和社会生产关系的现实中分析不幸的社会根源以及获得幸福所需社会条件的人类解放学说。如前所述，马克思主义幸福观的理论重心之一是对资本逻辑不幸现实的现象学批判，一定程度上属于"否定的幸福观"，它不同于种种抽象的思辨的幸福学说从正面辨析幸福的内涵，而是直面现实生活惨淡的不幸，找出不幸的根源，在资本逻辑造就的不幸中探求实现幸福的道路。面对资本不断增殖的逻辑中工人阶级遭遇的不幸和苦难，资产阶级经济学家等资本主义的辩护士认为这是技术和物质层面发展社会生产力的"短暂的不便"，资本主义是幸福和谐的合乎自然的永恒社会制度。某些社会主义者认为工人阶级遭遇的不幸是因为产品分配的不公平，所以要建构最能促进人类幸福的财富分配机制，而早期工人阶级则认为是资本主义的物质存在方式如机器是他们遭遇不幸的根源，主张破坏资本主义的生产资料。马克思主义从资本主义雇佣劳动制度和资本主义现实社会生产关系探寻工人阶级不幸和痛苦的根源，从而也就解决了"怎样获得幸福"的社会条件和根本途径的问题。马克思主义认为，资本主义生产关系条件下，工人阶级和资产阶级处于对抗性的社会关系之中，在这种尖锐的阶级冲突和阶级对立的语境下，工人阶级乃至全人类的幸福不可能以"假想的妥协"或"虚伪的合作"等不切实际的方法实现，而必须诉诸"武器的批判"——联合起来的广大无产阶级的坚决有力的革命斗争，遭受苦难而又渴望幸福的无产阶级才能发现自身的力量，才能最终实现幸福的目标——可以设想的令人向往的"人的自由而全面发展"的幸福生活图景。

马克思主义认为，社会发展有自身的规律性，资本主义社会发展同样具

有自身产生、发展和灭亡的规律,资本内在矛盾的自我运动过程是摆脱不幸的苦难世界、实现幸福的新世界的根本动力,这是不以人的意志为转移的客观规律。如前所述,在怎样实现幸福的问题上,马克思主义把实现幸福的路径归结为联合起来的无产阶级的革命斗争,从而区别于理念幸福观纯粹沉思的立场,空想社会主义幸福观寄希望于统治阶级的悲悯和慈悲心,道德幸福观的修身养性和节制欲望,宗教幸福观的上帝赐福以及基督教社会主义幸福观的工人阶级的自我麻痹等种种抽象的幸福论体系。然而,马克思主义并没有把实现幸福的主观条件和客观条件割裂开来,无产阶级的革命斗争同样需要遵循社会发展的规律性。马克思在《资本论》第一版序言中明确指出:"一个社会即使探索到了本身运动的自然规律,——本书的最终目的就是揭示现代社会的经济运动规律,——它还是既不能跳过也不能用法令取消自然的发展阶段。"①但是,遵循这个规律则能"缩短和减轻分娩的痛苦"。这是历史唯物主义方法论用于分析资本主义社会的具体体现。因此,在马克思主义的视域中,经济的社会形态的发展是一种"自然史"的过程,这个过程之所以呈现出"自然史"的特征,原因在于资本逻辑的内在矛盾,换言之,未来幸福社会得以形成的条件就存在于资本自身运动过程之中,而不是存在于资本逻辑之外。

资本的内在矛盾是资本本身存在的矛盾,资本的内在矛盾推动基础上的资本自我运动为未来幸福社会创造了各方面的条件。资本主义生产方式不同于以往社会生产阶段的方面在于对剩余劳动和剩余价值无限度的追逐,而在资本方面表现为剩余劳动和剩余价值的东西,正好在工人方面表现为超过他作为工人的需要,即超过他维持生命力的直接需要的剩余劳动。"资本的伟大的历史方面就是创造这种剩余劳动,即从单纯使用价值的观点,从单纯生存的观点来看的多余劳动,而一旦到了那样的时候,即一方面,需要发展到这种程度,以致超过必要劳动的剩余劳动成为普遍需要,成为从个人需要本身产生的东西,另一方面,普遍的勤劳,由于世世代代所经历的资本的严格纪律,发展成为新的一代的普遍财产,最后,这种普遍的勤劳,由于资本的无止境的致富欲望及其唯一能实现这种欲望的条件不断地驱使劳动生产力向前发展,而达到这样的程度,以致一方面劳动的社会将科学地对

---

① 马克思:《资本论》(第1卷),北京:人民出版社,2004年版,第9-10页。

待自己的不断发展的再生产过程,对待自己的越来越丰富的再生产过程,人不再从事那种可以让物来替人从事的劳动,——一旦到了那样的时候,资本的历史使命就完成了。"①资本具有自身发展的趋势,"这里表现出了资本的那种使它不同于以往一切生产阶段的全面趋势。尽管按照资本的本性来说,它本身是狭隘的,但它力求全面地发展生产力,这样就成为新的生产方式的前提,这种生产方式的基础,不是为了再生产一定的状态或者最多是扩大这种状态而发展生产力;相反,在这里生产力的自由的、无阻碍的、不断进步的和全面的发展本身就是社会的前提,因而是社会再生产的前提;在这里唯一的前提是超越出发点。这种趋势是资本所具有的,但同时又是同资本这种狭隘的生产形式相矛盾的,因而把资本推向解体,这种趋势使资本同以往的一切生产方式区别开来,同时意味着,资本不过表现为过渡点"②。因此,资本是一个"活生生的矛盾",由于资本本身的矛盾运动,"物质生产力的发展——同时又是工人阶级力量的发展——到一定时候就会扬弃资本本身"③。资本的自我运动导致资本本身将会成为社会发展的限制,资本的社会化大生产和资本主义私有制的矛盾将会使得资本主义生产方式走向灭亡。"随着那些掠夺和垄断这一转化过程的程度不断加深,而日益壮大的、由资本主义生产过程本身的机制所训练、联合和组织起来的工人阶级的反抗也不断增长。资本的垄断成了与这种垄断一起并在这种垄断之下繁盛起来的生产方式的桎梏。生产资料的集中和劳动的社会化,达到了同它们的资本主义外壳不能相容的地步。这个外壳就要炸毁了。资本主义私有制的丧钟就要响了。剥夺者就要被剥夺了。"④由此可见,资本主义生产方式并不是自然的、永恒的,"资本主义生产方式是一种特殊的、具有独特历史规定性的生产方式;……具有一种独特的、历史的、暂时的性质"⑤。资本的自我运动把资本主义推向终结,但它客观上为未来以"人的自由而全面发展"为原则的新社会创造了条件。"资本的文明面之一是,它榨取这种剩余劳动的方式和条件,同以前的奴隶制、农奴制等形式相比,都更有利于生产力的发展,有利于社会关系的发展,有利于更高级的新形态的各种要素的创造。因此,

---

① 《马克思恩格斯全集》(第30卷),北京:人民出版社,1995年版,第286页。
② 《马克思恩格斯全集》(第30卷),北京:人民出版社,1995年版,第539页。
③ 《马克思恩格斯全集》(第30卷),北京:人民出版社,1995年版,第543页。
④ 马克思:《资本论》(第1卷),北京:人民出版社,2004年版,第874页。
⑤ 马克思:《资本论》(第3卷),北京:人民出版社,2004年版,第994页。

资本一方面会导致这样一个阶段,在这个阶段上,社会上的一部分人牺牲另一部分人来强制和垄断社会发展(包括这种发展的物质方面和精神方面的利益)的现象将会消灭;另一方面,这个阶段又会为这样一些关系创造出物质手段和萌芽,这些关系在一个更高级的社会形式中,使剩余劳动能够同物质劳动一般所占用的时间的更大的节制结合在一起。"①马克思主义所设想的幸福的新社会不是空中楼阁,而是建立在资本充分发展所创造的发达的生产力、丰富的社会关系、社会化的运转系统、多方面的需要等条件基础之上,旧社会的变革要素和新社会的形成要素辩证地结合起来。资本的历史任务和存在理由是发展社会的劳动生产力,促进社会各方面的变革,然而资本的自我运动也正是以此"不自觉"地为一个更高级的社会生产形式创造了物质条件。这就是历史的辩证法。

马克思、恩格斯把资本的自我运动产生的未来新社会称为共产主义社会或"自由人联合体",这种新型社会形态在经济、政治、文化、生态等各方面为每个个人的幸福生活提供了社会条件。马克思、恩格斯在《共产党宣言》中的这段话耳熟能详:"代替那存在着阶级和阶级对立的资产阶级旧社会的,将是这样一个联合体,在那里,每个人的自由发展是一切人的自由发展的条件。"②这样一个"自由人"组成的"联合体"不是虚假的共同体,而是真实的共同体,马克思、恩格斯虽然没有以"幸福"冠名"自由人联合体",但是从马克思主义的整体价值取向和幸福的本性来说,这是一个真正意义上实现每个人幸福的新社会。这个幸福的新社会废除了生产资料的资本主义私有制,全体成员共同占有生产资料,从而分配方式也从"按资分配"转变到"按劳分配"及最终的"按需分配",为每个人的幸福提供了制度保障。马克思在《资本论》"商品的拜物教性质及其秘密"部分说,"设想有一个自由人联合体,他们用公共的生产资料进行劳动,并且自觉地把他们许多个人劳动力当作一个社会劳动力来使用。……在那里,人们同他们的劳动和劳动产品的社会关系,无论在生产上还是分配上,都是简单明了的"③。而在《资本论》"资本的积累过程"章的结尾又指出,"在资本主义时代的成就的基础上,也就是说,在协作和对土地及靠劳动本身生产的生产资料的共同占有的基础

---

① 马克思:《资本论》(第3卷),北京:人民出版社,2004年版,第928页。
② 《马克思恩格斯文集》(第2卷),北京:人民出版社,2009年版,第53页。
③ 马克思:《资本论》(第1卷),北京:人民出版社,2004年版,第96—97页。

上,重新建立个人所有制"①。在《哥达纲领批判》中,马克思在批判拉萨尔"不折不扣的劳动所得"的公平分配观基础上,详细论述了生产资料公有制条件下共产主义社会第一阶段按劳分配和高级阶段的按需分配方式。共产主义社会第一阶段的按劳分配仍然具有一定的弊端和历史的局限性,这是不可避免的,只有到了共产主义高级阶段,"在迫使个人奴隶般地服从分工的情形已经消失,从而脑力劳动和体力劳动的对立也随之消失之后;在劳动已经不仅仅是谋生的手段,而且本身成了生活的第一需要之后;在随着个人的全面发展,他们的生产力也增长起来,而集体财富的一切源泉都充分涌流之后,——只有在那个时候,才能完全超出资产阶级权利的狭隘眼界,社会才能在自己的旗帜上写上:各尽所能,按需分配!"②随着生产资料公有制以及与之相适应的分配方式为每个人的幸福提供经济保障的同时,政治上的公共权力也失去其统治工具的职能而代之以社会管理功能,文化上的资本主义意识形态也随之消失而代之以共产主义道德为核心的新型文化形态,生态上的资本对自然的疯狂掠夺形成的生态危机被代之以人与自然的和谐共生。总之,从幸福的角度来说,未来新社会为每个个人自由而全面发展的幸福生活提供了各方面的条件。

资本时代人的内在本质的充分发挥表现为"完全的空虚化",劳动的对象化过程表现为"全面的异化",资本为了剩余价值"纯粹的外在目的"牺牲了人的发展的"目的本身",而在"自由人联合体"的幸福图景中,每个个人都能得到充分的自由而全面的发展,全方位立体地展现自身的本质力量,人的幸福感受体现于生命活动等生活的整体过程之中,人类社会从史前史真正进入幸福的人类史时期。幸福的本质在于人在整体的生活过程中的满足感、充实感和自由感,是人的自我实现过程中的持久性的状态,它不是静止的,而是动态的。从生存论的角度,马克思把人的生活世界分为"必然王国"和"自由王国"两个领域,相应地,人的幸福也体现于人在"必然王国"和"自由王国"中的生命活动过程。"必然王国"实质上是物质生产领域,这个领域的自由幸福体现于,"社会化的人,联合起来的生产者,将合理地调节他们和自然之间的物质变换,把它置于他们的共同控制之下,而不让它作为一种盲目的力量来统治自己;靠消耗最小的力量,在最无愧于和最适合于他们的人

---

① 马克思:《资本论》(第1卷),北京:人民出版社,2004年版,第874页。
② 《马克思恩格斯全集》(第25卷),北京:人民出版社,2001年版,第20页。

类本性的条件下来进行这种物质变换。但是,这个领域始终是一个必然王国"①。"必然王国"领域的物质生产劳动的主要目的虽然还是满足自身的生存需要,但是它已不同于以往时代尤其是资本主义时代劳动不幸的感受,在这个生活领域中,人依然可以获得实在的自由。针对斯密把劳动看作诅咒、牺牲和不幸,而把"安逸"看作和"自由""幸福"等同的适当的状态,马克思指出,"斯密在下面这点上是对的:在奴隶劳动、徭役劳动、雇佣劳动这样一些劳动的历史形式下,劳动始终是令人厌恶的事情,始终表现为外在的强制劳动,而与此相反,不劳动却是'自由和幸福'"②。但是斯密所没有想到的是,"诚然,劳动尺度本身在这里是由外面提供的,是由必须达到的目的和为达到这个目的而必须由劳动来克服的那些障碍所提供的。但是克服这种障碍本身,就是自由的实现,而且进一步说,外在目的失掉了单纯外在自然必然性的外观,被看作个人自己提出的目的,因而被看作自我实现,主体的对象化,也就是实在的自由,——而这种自由见之于活动恰恰就是劳动"③。"必然王国"是"自由王国"的前提和基础,"事实上,自由王国只是在必要性和外在目的规定要做的劳动终止的地方才开始;因而按照事物的本性来说,它存在于真正物质生产领域的彼岸。……在这个必然王国的彼岸,作为目的本身的人类能力的发挥,真正的自由王国,就开始了。但是,这个自由王国只有建立在必然王国的基础上,才能繁荣起来。工作日的缩短是根本条件"④。马克思从目的论角度明确区分了"必然王国"和"自由王国":"必然王国"是"外在目的"占据主导地位,而"自然王国"则是以内在的人的能力发展的"目的本身"为原则。在"自由王国"中,人的生命活动过程只是发挥人的积极性、主动性和创造性,充分发挥人的能力,展现人自身的本质力量。在这里,劳动成为生活的第一需要,此种劳动不是物质生产领域的劳动,而是在"自由王国"中的人的各方面才能的发挥。马克思指出,在具备一定的主观和客观条件后,劳动将会成为吸引人的劳动,成为个人的自我实现,当然,"这决不是说,劳动不过是一种娱乐,一种消遣,就像傅立叶完全以一个浪漫女郎的方式极其天真地理解的那样。真正自由的劳动,例如作曲,同时也是非常

---

① 马克思:《资本论》(第3卷),北京:人民出版社,2004年版,第928-929页。
② 《马克思恩格斯全集》(第30卷),北京:人民出版社,1995年版,第615页。
③ 《马克思恩格斯全集》(第30卷),北京:人民出版社,1995年版,第615页。
④ 马克思:《资本论》(第3卷),北京:人民出版社,2004年版,第928-929页。

严肃,极其紧张的事情"①。"真正自由的劳动"也就是人从事物质生产劳动之外的科学、艺术等等,满足自己的兴趣和发展各种能力的活动,显然这是一种充满快乐幸福的生命活动。这种充满快乐幸福的生命活动的根本条件是"工作日的缩短"。"工作日的缩短"实质上是为"真正自由的活动"提供时间上的保障。我们知道,马克思在《资本论》"工作日"章中曾批判工人的全部可支配时间被资本的自行增殖的需要所吞噬,个人受教育、发展智力、履行社会职能、进行社交活动、自由运用体力和智力的时间"全都是废话"。在马克思看来,时间实际上是人的积极存在,是人的发展的空间和生命质量的尺度,因而它是实现人的幸福的根本条件,是幸福的内在规定性。由此可见,判断一个社会是否是幸福社会或者幸福的实现程度的重要标志就是生活于其中的个人能够拥有多少自由时间。资本主义社会由于侵占了人的自由时间,把人的发展时间转化为资本不断增殖的(雇佣)劳动时间,因而这是一个总体上不幸福的社会形态。而在"自由王国"中,在工作日日益缩短的情况下,每个人都能够拥有充足的"自由时间",从而发展自己各方面的能力,把人作为"完整的人"生产出来,充分享受自由生命的表现。这就是"自由人联合体"中的幸福图景,是马克思主义幸福观的真谛!

---

① 《马克思恩格斯全集》(第30卷),北京:人民出版社,1995年版,第616页。

# 第三章
# 马克思主义幸福观的内在结构

纵观马克思主义理论的整体逻辑,尽管青年时期的马克思已经确立了为人类幸福而奋斗的普罗米修斯式的人生价值目标,并在对宗教虚幻幸福的批判中要求实现"人民的现实幸福",但是马克思主义并没有关于"幸福"正面、专门、直接的系统阐释,甚至找不到对于幸福的清晰定义。鉴于此,以幸福思想史上传统幸福论为衡量标准,有学者认为,马克思主义没有属于自身理论逻辑的幸福观。因此,马克思主义幸福观研究的首要前提是马克思主义究竟有无"幸福观"。答案既是否定的,又是肯定的。之所以说答案是否定的,是因为马克思主义确实没有西方幸福思想史上传统的形式化幸福论体系,而之所以说答案是肯定的,是因为我们从马克思主义的批判精神、人道原则、解放逻辑中彰显的"人的自由而全面发展"价值观中能够清晰地解读出马克思主义整个理论体系就是实现人的幸福生活,"每一种充分发展了的人道主义体系都包含有自己的幸福理论"[①]。马克思主义幸福观的矛盾性恰恰表明了马克思主义幸福观超越于传统幸福论体系的优越性、战斗性和现实性的品格特质:马克思主义幸福观"不是作为对幸福的意义或构成幸福的那些主观成分的抽象反映,而是作为一种通过排除阻碍幸福生活的社会障碍从而使为幸福生活创造条件成为可能的变革社会关系的革命思想"[②]。

马克思主义没有"小写字母"的幸福观不代表马克思主义存在"幸福空场",其用"大写字母"写就的幸福观深刻而又现实,具有逻辑严密的内在结构。在马克思主义看来,幸福思想史上追问幸福的哲学家们之所以论争不断、模糊不清,根本原因不在于他们不够理性或者感性,而是在于他们方法论上满足于形式化幸福概念的语义辨析,脱离了对现实生活过程的合理关

---

① Adam Schaff. *Marxism and the Human Individual*, McGraw-Hill, 1970, p.177.
② Adam Schaff. *A philosophy of Man*, Lawrence & Wishart, 1963, p.128.

切和内在批判。马克思主义在幸福观的致思理路上确立了新的出发点和落脚点,改变了传统幸福论体系纠缠于人的直观感性或抽象理性本质之争的弊端,从人的现实生活过程尤其是深入资本时代的现实生活逻辑考察人的幸福问题,从而在历史唯物主义视域中分析造成人的普遍不幸现实的社会根源,指明实现幸福的主体、方法和道路。马克思主义"改造世界"的幸福观科学解决了"何谓幸福""谁之幸福""何以幸福"等一系列幸福观的基本问题,其立场、观点和方法共同构成了马克思主义幸福观的内在结构。

# 第一节 马克思主义幸福观的科学内涵和基本立场

### 一、幸福内涵的马克思主义诠释

通常人们研究某个问题时,往往从"是什么""为什么"和"怎么样"三个维度层层递进地展开。然而,对于"幸福"问题却无需第二个维度的研究,换言之,我们不需要追问"人为什么追求幸福"。古希腊的至善论认为幸福是最高的善,是每一个称得上人的个体所有选择和实践的出发点和落脚点,人的一切活动和行为都是为了获得幸福,追求幸福是人的生活不言而喻的终极目的。德国古典哲学家康德在实践理性批判的"分析论"中指出,"每个人应当自求幸福这样一个命令是愚蠢的;因为人们从不命令每个人去做他已经不可避免地自动要做的事情"[①]。恩格斯也深刻地指出,"在每一个人的意识或感觉中都存在着这样的原理,它们是颠扑不破的原则,是整个历史发展的结果,是无须加以论证的。……例如,每个人都追求幸福"[②]。不言而喻、自动、无须加以证明等修饰词充分说明幸福是人追求的最终生活目标。因此,幸福观研究的首要问题是要回答"什么是幸福"以及在此基础上确认"怎样获得幸福"的方法和途径。

然而,"幸福"是个充满争议又难以达成共识的概念,不同的人从不同的

---

[①] 康德:《实践理性批判》,韩水法译,北京:商务印书馆,1999年版,第39页。
[②] 《马克思恩格斯全集》(第42卷),北京:人民出版社,1979年版,第373-374页。

角度往往得出截然不同的结论。亚里士多德在《尼各马可伦理学》中就曾指出,"关于什么是幸福,人们就有争论,一般人的意见与爱智慧者的意见就不一样了。因为一般人把它等同于明显的、可见的东西,如快乐、财富或荣誉。不同的人对于它有不同的看法,甚至同一个人在不同时间也把它说成不同的东西:在生病时说它是健康;在穷困时说它是财富;在感到了自己的无知时,又对那些提出他无法理解的宏论的人无比崇拜"①。康德也指出,"幸福是个很不确定的概念,虽然每个人都想要得到幸福,但他从来不能确定,并且前后一致地对自己说,他所想望的到底是什么"②。因此,虽然每个人都明白其生活的目的是幸福,但是对于"什么是幸福"这个幸福观的首要问题却存在激烈的争论。然而,这并不意味着"幸福"是不可界定的,对于幸福的研究一般也是要从对"幸福"下定义开始,否则幸福的用语本身就可能会引起极大的混乱甚至相反的意义,而不同的幸福定义也是从性质上划分不同幸福观的根本依据之一。比如,亚里士多德虽然认为关于什么是幸福即幸福的定义问题充满争论,但是他依然给幸福下了清晰的定义。亚里士多德继承了至善论把幸福作为最高的善的主张,认为其是行为者安排自我生活各种活动的最终导向,并以德性的相关界定完成了幸福的解释目标,认为幸福就是灵魂中合乎德性的实现活动,是人作为人的独特功能的完美发挥。"我们实际上是把幸福确定为生活得好和做得好。……我们的定义同那些主张幸福在于德性或某种德性的意见是相合的。"③由此可见,在亚里士多德的实践哲学中,什么是幸福即幸福的定义问题通过德性而得以阐明,幸福依据德性而被理解,这是典型的德性幸福论传统。

在马克思主义幸福观产生之前,西方传统幸福思想史中关于幸福的讨论普遍采用的就是这种思维方式,亦即通过对幸福下清晰的定义而为什么是幸福提供普遍、有效准的答案。纵观西方传统幸福思想史,不同时代不同流派的思想家依据对人的本质的不同理解形成了不同的幸福定义。概括起来看,不同的幸福论总体上可以归纳为理性主义幸福论和感性主义幸福论,这是幸福内涵的两种主导性的解释逻辑。幸福总是属于人的,因此,对人的不同理解便成为诸种幸福论共同的出发点,人性论是幸福论的前提和基础,

---

① 亚里士多德:《尼各马可伦理学》,廖申白译,北京:商务印书馆,2003年版,第9页。
② 康德:《道德形而上学原理》,苗力田译,上海:上海人民出版社,2005年版,第36页。
③ 亚里士多德:《尼各马可伦理学》,廖申白译,北京:商务印书馆,2003年版,第22-23页。

差别在于对人的本质究竟是理性还是感性的争论。理性主义认为,人性包含理性和非理性两大部分,其本质体现于理性之中,理性是人的高贵品质之所在,因而人的幸福体现于人的理性运用之中。理性主义幸福论在古典幸福观中就得以奠基,成为西方传统幸福论的主流。古希腊人喜欢追问幸福,整个希腊哲学尤其是"伦理学"可以说就是探寻幸福的学问,是一门深层思考如何安排自己生活的学问,幸福作为伦理生活的最高目标着眼于自我完善,它反映出古希腊人对生活深深的忧虑:究竟如何安排自己的生活才是值得过的好生活?"我"的一生所过的生活有没有实现最高的价值?古希腊幸福论的集大成者亚里士多德继承了柏拉图理念幸福论的传统,认为人的幸福体现于人区别于动物的理性之中。虽然亚里士多德承认在实践理性指导下的道德德性也是幸福的组成部分,但是他依然把理性的纯粹应用即理智德性指导下的沉思的"爱智"生活看作是最高的幸福——"至善"①。在古典哲人看来,理性生活才是真实、有度和圆满自足的内在之好的幸福生活,反之,不幸则是陷入对欲望的无穷追逐之中,永远无法得到真实的内在之好。此种理性主义幸福传统在晚期斯多亚学派、宗教信仰幸福观以及康德道德形而上学幸福观等幸福论中都得以体现。理性主义幸福论把人抽象化为理性的存在,它把幸福理解为某种超感性的永恒的终极实在、最高实体,必然忽视人自然的、肉体的感性的一面,造成对人性的压抑。"它对现实世界的苦难是无动于衷的,对感性生命的需要和欲求是蔑视和冷漠的。苦难者的眼泪和痛苦于它是没有重量的。"②因而,感性主义幸福论从人是感性存在物出发,以快乐还是痛苦的感觉为标准来判定人的幸福与否,它往往是以"启蒙"幸福观的面貌出现。希腊化时期的伊壁鸠鲁哲学等哲学派别之所以孜孜不倦地论证获得幸福之道,是因为在那个动荡不安的专制时代中他们比古典哲人们更能体察人世间的苦难,怀有慈悲之心,因而他们把自己的哲学

---

① 康德在实践理性批判视域中,区分了"至善"的两种不同类型,一种是"无上的东西",另一种则是"完整的东西"。所谓"无上的东西"的至善是指它自身是无条件的,不委质于任何其他条件,是至高无上的善,而所谓"完整的东西"的至善则是指这样一种整体,它不是某个更大的同类整体的一个部分。在实践理性批判分析论中,康德把德行作为幸福的配当的条件,因而是"无上的善",而在实践理性批判辩证论中,康德指出,为了实现至善、完满的善,在德行之外,还需要加上幸福,德行和幸福一起构成了一个人对至善的拥有,与德性极其精确地相匹配的幸福构成了一个可能世界的至善,因此,此种意义上的"至善"意指整体的"完整的善",当然,幸福虽然对拥有它的人是愉悦的,但幸福本身并不是绝对地和在所有方面都是善的,道德上合乎法则的举止即德行始终是先决条件。此处的"至善"意指的是"无上的东西"意义上的最高善。

② 贺来:《哲学是人幸福生活的仆人》,《吉林大学社会科学学报》,2012年第4期。

定位为"治疗型哲学",幸福的内涵就在于"身体无痛苦,内心的宁静"。在西方近代的启蒙运动中,启蒙思想家们为了反抗宗教来世幸福观对人性的压抑,突出强调人的感性的解放,把幸福理解为世俗世界中的感性需要的满足。功利主义幸福观更是把"趋乐避苦"看作人性的最本质特征,以人的现实利益作为衡量幸福的标准。而在费尔巴哈人本主义幸福观中,为了对抗康德、黑格尔等把意志的本质规定为自由,追求精神世界的幸福,费尔巴哈提出意志的本质是对幸福的追求而非对抽象思辨自由的向往,生命本身就是幸福,幸福的内涵就在于强健的或安乐的生命状态。纵观上述种种幸福观,它们或以理性标准,或以自然人性为根基来探寻幸福的内涵,其共同的不足是将幸福内涵的把握奠基于抽象的人性论之上,"缺乏对现实的人的真切幸福的观照,缺乏对现实生活的真实批判力和现实建构力,因此,必然陷入或停留于某种幸福论的话语说教,并最终使得上述视野中的幸福都不过是外在于历史与现实生活主体的虚幻的幸福"[①]。理性主义幸福论抽象地发展了人的能动的方面,而感性主义幸福论仅仅把人看作感性的对象,因而两者都存在着难以解决的内在矛盾。

马克思主义从现实的人的现实生活过程出发,把人不仅看作感性的对象,而且看作感性的活动,把幸福理解为包含个人的物质生活、社会生活与精神生活在内的总体生存方式,这种生活方式把人作为目的本身,提升人的各种能力和培养人的各种属性,从而科学地阐释了幸福的内涵。从表面来看,马克思、恩格斯并没有给幸福下过明确的定义,也没有清晰具体地阐释幸福的内涵,然而这并不是说马克思、恩格斯认为关于幸福的含义、具体构成要素等即"什么是幸福"这个幸福论的首要问题是无关紧要、可有可无的,我们更不能因此认为马克思主义存在"幸福空场"或者说马克思主义幸福观缺乏完整性和系统性。恰恰相反,马克思主义没有明确清晰的幸福定义是因为马克思主义经典作家们不想教条式地抽象地规定幸福的内涵,从而避免把幸福思辨化和空洞化,他们从人的现实生活过程出发,考察现实的人的现实的活动,科学理解人的本质,进而把幸福纳入历史唯物主义的视域之中。"'幸福'是历史唯物主义的一个重要范畴。'幸福'本质上乃是一种关系表达,它直接承载着现实生活主体与社会的制度及其关系结构、体系之间

---

[①] 杨楹:《马克思幸福论的特质》,《道德与文明》,2013年第5期。

的关系状况。在此意义上,'幸福'决不是仅指人对生活世界的直观感觉或心理感受,而是更指在一定历史阶段、一定社会关系结构中人的本质力量的实现方式与实现状况。"①因此,马克思主义关于幸福具有确定的内涵:现实的处于社会关系中的人在一定的社会发展阶段其本质力量的实现状况。社会制度和社会关系是人实现这种本质力量的保障,使人的本质具有真正的现实性。马克思主义的理论目标就是要消解人的压迫性的生存境遇,"推翻使人成为被侮辱、被奴役、被遗弃和被蔑视的东西的一切关系"②,使生活在一定社会关系和社会制度中的人成为自己和社会的主人,成为控制物而不是被物所控制,以一个完整的人实现对自己本质的真正占有,从而使生活真正具有创造性,实现每一个人自由而全面的发展。由此可见,马克思主义的人的解放目标实际上蕴含着马克思主义对于幸福本性和内涵的理解。这种幸福生活是入世的而非出世的,是现实的而非宗教的,是理想的而非空想的。"作为一种幸福的生活方式,它是物质生活和精神生活的渗透交融,生活各个领域的和谐协调,也是社会理想与生活理想的完美统一。这种生活方式不是仅仅满足于人的自然存在的再生产,而是不断培养发展人的各种属性,促进人的各种能力的全面发展,逐步把人作为目的本身再生产出来。因而这种生活方式不是单纯消费型的,而是生产型的、创造型的。这样一种生活方式就是幸福的生活,也是美的生活。"③

马克思主义幸福观中的"幸福"作为一定历史阶段的人表现自己生命生活的一定的生存方式,具体包含劳动、社会关系和共同体。自主劳动是马克思主义幸福叙事的核心载体,社会关系的丰富和完整是马克思主义幸福叙事的实质内涵,而自由人联合体则是马克思主义幸福叙事的制度安排。

劳动的幸福是马克思主义幸福含义的核心载体,也是马克思主义幸福观的殊异之处。在马克思主义诞生之前,从古典哲学到古典经济学,劳动从来就不是人的幸福所在。在古希腊时代,属人的幸福只存在于参与公共领域的政治活动或探索最高存在(being)的沉思活动之中,亦即体现于人的高贵的活动之中,而劳动则是由人的自然必然性的动物性的生存需要强加于人的,因而它只能由奴隶承担,也正因为奴隶终生作为手段承担了全部的劳

---

① 杨楹:《马克思哲学的最高价值诉求:"人民的现实幸福"》,《哲学研究》,2012年第2期。
② 《马克思恩格斯文集》(第1卷),北京:人民出版社,2009年版,第11页。
③ 江德兴、庄立峰:《马克思的"人是目的"思想与民生幸福》,《东南大学学报(哲学社会科学版)》,2012年第4期。

动活动,生产生活的必需品,贵族和自由公民们才能够摆脱循环不止的生物性功能的维持生计的活动,专注于高级的活动,享受人生的幸福。在中世纪,基督教则把劳动看作"罪的报应和惩罚","作为一种生硬的、讨厌的强制,劳动在本质上是必须、劳累和苦难"①。劳动在代表资本主义伦理精神的新教那里获得重大的社会意义,而古典经济学则把劳动的创造性意义作了抽象的概括,把"一般劳动"作为财富的源泉,然而劳动依然是不幸的代名词。马克思曾对劳动的历史遭遇作了精辟的概括,即在奴隶劳动、徭役劳动和雇佣劳动等劳动的社会历史形式中,"劳动始终是令人厌恶的事情,始终表现为外在的强制劳动,而与此相反,不劳动却是'自由和幸福'"②。马克思从人的生命活动的性质出发理解劳动对于人的幸福的意义,"一个种的整体特性、种的类特性就在于生命活动的性质"③,每种生命物都有其特殊的生命活动,而人的生命活动就体现于自由自觉的活动即劳动之中,这是人与动物的本质区别。当然,马克思理解的劳动不是黑格尔意义上的抽象劳动,只看到劳动的积极面,而没有看到劳动的消极面④。作为马克思主义幸福内涵核心载体的劳动范畴"只有放在他对资本主义的批判和人类解放的承诺这一总的思想背景之下,才能得到真正存在论和伦理学的理解"⑤。资本逻辑控制下的雇佣劳动是一种强迫的不自主的劳动,这种劳动必然是人的自我牺牲和自我折磨,进而人感到的是不幸,而不是幸福。马克思主义幸福观中的劳动是一种自由自觉的体现人的本质力量的劳动,这种劳动只有打破资本逻辑的控制,破除"劳动过度"和"劳动不足"才能实现。这样理解的劳动贯穿于马克思的著作之中:在《1844年经济学哲学手稿》中被表述为劳动者的"个人乐趣"和"自我享受"的自由自觉的活动,在标志历史唯物主义形成的《德意志意识形态》中被表述为"自主活动",在《雇佣劳动与资本》《资本论》及其手稿等著作中则被表述为"真正自由的劳动",而在《哥达纲领批判》中

---

① 洛维特:《从黑格尔到尼采》,李秋零译,北京:生活·读书·新知三联书店,2014年版,第356页。
② 《马克思恩格斯全集》(第30卷),北京:人民出版社,1995年版,第615页。
③ 《马克思恩格斯文集》(第1卷),北京:人民出版社,2009年版,第162页。
④ 事实上,从表象来看,黑格尔看到了劳动的消极面。黑格尔曾指出,机器劳动使劳动愈来愈没有价值,个人技能越来越受到限制,从而使"工人的意识则降为最后的迟钝"。然而,黑格尔认为劳动的这些消极面可以通过精神的运动而扬弃。之所以说黑格尔没有看到劳动的消极面,是因为他始终没有将其提升到资本主义反幸福本质的批判理论高度。马克思则认为,劳动的消极面不能如此被消解,它本质上关涉人的幸福生活,从而将其提升为资本批判理论。
⑤ 张盾:《马克思的六个经典问题》,北京:中国社会科学出版社,2009年版,第337页。

则直接表述为"劳动已经不仅仅是谋生的手段,而且本身成了生活的第一需要"①。真正体现人的幸福内涵的劳动是吸引人的劳动,是人的自我实现。自由的、合乎人性的劳动是人的幸福存在方式的论断体现了马克思主义幸福观的独特旨趣,幸福不再是抽象的思辨,而是感性实践活动过程中的一种内在规定性。生活世界中的主观和客观的各种对象只有在人的根本存在方式——劳动中才能获取其本质性内涵的幸福。

社会关系的丰富和完整是马克思主义幸福的实质内涵。劳动是人的根本存在方式,"无论是通过劳动生产自己的生命,还是通过生育而生产他人的生命,就立即表现为双重关系:一方面是自然关系,另一方面是社会关系"②。劳动的本质性力量在人与自然的对象性关系中得到确证,人在其中体验幸福,与此同时,马克思主义幸福内涵与其他幸福论的根本区别之一就在于以现实的、处于一定社会关系中的人为出发点,而不是从抽象的人来描绘幸福的含义。马克思主义"社会形态三阶段"论实质上从社会关系的角度对人的本质力量的实现进而对幸福的内涵作了实质性规定。概而言之,"人的依赖关系"阶段是原始朴素的幸福状态,"以物的依赖性为基础的人的独立性"阶段是人的幸福的进步与异化并存的状态,而"自由个性"阶段则是合理的社会关系所展示的幸福的最高境界。前现代社会的特征是人与人之间的依赖关系,个人呈现原始的丰富全面性,但这种丰富全面实质上是贫乏的,这种幸福是简单低级的。马克思主义重点关注的是现代资本社会,这个阶段的特征是以物的依赖性为基础的人的独立性,一方面它体现历史的进步性,但另一方面人与人之间的关系被物的关系所掩盖,物化的生存方式使人被物所奴役,商品拜物教、货币拜物教和资本拜物教使得物"失控",不是人控制物,而是物控制人。当物化的社会关系进一步体现为对抗性的资本社会生产关系时,人的幸福彻底沦为幻影。马克思主义的深刻之处在于指出资本主义反幸福本质的社会关系只是暂时的,它必将被新的社会生产关系所代替,人与人之间克服一切自发性的、物化的交往方式,建立真正的自由联合的交往关系,一幅生动的、真正体现人的幸福生活的图景才能呈现出来。马克思主义把幸福的实质内涵勘定于人的社会关系,无论在深度上还是在广度上的完整性和丰富性,使其与其他幸福论区别开来。

---

① 《马克思恩格斯全集》(第25卷),北京:人民出版社,2001年版,第20页。
② 《马克思恩格斯文集》(第1卷),北京:人民出版社,2009年版,第532页。

自由人联合体是马克思主义幸福叙事的制度安排。亚里士多德曾言，人天生是政治的动物，因而他从伦理学角度探讨人的幸福之后，紧接着便从政治学角度即在城邦共同体中论证人的幸福存在方式。虽然理论性质不同，但马克思主义幸福观的重要维度也是从共同体角度界定幸福的内涵。马克思主义并未局限于个人的感性的或理性的抽象本质，进而把幸福看成是人的感性欲望的限制或释放，而是从真正意义上的、符合人性的由"自由人"自愿联合所组成的联合体中去把握人的幸福。"代替那存在者阶级和阶级对立的资产阶级旧社会的，将是这样一个联合体，在那里，每个人的自由发展是一切人的自由发展的条件。"①"联合"是理解马克思主义幸福内涵的必要环节。费希特曾在《自然法权基础》中强调"联合"在保障个人幸福和他人幸福的协调发展中的力量，"强制法在实际上把每个人的幸福与所有其他人的幸福的保障都结合了起来"②。马克思主义同样强调"联合"形成的共同体对人的自由幸福的重要意义，认为只有在共同体中个人才能获得发展其才能的手段，只有在共同体中才有个人的自由幸福。马克思主义视域中的共同体不是虚假的共同体而是真实的共同体，过去由于分工、私有制等原因，个人的力量转变成了物的力量，从而造成人的幸福异化，而在新的"联合体"中，在生产力高度发达的基础上，个人将重新驾驭和控制物的力量，在日益增多的"自由时间"里，个人将自由而全面发展自身的个性，成为完整的人，这是一种至高境界的幸福状态！这既是一种原则性的制度安排，同时也是人的理想存在方式。

总之，马克思主义没有从抽象的人性论出发在"解释世界"的圈子中阐释幸福的定义，而是在新的视域中科学诠释了幸福的内涵。它把人置放于一定的社会历史阶段和社会关系之中，从人的本质力量实现的程度考察人的幸福，通过人的解放和自由而全面发展，生动描绘了自主劳动、丰富与完整的社会关系和自由人联合体完美结合的幸福生活图景！

## 二、马克思主义幸福观的人民立场

"谁之幸福"即幸福主体问题，是幸福观的立场问题，立场问题是带有根本性的问题，其是划分不同幸福观性质的根本标准，它不仅关涉对"什么是

---

① 《马克思恩格斯文集》(第2卷)，北京：人民出版社，2009年版，第53页。
② 费希特：《自然法权基础》，北京：商务印书馆，2004年版，第154页。

幸福"问题的解答,而且决定其为谁服务的价值取向。

站在个人立场和站在人民大众立场上的幸福观在宏观上对何谓幸福的回答就有差异。以个体为价值取向的幸福观往往关注的是个人的幸福,主要考虑个人生活的方面,落脚点是个人的自我改变和个体生活的完善化,而站在人民大众立场上的幸福观则不仅要关心每一个个体的幸福、个体的才能和各方面能力的发展,而且更为关注人民大众实现幸福的经济、政治、文化等各种制度和关系,亦即幸福的社会制度和社会关系条件。

更为重要的是,"谁之幸福"即幸福观的立场问题关系到其为谁服务的价值取向。在不同的时代,幸福观的立场问题表现形式各有差异,有的幸福观直接表明其代表的是哪个集团的利益,而有的幸福观则以普遍利益的形式掩盖其为某一特定阶级服务的真相,以"意识形态"遮蔽事实本质。在古希腊时代,以亚里士多德为代表的德性幸福观以人类的普遍理性为基准,以"善"为出发点,通过目的论证和功能论证告诉我们幸福是灵魂合乎德性的实现活动,然而亚里士多德并没有把幸福的"资格"给予所有人。亚里士多德德性幸福观的幸福主体主要是城邦中的公民,而奴隶以及外邦人等缺乏理性或不具有公民身份的人并没有获得幸福的资格条件。亚里士多德和其所处的时代价值观念相一致,认为奴隶仅仅是会说话的工具而已,其根本不具备人的资格因而缺乏理性,理所当然地处于幸福主体之外。由此可见,亚里士多德德性幸福观关照的幸福主体是摆脱自然必然性的维生活动的非生产者,他们因为奴隶从事物质资料的生产活动而有充足的精力和闲暇时间从事高于物质生产活动、体现人的理性本质的政治实践和沉思活动,从而生活得好或做得好,过一种值得过的将德性潜能发挥出来的幸福生活。而在启蒙时代,作为第三等级的资产阶级为了团结一切能够团结的力量反对封建专制制度,争取人的自由、平等,其将幸福的主体界定为每一个生而具有天赋权利的人。当资产阶级取得政治统治后,此种幸福主体的普遍性的"伪善"则暴露无遗,正如恩格斯所指出的,由理性的胜利建立起来的社会竟然是一幅令人极度失望的讽刺画:理性化为滑稽,幸福化为痛苦。

人民立场是马克思主义幸福观的基本立场,也是马克思主义幸福观与其他幸福观的根本区别。在马克思主义幸福观产生之前,幸福主体或是社会占统治地位的阶级,或是抽象的道德主体,或是生物学意义上的自然的感性的人,马克思主义幸福观彻底改变了幸福主体的抽象性特征。我们知道,青年马克思就树立了为人类幸福而奋斗的普罗米修斯式的人生理想,在之后一系列政论文章中又积极为劳苦大众的自由、权利和幸福呐喊,而在批判宗教来世的虚幻幸福承诺时,马克思明确指出,"废除作为人民虚幻幸福的宗教,就是要求人民的现实幸福"①。在这里,马克思明确把幸福的主体确定为"人民",认为宗教里的幸福是人民幸福愿望的虚假达成,是人民面对苦难世界的境遇时的幻觉,因此实现人民的现实幸福必须批判改变"需要幻觉的处境",以此岸世界幸福的真实真理代替彼岸世界幸福的虚假真理,马克思之所以从对天国的、宗教、神学的批判转向对尘世的、法的、政治的批判,是因为只有如此,"人民"的现实幸福才有可能。马克思幸福观主体的人民性彻底颠覆了宗教幸福的神本逻辑,而代之以人本原则,由此,"马克思幸福观的人民性超越了抽象人道主义的价值逻辑,回归到历史唯物主义的基础上,于是,马克思的幸福论就不再是抽象泛化的道德幸福论,而是落实于对作为社会历史生活主体的人民的幸福的历史性解读"②。需要强调指出的是,此时的马克思还没有成为"马克思主义者",这里的"人民"一定程度上仍然带有人本主义的痕迹,尽管如此,马克思在成为"马克思主义者"之后,人民立场依然是马克思主义幸福观的基本立场③。由此可见,马克思主义幸福观的基本立场是"人民"的幸福,幸福的主体是人民,马克思主义幸福观关照的人民不是个别的、少数的人,而是作为社会历史活动主体的每个人。"过去的一切运动都是少数人的,或者为少数人谋利益的运动。无产阶级的运动是

---

① 《马克思恩格斯文集》(第1卷),北京:人民出版社,2009年版,第4页。
② 杨楹:《马克思哲学的最高价值诉求:"人民的现实幸福"》,《哲学研究》,2012年第2期。
③ 马克思在《黑格尔法哲学批判》中为了批判黑格尔客观精神阶段的君主立宪制国家观,运用卢梭的"人民主权说"对抗黑格尔的"君权说"。黑格尔把国家看作"伦理理念的现实""绝对自在自为的理性东西""在地上的精神",而君主是国家主权的化身,并以此否定人民主权。"把君主的主权和人民的主权对立起来是一种混乱的思想,这种思想的基础是关于人民的荒唐观念。如果没有自己的君主,没有那种正是同君主必然而直接地联系着的整体的划分,人民就是一群无定形的东西。"马克思以卢梭的人民主权学说批判了黑格尔的君权说,认为人民才是主权的所有者,并以真正的民主制落实这一政治哲学理念。因此,此时马克思的"人民"概念仍然属于具有理想性的"理念"范畴,并没有将人民落实为现实生活过程中的现实主体。当从现实的社会生产关系角度考察这一概念时,马克思才真正把握"人民"的具体内涵和现实外延,把"人民"界定为无产阶级(工人)和广大人民群众,而当阶级消灭时,人民又落实为联合体中的每一个"自由人"。因此,马克思在《〈黑格尔法哲学批判〉导言》中提出"废除作为人民虚幻幸福的宗教,就是要求人民的现实幸福"时,其幸福主体的"人民性"得以确立,但对于"人民"的理解依然处于卢梭的自由主义政治哲学视域之中。当历史唯物主义世界观制定后,马克思看到现实的人处于一定的阶级关系中,因而在政治经济学批判视域中分析工人阶级不幸现象及其根源,进而将作为幸福主体的"人民"概念现实化。虽然有前后思想场域的转变,但是马克思主义幸福观的人民立场却是毋庸置疑的。

绝大多数人的,为绝大多数人谋利益的独立的运动。"①马克思主义幸福观作为无产阶级争取幸福的理论指导,彻底改变了历史上诸种幸福观的价值立场,从而将幸福主体的人民立场贯穿于其理论和实践的始终。此种立场同样体现于共产党人的性质上,共产党人没有自己特殊的利益,"他们没有任何同整个无产阶级的利益不同的利益。……各个发展阶段上,共产党人始终代表整个运动的利益"②。为"绝大多数人"谋利益使得马克思主义幸福观的人民立场得以充分彰显。

  马克思主义幸福观的人民立场即幸福主体的人民性与唯物主义历史观的历史创造主体具有内在的一致性,社会历史的创造主体同时也是马克思主义幸福观观照的幸福主体,人民既是历史的主体,也是幸福的主体。谁是创造社会历史的真正主体？这是历史观的首要问题,唯物史观和唯心史观作出了截然不同的回答。自文艺复兴、启蒙运动以来,思想家们以天赋人权的抽象人性论反抗封建专制制度,要求现实的自由、平等和幸福。这种把人的本质固定化为一成不变的抽象人性论在马克思主义诞生之前占据着主导地位,其表现在历史观上就是把精神、观念等看作历史的本质,如在黑格尔哲学中,所谓世界历史不过是绝对精神的展开过程。相比较而言,人本主义的唯物主义哲学家费尔巴哈从客观存在的感性的人出发看待历史,但是费尔巴哈视域中的人只是生物意义上的自然人,其至大多只能达到对孤立的、单个人的直观,在历史观上同样陷入了历史唯心主义。历史唯心主义视域中的历史主体往往是客观精神、主观意志等等。马克思主义彻底改变了观察历史的出发点,以"现实的人"即从事生产的感性的物质活动的人作为全部历史的前提,从而确立了历史唯物主义。这里的"现实的人"就是广大人民群众,人民群众才是历史的主体,他们是人类物质财富和精神财富的创造者,是社会进步发展的根本动力和最终决定力量。人民群众不仅是历史的"剧中人",也是历史的"剧作者"。在马克思主义看来,人民群众是创造社会历史的主体,理应也是幸福的主体,作为幸福创造者的人民群众同时应该是享有幸福生活的主体。然而,在人类社会的"史前史"时期,幸福创造者的人民群众却不是幸福生活的享有者,反而成为社会一部分人享有幸福的牺牲者。"一方的自由发展是以工人必须把他们的全部时间,从而他们发展的空

---

① 《马克思恩格斯文集》(第2卷),北京:人民出版社,2009年版,第42页。
② 《马克思恩格斯文集》(第2卷),北京:人民出版社,2009年版,第44页。

间完全用于生产一定的使用价值为基础的;一方的人的能力的发展是以另一方的发展受到限制为基础的。迄今为止的一切文明社会都是以这种对抗为基础的。"①社会历史创造的主体和幸福主体的悖论是马克思主义幸福观着力解决的问题,马克思主义就是要运用"批判的武器"和"武器的批判"改变这种不合理的现状,尤其是资本逻辑中工人阶级苦难不幸生活的惨淡现实,从而使得历史的主体和幸福的主体契合起来,最终实现"人民的现实幸福"。这是马克思主义的价值追求,也是马克思主义幸福观的基本立场。

综上所述,马克思主义幸福观的基本立场清晰地定位于"人民",人民是一个现实的、动态的概念,在不同的历史时期具有不同的外延,但其本质是创造社会历史的主体,是社会历史的真正创造者,马克思主义的理论和实践目标就是改变现实中历史主体和幸福主体的不相一致的悖论,使得幸福的主体与历史的主体内在一致。这是区别马克思主义幸福观与非马克思主义幸福观的"试金石",也是马克思主义幸福观鲜明的政治立场和价值取向。

## 第二节　马克思主义幸福观的核心观点

### 一、自由:马克思主义幸福观的本质关切

幸福观的不同内涵和不同立场体现了众多幸福观流派不同时代对于幸福本质的不同追求,换言之,不同幸福观对于幸福的理解总是表征其深层次最关注的东西是什么,幸福观的核心关切是幸福的本质性追求。康德指出,"哲学在古代看来原是指教人什么才是'至善'的概念,并指教人什么是求得它的行为的"②。"至善"即幸福的概念。古典哲学幸福观的核心关切是"德性",而德性的本质则是人的高贵和自我完善,幸福生活就是摆脱生存的自然必然性而发挥人作为人的潜能,亦即人的道德德性(政治生活)和理智德性(沉思生活)的实现活动,实质上是人自由地发挥自己的德性潜能。而在希腊化时期,幸福观的核心关切随着时代的发展而发生了变化,它们从多个

---

① 《马克思恩格斯全集》(第47卷),北京:人民出版社,1979年版,第215-216页。
② 康德:《实践理性批判》,关文运译,北京:商务印书馆,1960年版,第111页。

方面对古典哲学幸福观提出了挑战,把幸福观的核心关切定位于"治疗"人的心灵痛苦,消除人的内心苦恼,普遍地寻求摆脱外在种种束缚后内心的宁静,这种幸福观是一种主观主义幸福观,其本质是对内在自由的追寻。中世纪宗教幸福观的核心关切是对上帝皈依后的来世"赐福",本质是一种信仰自由幸福观。文艺复兴、启蒙运动以来的幸福观在以理性反对中世纪宗教幸福观的基础上关注的是现实尘世的幸福权利,要求把幸福从"彼岸世界"拉回"此岸世界",自由"权利"是其幸福观的核心关切。作为启蒙运动中占主流地位的感性幸福观的"叛逆者",卢梭开辟了意志自由为基础的道德幸福观,并在康德的道德形而上学幸福观中得到充分的阐释,这种以自由作为意志本质的幸福观同样呈现在黑格尔的精神哲学之中。费尔巴哈从人的感性对象性本质出发,批判德国古典哲学把自由思辨化抽象化的观点,"只有伟大的德国思辨哲学家们才杜撰出某种与追求幸福不同的而且是独立的抽象的意志,某种只是想象的意志"①。费尔巴哈指出意志的自由体现于对幸福的追求中,意志自由与幸福追求是不同话语的同等表达。"所谓自由的,不是在我们的超自然主义的思辨的哲学家们所赋与意志的那种不确定性的'无限性'和无穷性的意义上,也不是说不出名称来的和感觉不到的自由,而只是在追求幸福的意义上的自由和为了追求幸福的自由,也就是说在摆脱任何祸害上是自由的。"②幸福的真正本质事实上即是人的意志自由的实现。纵观西方传统幸福观的演变历程,我们不难发现,尽管不同时代不同流派的幸福观对于"自由"的理解不尽相同,但是"自由"却是理解西方传统幸福观的核心密码。

马克思主义产生于西方传统之中,其幸福观的本质追求同样受到西方传统幸福观的深刻影响,自由依然是马克思主义幸福观的本质追求,自由是人的幸福的内在规定性,也是马克思主义幸福观的核心关切。马克思在青少年时期树立为人类幸福而工作的人生理想之后便致力于对人类幸福的探寻,而贯穿其中的核心线索则是对自由的不懈追求。在奥古斯都的元首政治算不算幸福时代的讨论中,马克思认为奥古斯都时代算得上一个幸福的时代,因为在这个时代中贤能之士得到任用,社会风尚良好,国家秩序井然,

---

① 《费尔巴哈哲学著作选集》(上卷),北京:生活·读书·新知三联书店,1959年版,第538页。
② 《费尔巴哈哲学著作选集》(上卷),北京:生活·读书·新知三联书店,1959年版,第537页。

文化艺术空前繁荣,人民的自由得到很好的保障。《莱茵报》时期,马克思把新闻出版自由与人民的幸福联系起来。而在思想的初创阶段,青年黑格尔派时期的马克思借助于古希腊晚期的伊壁鸠鲁哲学阐述了自我意识自由的幸福观,认为伊壁鸠鲁自然哲学中的原子偏斜运动打破了纯粹必然性中命运的束缚,从而为人的自由幸福开辟了道路。"在必然性中生活,是不幸的事,但是在必然性中生活,并不是一种必然性。通向自由的道路到处都敞开着,这种道路很多,它们是便捷易行的。因此,我们感谢上帝,因为在生活中谁也不会被束缚住。控制住必然性本身倒是许可的。"① 在对黑格尔法哲学以及宗教虚幻幸福观批判的基础上,马克思要求人民的现实幸福,并在对尘世的政治异化、劳动异化的批判中明确指出自由自觉的生命活动是人的本质。马克思、恩格斯完成历史唯物主义世界观制定之后,更是不断批判资本逻辑中的自由只是贸易自由、交换自由等表面形式上的自由,政治的、社会的个人自由只是经济活动中自由交换的"另一次方"而已,现实中的工人却遭遇不自由,受制于资本不断增殖自身的需要而陷入悲惨的不幸境况,从而在解构资本逻辑中要求人的自由而全面的发展。从马克思主义幸福观的形成、发展和成熟的逻辑中,我们可以清晰地看出,"自由"是贯穿马克思主义始终的核心线索,也是马克思主义幸福观的核心关切,马克思主义的根本价值目标就是要求人民的现实的自由幸福。

马克思主义幸福观内在的自由规定性具有独特的旨趣。其将幸福的自由内核嵌入人的现实生存方式之中,把幸福理解为自由的生命表现,从而超越了传统幸福观中自由意蕴的抽象性。在马克思主义诞生之前,思想家们往往脱离人的一定的社会制度和社会关系,以抽象的个人为出发点理解幸福观中的自由问题。如伊壁鸠鲁幸福观要求在摆脱外在一切束缚的基础上实现人的内心的强大自足,以感觉为最终评定标准,把快乐勘定为内在终极的好,认为快乐是幸福生活的开端和终点。这种彻底满足于自我内心宁静的幸福观把人的一切选择和规避都归结为快乐和痛苦的感受性情感。快乐论还原的幸福观虽然对生命的压抑具有启蒙解放意义,但是最终必然会走向主观价值论和内在的抽象自由。而在康德、费希特和黑格尔的幸福观中更是把自由推向抽象思辨的意志自由,认为意志本身就是自由,没有自由的

---

① 《马克思恩格斯全集》(第1卷),北京:人民出版社,1995年版,第26页。

意志是毫无内容的"空谈"。马克思主义幸福观中的自由彻底改变了以往幸福观中对自由的抽象理解,而是从人的现实生活过程和人的生命的现实存在方式之中理解和把握自由。马克思主义把人的现实生命活动作为理解自由的确切出发点,认为人与动物的区别不在于人作为特殊存在物的抽象的"普遍本质",而是在于物质生活资料的生产方式,个人是怎样的,同他们生产什么和怎样生产相一致,在此过程中人的现实自由体现于作为人的生命活动的劳动、社会关系和共同体之中。幸福内涵的马克思主义诠释包含劳动、社会关系和自由人联合体,而贯穿其中的则是"自由","自由"本质是马克思主义幸福观的内在价值。马克思首先确认人的自由本质体现于人的生命活动即劳动之中,劳动这种生命活动是"自由的有意识的活动",而现实中的奴隶劳动、徭役劳动尤其是雇佣劳动却是不自由、不幸福的,这成为马克思批判私有财产和资本逻辑的基本价值尺度。因此,改变把安逸作为"自由和幸福",而把劳动看作不自由和不幸福,发挥劳动成为人的自我实现,成为人的第一需要,成为"自由见之于活动"的本性,成为马克思主义幸福观最根本的价值追求。在作为人的现实存在方式的社会关系维度,马克思主义同样将自由的价值贯彻其中,认为合理的、简单而又丰富的社会关系是人的自由幸福的现实保障。人的本质不是单个的、孤立的个体的抽象物,而在其现实性上,它是一切社会关系的总和。资本逻辑中的社会关系给予人自由的同时又使人陷入物化的生存境遇之中,对抗性的社会关系使人的自由幸福沦为幻想,而在未来新的社会关系中,无论是广度上还是深度上,人的社会关系都会为每一个人的自由幸福创造条件。与此相适应,作为人的存在方式的共同体也会从国家等种种虚幻的共同体转变为真实的共同体,这种真实的共同体亦即自由人联合体,成为人的自由幸福的真正载体,"只有在共同体中,个人才能获得全面发展其才能的手段,也就是说,只有在共同体中才可能有个人自由"[①]。这种保障人的自由幸福的共同体正是真实的共同体,即"自由人"联合体。

"自由"作为马克思主义幸福观的核心关切呈现为人的物质生活过程和人的现实生存方式,它的最终实现需要社会生产力不断发展基础上的日益增多的"自由时间"及其合理分配为前提条件。在自然经济条件下,亚里士

---

① 《马克思恩格斯文集》(第1卷),北京:人民出版社,2009年版,第571页。

多德曾在德性伦理学的视域内把闲暇时间作为发挥人的德性潜能从而实现幸福的根本条件,然而一部分人获得闲暇时间实现自我完善化是以奴隶提供生存资料为前提的。马克思主义幸福观同样把自由时间作为实现人的自由幸福的前提条件,所不同的是,马克思主义幸福观奠基于历史唯物主义基础之上,自由时间的获得以社会生产力的发展尤其是工作日不断缩短为现实根基。马克思主义认为,"时间实际上是人的积极存在,它不仅是人的生命的尺度,而且是人的发展的空间"①。马克思主义之所以批判资本主义,原因之一在于资本不断增殖的运动本性不仅占用了工人的劳动时间,而且挤占了工人的自由活动时间,人的一切生命活动时间都服从于资本增殖的需要,而人的发展时间成了"废话",资本剥削的本质实质上是对工人的时间尤其是自由时间的剥夺。因此,为了实现人的自由幸福,必须打破资本逻辑,在创造越来越多的自由时间的同时合理分配自由时间,使人能够自由地表现自己的生命,从事科学、艺术等活动,自由地发展自身各方面的兴趣爱好。"并不是为了获得剩余劳动而缩短必要劳动时间,而是直接把社会必要劳动缩短到最低限度,那时,与此相适应,由于给所有人腾出时间和创造了手段,个人会在艺术、科学等方面得到发展。"②在此语境下,劳动时间与自由时间不再处于对立状态,劳动成了发展人的手段,自由时间成了社会的真正财富,"真正的财富就是所有个人的发达的生产力。那时,财富的尺度决不再是劳动时间,而是可以自由支配的时间"③。由于彻底改变了社会上一部分人占有自由时间而另一部分人从事奴隶般的劳动的状况,人的肉体生活和精神生活都得到了解放,从而能够完全自由地展示自己的本质力量。马克思、恩格斯曾经现实而又浪漫地设想:"在共产主义社会里,任何人都没有特殊的活动范围,而是都可以在任何部门内发展,社会调节着生产,因而使我有可能随自己的兴趣今天干这事,明天干那事,上午打猎,下午捕鱼,傍晚从事畜牧,晚饭后从事批判……"④这是一种自由的生活,是一种幸福的生活,也是一种美的生活!

---

① 《马克思恩格斯全集》(第47卷),北京:人民出版社,1979年版,第532页。
② 《马克思恩格斯全集》(第31卷),北京:人民出版社,1998年版,第101页。
③ 《马克思恩格斯全集》(第31卷),北京:人民出版社,1998年版,第104页。
④ 《马克思恩格斯文集》(第1卷),北京:人民出版社,2009年版,第537页。

## 二、现实：马克思主义幸福观的独特品格

西方传统幸福观归纳起来主要是理性主义幸福观和感性主义幸福观两大类，无论是理性主义幸福观还是感性主义幸福观，其共同的缺陷是对幸福的主体、内涵以及实现幸福方式上的抽象性，而根源在于缺乏对幸福现实向度的确切理解。从柏拉图到黑格尔的理性主义幸福观把理念、精神看作真正的现实，而感性的生活世界是易变的、不真实的，幸福就在于哲学沉思活动，以理性把握形而上的最高实体、终极实在，因此其必然导致对现实生活的贬低，在抽象的精神范围内"兜圈子"。而从伊壁鸠鲁到费尔巴哈的感性主义幸福观把感觉、感性作为评判幸福与否的是非标准，他们批判超感性世界的非真实性，承认感性世界的真现实性，但是由于脱离了现实的社会关系看待人，把人看作孤立的、单独的个体，看似"现实"，最终也走向了抽象化。总之，马克思主义幸福观之前的唯心主义幸福观和旧唯物主义幸福观都未能解决幸福的现实性问题，本质上都是"解释世界"的幸福论体系，而没有达到"改变世界"的层次。马克思主义幸福观最伟大的贡献就是克服了幸福观问题上脱离实际的幻想和空谈，引领我们对幸福的思考从抽象的形而上学层面回归到现实的生活之境，从而克服传统形而上学幸福观的虚幻性。这构成了马克思主义幸福观的独特品格。

马克思主义幸福观的现实主义品格直接针对的是宗教所宣扬的来世的虚幻幸福观，从而把幸福从天国拉回人间，要求实现人民的现实幸福。众所周知，在《〈黑格尔法哲学批判〉导言》中，马克思把宗教批判当作一切批判的前提，在此前提批判中，马克思明确指出，"废除作为人民虚幻幸福的宗教，就是要求人民的现实幸福"[1]。马克思在此提出人民的"现实"幸福不是偶然的，而是其幸福思想发展的必然性逻辑。早在对康德道德学视域中趋于宗教境界的至善幸福观和费希特绝对自我幸福观批判中，马克思就已经认识到此种主观主义幸福观脱离了现实，"康德和费希特喜欢在太空遨游，寻找一个遥远的未知国度，而我只求能真正领悟在街头巷尾遇到的日常事务"[2]，而在对伊壁鸠鲁哲学幸福观的审视中，马克思在洞察伊壁鸠鲁幸福观自由本质的同时，也深刻认识到其以内心的宁静为核心的幸福观同样是主观主

---

[1]《马克思恩格斯文集》(第1卷)，北京：人民出版社，2009年版，第4页。
[2]《马克思恩格斯全集》(第1卷)，北京：人民出版社，1995年版，第736页。

义的,进而提出"在自身中变得自由的理论精神成为实践力量,作为意志走出阿门塞斯冥国,面向那存在于理论精神之外的尘世的现实,——这是一条心理学规律"①。正因为对现实幸福的关注,马克思开始转向黑格尔哲学,然而对所谓物质利益发表意见的难事这个"苦恼的疑问"又促使马克思批判黑格尔的法哲学体系,正在此时,费尔巴哈直观唯物主义对黑格尔哲学的批判深深触动了马克思。费尔巴哈最伟大的功绩无疑是恢复了唯物主义的权威,他不仅批判了黑格尔思辨哲学的抽象性,同时批判了宗教的虚幻性。因此,我们可以理解,马克思对于幸福的现实主义把握以对宗教幸福观虚幻性的批判为前提。宗教是人的本质的自我异化的产物,其把幸福理解为抽象独立王国的虚幻性的心性承诺,彻底否定了现世幸福的价值,无论是在幸福主体、幸福内涵还是幸福达成上都走向了抽象化。正因为如此,马克思才将宗教称为"虚幻的太阳""人民的鸦片"。因此,把幸福从彼岸世界拉回此岸世界,实现幸福场域的现实性转变,这是实现人民的现实幸福的前提性条件,"对宗教的批判使人不抱幻想,使人能够作为不抱幻想而具有理智的人来思考,来行动,来建立自己的现实"②。由此,马克思从宗教批判转向到现实生活的批判,"对天国的批判变成对尘世的批判,对宗教的批判变成对法的批判,对神学的批判变成对政治的批判"③。破除幸福真理的彼岸世界,历史的任务就是确立幸福真理的此岸世界。

在面对此岸世界时,马克思在批判政治异化语境下幸福承诺伪善性的基础上,更是通过政治经济学批判真正切入现代资本主义社会的现实,发现了人民普遍不幸的现实根源。政治经济学是现代社会产生的若干科学中的一门,它从经验的角度把握现代社会,看到现代社会是以交换之网织成的"商业社会",正是在分工、商品、交换等一系列经济活动中实现了社会每个人的幸福,它宣扬这是一场"幸福革命",进而认为资本主义社会是自然的、永恒的。马克思对资本主义现实的把握并没有局限于政治经济学的理智抽象,而是从当前的经济事实出发,发现了一个矛盾的现象:为什么工人生产的物越多,人就越贫穷不幸? 正是在对此矛盾现象的解剖中,马克思认识到了私有财产和异化劳动的相互作用是工人处于不幸处境的根源。在此后的

---

① 《马克思恩格斯全集》(第1卷),北京:人民出版社,1995年版,第75页。
② 《马克思恩格斯文集》(第1卷),北京:人民出版社,2009年版,第4页。
③ 《马克思恩格斯文集》(第1卷),北京:人民出版社,2009年版,第4页。

《资本论》及其手稿中，马克思运用从抽象上升到具体的科学的政治经济学研究方法，辩证地、总体地把握了资本主义现实。在马克思的视域中，商品、货币、资本等本质上不是物，而是人们之间的社会生产关系，正是这种社会生产关系的存在形成了工人、地主和资本家三大社会阶级的存在，三者之间并不是古典经济学宣扬的自由平等的关系，而是对抗性的关系。马克思的整部《资本论》就是要分析资本逻辑下这种对抗性关系的本质及其命运。从商品的使用价值和价值的矛盾性得出货币范畴，通过劳动力的买和卖，货币转化为资本，通过劳动过程和价值增殖过程的分析接触资本的剥削本性，进而通过剩余价值转化为资本最终达到资本主义积累的一般规律，然后进展到"流通过程"和"资本生产的总过程"。可以说，《资本论》就是对资本主义"现实"的本质揭示：资本主义私有制中的资本运动过程。通过对资本主义现实的揭示，可以得出人总体上处于一种不幸的生存方式之中，马克思主义的理论使命就是改变这种状况，改造现实的资本主义，真正实现人民的现实幸福。

基于马克思主义对"现实"的动态把握，我们可以从以下几个方面认识马克思主义幸福观现实主义的独特品格。首先，马克思主义幸福观的现实品格表现为以"现实的个人"作为研究幸福的出发点。幸福的主体是"人"，因而对"人"的理解即人的本质自然成为各种幸福观首先要回答的问题。幸福思想史上占主导地位的理解方式是把人看作不同于动物的特殊存在物，进而在此基础上寻求人的永恒不变的、一劳永逸的"普遍性本质"，这种普遍性本质或是人的理性，或是人的感性，或是二者兼而有之。以此作为研究幸福的出发点，其结果必然是对人的幸福理解的高度抽象性。马克思主义改变了对人的本质的抽象理解，把人理解为处在一定的社会关系中从事物质生产实践这一感性活动的存在物，因而这样的人就不是永恒不变的，而是处在不断变化发展之中的，由此出发马克思主义对幸福的理解也就抛弃了抽象性，具有直接的现实性，幸福便是现实的人的现实幸福。其次，马克思主义幸福观的现实主义品格表现为幸福场域的现实性。理念、精神幸福观把幸福的场域界定为抽象的精神理念世界，宗教幸福观把幸福的场域设定在来世的彼岸世界，感性、自然幸福观虽把幸福的场域勘定为人的现实生活世界，但是其理解的现实生活世界是感性直观的世界，是一个个孤立的个体生活的永恒不变的世界。马克思主义幸福观研究的幸福的场域是人们的现实的物质生产活动基础上形成的生活世界,这种生活世界不是永恒不变的而是处于不断的运动之中的世界,是自然的人化和人化的自然相互作用的世界,正如马克思批判费尔巴哈直观唯物主义幸福观时所指出的,我们周围的感性世界不是开天辟地以来就存在的,而是人的感性的实践活动的产物。因此,马克思主义幸福观拒绝了人的幸福场域的虚幻性和抽象性,将幸福直接置放于现实的活生生的生活世界,立足于现实的人的现实生活、追求人的现实解放和现世幸福。再次,马克思主义幸福观的现实主义品格表现为把幸福的历史性、当下性和未来性统一起来。马克思主义理解的"现实"不是直观意义上的"现存",而是内在矛盾推动基础上的事物的发展运动过程。正是现实观上的革命性变革,马克思主义理解的幸福才不是永恒不变的,而是处在历史性的运动之中的,幸福的历史性和未来性是幸福的现实性的内在要素。因此,幸福总是在一定社会发展阶段上的具体的幸福,基于历史发展的内在必然性而不断向前发展。马克思主义幸福观中对未来人的自由而全面发展理想性的诉求是现实运动的必然结果。当然,这种运动不是概念的运动,而是现实本身运动的产物。由此,马克思主义幸福观的直接现实性、历史必然性和未来理想性实现了高度统一。最后,马克思主义幸福观的现实主义品格还表现为实现幸福方式的现实性。马克思主义幸福观不只是"解释世界"的理论探索,更是"改造世界"的"批判武器",幸福最终的实现必然要诉诸"武器的批判",因为物质的力量只能用物质力量来摧毁。马克思主义幸福观明确了实现幸福的现实主体——无产阶级,实现幸福的现实手段——革命,实现幸福的现实前景——自由人联合体,因而为人的普遍解放和人民的现实幸福指明了现实方向。

### 三、斗争:马克思主义幸福观的实践道路

"如何实现幸福"即"通往幸福之路"是幸福论的核心问题之一,是任何追求幸福生活的人们最为关心的问题,因而也是各种幸福论体系无法回避而必然要回答的重大问题。事实上,不同的幸福论基于幸福内涵的理解亦即幸福的定义已经蕴含着实现幸福的具体路径。德性幸福论的代表人物亚里士多德指出,"我们的幸福的定义也有助于回答这个问题。因为我们已经把幸福规定为灵魂的一种特别的活动,并且把其他的善事物规定为幸福的

必要条件或有用手段"①。亚里士多德把幸福定义为在"外在的善"的基础上"灵魂的合乎德性的实现活动",因此,德性养成的途径也就是通往幸福的道路。根据德性的不同性质,德性分为理智德性和道德德性,理智德性主要通过教导发生和发展,因而需要经验和时间,道德德性中的"道德"一词从词源学来看是由"习惯"这个词演化而来,因而道德德性是通过习惯而养成的。由此,亚里士多德认为,幸福不是靠神或运气的恩赐,而是"通过学习、某种习惯或训练而获得"②。由此观之,柏拉图把精神世界的理念看作幸福时,其就蕴含着超越感官的现象世界,通过神秘的哲学之"看"把握理念就是幸福的实现路径;希腊化时期的"治疗型"哲学幸福观把灵魂的宁静看作幸福时,那么通过哲学的方法消除扰乱内心的种种错误观念,解除心灵的各种束缚便是幸福的获得方法;宗教神学把对上帝的皈依看作幸福时,忍受现世生活的苦难和不幸,通过禁欲主义的生活方式获得上帝的救赎则是实现幸福的不二法门;功利主义把可计算的快乐总量的增长看作幸福时,那么一切能够带来快乐的方法也就是其所设定的幸福之路。由此可见,幸福的获得手段和方式与幸福的定义是有机统一的,通往幸福之路内蕴于幸福论对于"什么是幸福"的理解之中。

当以此种方式把握通往幸福之路,研究马克思主义幸福观的实践路径时,我们面临着现实的难题,即马克思主义并没有关于幸福的明确定义,因而也就不能直接从马克思主义幸福观的幸福定义中推导出实现幸福的具体道路。马克思主义幸福观实践路径的"难题"的解题之钥在于深刻把握马克思主义幸福观的特质。马克思主义幸福观不同于传统幸福论体系的重要特征在于其竭力避免脱离现实的人和人的现实生活过程空谈幸福,避免以高高在上的姿态认为把握了幸福的"真实的答案"和"永恒的真理",并以此来要求和主宰求福之人。马克思主义幸福观的核心要义在于深入人的现实生活,分析人的现实生存境况,研究哪些因素造成了人的普遍的、可见的苦难和不幸。在影响人的幸福的因素中,马克思主义幸福观重点关注的是社会关系和社会制度层面的宏观维度,因为马克思主义幸福观的幸福主体不是孤立个人的个体幸福,而是作为整体意义上的"社会人"的幸福,在破除阻止人类幸福的社会障碍的基础上,实现每个人的幸福。由此可见,马克思主义

---

① 亚里士多德:《尼各马可伦理学》,廖申白译,北京:商务印书馆,2003年版,第25—26页。
② 亚里士多德:《尼各马可伦理学》,廖申白译,北京:商务印书馆,2003年版,第25页。

幸福观不是教导个人如何获得幸福的"幸福学",也不是配享幸福之条件的"道德学",而是关于无产阶级和广大人民群众实现幸福的社会条件的学说。

当深入剖析资本逻辑的现实时,马克思、恩格斯发现不是个人而是资本主义生产关系主导下的社会关系和社会制度是无产阶级和广大人民群众不幸的根源,而这种根源的消除唯有通过革命斗争的方式才能够实现,从而为人民的现实幸福开辟道路。以单纯孤立个体为本位的幸福观往往把不幸的原因归结为个人主观上的认识不足或努力程度不够,因而要想实现幸福,必须改变个人的主观认识,加强个人的自我修养。关注无产阶级和广大人民群众幸福的马克思主义幸福观分析的不是其中的个体原因导致的不幸,而是资本主义的社会关系和社会制度,资本逻辑的现实是无产阶级和广大人民群众陷入苦难深渊的根本原因,因而要实现幸福,必须改变这种现实,才能为无产阶级和广大人民群众的幸福创造社会条件。在马克思主义看来,阻止幸福的社会根源不会自动消除,阻碍幸福的社会关系和社会制度不会自动消失,新的合理的能够为人民现实幸福提供保障的社会条件也不会自动生成。资本主义生产关系是对抗性的社会关系,无产阶级和资产阶级的矛盾不可调和。因此,在存在阶级差别和阶级对立的社会中,"假想的妥协"和"虚伪的合作"不可能实现"新时代"的幸福,任何阶级调和论的幸福观都是无产阶级和广大人民群众实现幸福道路上的麻醉剂,只有在无产阶级和广大人民群众大联合的基础上,在无产阶级政党坚强有力的领导下,开展坚决有力的革命斗争,才能够为实现幸福创造必要的社会条件。马克思主义坚决批判"空泛地臆造一切阶级的协调和幸福的制度",反对"工人应该像虔诚的基督徒那样,相信牧师的话:抛弃一切尘世的幸福,一心一意渴求升入天堂"[①]。由此可见,马克思主义在"幸福的获得"问题上,一方面不承认无产阶级和广大人民群众的不幸不是"不可避免"的不幸,"应当平心静气地忍受这种不幸",另一方面坚决同工人阶级运动内部种种错误的幸福观作理论的斗争,从而在如火如荼的革命斗争中实现无产阶级和广大人民群众的幸福。马克思主义"坚决割断了同纯沉思立场的联系,也不寄托于资产阶级的慈悲和悲悯之心,更不用节制欲望、修身养性之类的话让工人阶级自我麻痹"[②],

---

① 《马克思恩格斯文集》(第1卷),北京:人民出版社,2009年版,第279页。
② 王燕:《论马克思"否定的幸福观"及其实践智慧:以亚当·沙夫的幸福方法论为视角》,《南京师大学报(社会科学版)》,2015年第2期。

马克思主义采取的是积极行动的态度,坚决同引发普遍不幸的社会根源作斗争。

"斗争"不仅是马克思、恩格斯为人类的幸福而奋斗一生的生动写照,更是马克思主义幸福观逻辑结构的必然结论。在幸福思想的初创阶段,马克思就坚决批判伊壁鸠鲁哲学脱离外部世界,远离政治寻求精神世界静谧的幸福观,拒斥内心无声的抗争,从而诉诸现实的挣脱必然命运束缚的行动,这种特质贯彻于马克思主义幸福观形成、发展和成熟的整个辩证历程之中,是马克思主义幸福观的内在特征。马克思主义经典作家们为了人类的解放和幸福不仅进行了艰苦的理论探索,而且亲身参加革命的实践,在现实的斗争中践行为人民的现实幸福而奋斗终生的人生理想。因此,当马克思的女儿劳拉问到"您对幸福的理解"时,马克思毫不迟疑地回答"斗争",而"不幸"则是"屈服"。当然,马克思主义幸福观的斗争性并不只是经典作家们感性的人生经验的总结,通往幸福之路的斗争意蕴更是马克思主义幸福观自身理论和实践逻辑的必然要求和应有之意。马克思、恩格斯不是一般意义上的"幸福导师",马克思主义幸福观也不是庸俗意义上的"心灵鸡汤",马克思主义幸福观要求的不仅是对于幸福的正确的理论认识,更是对现实世界的改造,在对旧世界"武器的批判"中创造新的幸福世界,"哲学家们只是用不同的方式解释世界,问题在于改变世界"[1]。因此,作为"改变世界"的马克思主义幸福观,其全部问题就是要使现实的世界"革命化",改造工业和社会结构,实际地反对并改变事物的现状,这是实践的唯物主义者即共产主义者现实的任务,"历史的动力……是革命,而不是批判"[2]。在某些非马克思主义幸福观中也可以看到为幸福而斗争的或显或隐的表达,但其斗争意涵要么是"零星的猜测""偶然附属物",要么是内心之中自我反思意义上的精神斗争,都没有达到为幸福创造社会条件而斗争的高度。

总之,"斗争"是马克思主义幸福观的实践道路,是革除妨碍幸福的社会关系和社会制度的最为彻底的方式,也是无产阶级和广大人民群众实现幸福最直接、最有效的现实手段,它要求历史的主体把对幸福的追寻和对现实社会的自觉改造统一起来,从而为幸福生活创造有利的社会条件。千百万遭受苦难而又渴求幸福生活的无产者不会"平心静气"地忍受,而是直面现

---

[1] 《马克思恩格斯文集》(第1卷),北京:人民出版社,2009年版,第502页。
[2] 《马克思恩格斯文集》(第1卷),北京:人民出版社,2009年版,第544页。

实生活惨淡的不幸,在马克思主义的积极指引下,看到了自身的使命和革命的力量,找到了通过革命斗争实现幸福的现实路径。这是马克思主义幸福观的内在要求,也是实现人民的现实幸福的必由之路。

## 第三节 马克思主义幸福观的方法论

### 一、历史唯物主义双重视野的幸福研究方法

作为哲学概念的方法论是以一定的世界观、人生观和价值观为指导认识和改造世界而形成的范畴、原则和手段等的总和。在幸福论题上,幸福观之所以流派众多,纷繁复杂,是因为研究幸福的方法论的不同。不同的幸福研究方法论导致在"什么是幸福""谁之幸福"以及"如何实现幸福"等幸福观基本问题域的差异。有学者不完全统计,古今中外历史上的幸福观可以归纳为以下十种:来世主义幸福观;生命主义幸福观;快乐主义幸福观;功利主义幸福观;道德主义幸福观;知智主义幸福观;自由主义幸福观;多齐主义幸福观;社进主义幸福观;潜能主义幸福观。从方法论上来看,这十种幸福观论证幸福的方法可以概括为神秘主义方法、自然主义方法、人性主义方法和必然主义方法[①]。当然,这十种幸福观可以继续合并,如知智主义幸福观和潜能主义幸福观可以合并为德性幸福观等,然而从中我们可以看出,研究幸福的方法论是把握幸福的前提条件。

传统幸福观在研究幸福的具体方法论上虽然各有差异,但是其共同的方法论缺陷是撇开人的感性活动,脱离现实的物质生活过程及其社会历史的发展,从而陷入了历史唯心主义的窠臼之中。总体上来看,传统幸福观研究拘泥于个体主义方法论的狭隘眼界,认为幸福总是个体的幸福,是个体最真切的主观感受或心理体验,虽然德性幸福观的代表亚里士多德提出"人天生是政治动物"的论断,注重幸福的政治体制等外在条件,但其精神实质仍然是个体本位主义。对于这样的个体的理解,基于人与动物差异化的独特存在的把握,要么是理性主义的个体,要么是感性主义的个体,要么是感性

---

① 韩东屏:《追问幸福》,《伦理学研究》,2015 年第 5 期。

和理性综合的个体,然而其无一例外地都脱离了社会历史的现实生活过程,成为孤立的、抽象的个体①。在个体主义方法论的总体方法下,不同流派的幸福观或以感性经验主义的方法考察幸福,如伊壁鸠鲁幸福观、功利主义幸福观、费尔巴哈人本主义幸福观等,或以先验主义的方法研究幸福,如康德的道德形而上学幸福观,或以超验主义的方法考察幸福,如宗教幸福观等,其中占主流地位的是形而上学的方法。不同幸福观的具体方法不同,总体上在唯心主义和旧唯物主义视野下,把幸福看作一成不变的、永恒的抽象范畴,因而存在难以克服的历史缺陷。"传统对于幸福的研究与考量往往陷入唯心主义的泥潭或者受制于旧唯物主义的束缚。要么沉醉于唯心主义的幻象,对幸福的理解仅仅局限于个体的心理或主观感受,把幸福看作是脱离于物质基础的纯粹思辨带来的精神享受,……要么陷入机械唯物主义的泥潭,把幸福片面理解为人的生理需求的满足,将幸福等同于感官的直接享受。……无论是唯心主义者还是机械唯物主义者,他们都没立足社会发展规律这一客观基础,没能从社会制度和社会关系变革的高度去审视幸福。"②由此可见,马克思主义经典作家批判拒绝传统伦理学的幸福研究方法,这并不意味着经典作家们对人的幸福漠不关心,恰恰相反,"马克思对人类幸福问题的关心是基于他对人类现实苦难命运的关注,他不能接受伦理学的形式化研究方式,是因为这种研究以其抽象的方法和概念掩盖了资本主义现实的非批判态度"③。

马克思主义幸福观的根本性变革是以历史唯物主义为根本方法考察人的幸福问题,以广义历史唯物主义奠定了研究幸福的一般原则,以狭义历史唯物主义分析资本主导的现代社会形态,在普遍性和特殊性相结合的基础上科学地把握幸福论题。"马克思的历史唯物主义具有双重视野:一是以适

---

① 从柏拉图到亚里士多德的古典德性幸福观往往受到"自我中心论"的困扰,即一系列德性活动的实现过程从本质上都是为了自身的完善和幸福的生活,而在现代道德意义上,这是对道德的背离,因为"道德"一词总是意味着"利他的"而不是"利己的"。对此,亚里士多德曾言,德性幸福论者在德性的实现活动中确实把最好的东西(如勇敢、节制、正义、慷慨等德性)留给了自己,但这不是一般意义上的庸俗的利己主义者。有学者指出,以现代的道德理论评判古典德性幸福观是不恰当的,因为古希腊以德性为核心关切的幸福论本质上是一种自我生活完善的理论,其不存在个体与他人、城邦整体之间的紧张和冲突关系。因此,从柏拉图到亚里士多德,他们虽然重视城邦共同体对于个体幸福的重要意义,但其本质上是个体本位的,关注的是"自我"的完善化。
② 颜军:《马克思幸福思想研究》,北京:中国社会科学出版社,2019年版,第70页。
③ 张盾:《马克思的六个经典问题》,北京:中国社会科学出版社,2009年版,第334页。

用于所有社会的物质生产为基础的历史唯物主义视野,物质生活资料的生产与再生产构成了这种历史唯物主义的前提。这也是马克思在《德意志意识形态》以及《〈政治经济学批判〉序言》中集中表达的主题。二是以历史性为理论规定的历史唯物主义深层视野,这种唯物主义导向资本逻辑批判这一核心主题,这是从劳动价值论出发对资本交换与生产的批判分析,以揭示资本主义社会的拜物教思维,从而将马克思的思想与当时各种社会主义思潮区分开,建构科学社会主义理论。"①有学者将前者称为"广义历史唯物主义",将后者称为"狭义历史唯物主义"。广义历史唯物主义世界观和方法论的建构直接针对的是把社会历史的本质置放于思想、观念、精神等种种意识形态之中的"意识形态神话学",而将其植根于现实生活场域,其本质精神是唯物主义的。"这种历史观和唯心主义历史观不同,它不是在每个时代中寻找某种范畴,而是始终站在现实历史的基础上,不是从观念出发解释实践,而是从物质实践出发来解释各种观念形态。"②然而,历史唯物主义的唯物主义精神又内含社会历史性特质,缺失了社会历史性的唯物主义便无法通过广大的"政治区域",最终在历史观上必然重新陷入唯心主义,这是包含费尔巴哈在内的一切旧唯物主义方法论的必然归宿。因此,以此方法观照幸福,那么在历史唯物主义的视域中,幸福并不是脱离现实生活的主观想象和抽象思辨,而是内在于现实社会历史过程的生存方式的具体样态,其受制于一定的社会物质生活条件。康德的道德形而上学幸福观、黑格尔客观精神运动中的自由幸福观、青年黑格尔派的自我意识自由的幸福观以及费尔巴哈自然主义幸福观的缺陷便清晰地呈现出来。作为黑格尔哲学经济学上的表现形式,蒲鲁东等以神圣的"平等"范畴作为最高的幸福的经济学形而上学方法论注定也是主观世界的思辨游戏而已。"任何一种试图用某种永恒的,神圣的范畴或观念——无论此种范畴或观念是叫做自由、平等,还是叫正义、公平——来规定社会历史领域中作为基础的和本质的东西,都不能不从属于特定的意识形态幻觉。"③因此,神圣思想、观念、精神世界的基础一点也"不神圣",人们的物质生产和物质交往形成的现实生活过程是各种抽象幸福观念的世俗的根基。由此可见,马克思主义幸福观以广义历史唯物主义

---

① 仰海峰:《政治经济学批判中的历史唯物主义》,《中国社会科学》,2010年第1期。
② 《马克思恩格斯文集》(第1卷),北京:人民出版社,2009年版,第544页。
③ 吴晓明:《唯物史观的阐释原则及其具体化运用》,《中国社会科学》,2019年第10期。

为幸福奠定了一般原则。当然,马克思主义幸福观并没有一般性地探讨幸福问题,而是以具体的社会形态——资本主义社会为分析对象,在把握资本主义生产方式和交往方式规律性的基础上理解现实生活世界中的现实的人的现实生存境遇,从而为人民的现实幸福指明具体的道路。我们分别从历史唯物主义的双重视野具体分析马克思主义幸福观的方法论运用。

从理论的发展来说,马克思主义幸福观首先是对西方传统幸福观的批判,此种批判并不是直接的否定或抛弃,不是要否认寻求幸福生活的合理性,而是在对传统幸福观进行历史唯物主义的根本性改造基础上的积极扬弃。如前所述,西方传统幸福观虽然千差万别,流派纷繁复杂,但它们的思想基础和理论原则都是历史唯心主义。在所有的传统幸福观中,幸福一词总是带有强烈的感情色彩,表现为对幸福生活理想的热烈期盼,进而在历史唯心主义方法论的指导下建构了形形色色的幸福观体系,"解释世界"的幸福观致使幸福成了"空洞的抽象"。从幸福的总体性原则来看,马克思主义幸福观以现实的从事物质生产活动的人为出发点,从历史唯物主义方法论视角对传统幸福观的改造可以简要概括为三个"提升"。

第一,马克思主义幸福观把幸福提升到和社会生产力相联系的层次给予考察分析。

生产力是人们改造自然和利用自然的能力,每一代人在前一代人的基础上进行生产活动,"历史的每一个阶段都遇到一定的物质结果,一定的生产力总和,人对自然以及个人之间历史地形成的关系,……每个个人和每一代所遇到的现成的东西:生产力、资金和社会交往形式的总和,是哲学家们想象为'实体'和'人的本质'的东西的现实基础"[①]。全部人类历史的第一个前提就是人为了创造历史,必须能够生活,"第一个历史活动就是生产满足这些需要的资料,即生产物质生活本身"[②]。因此,生产力是构成社会存在和发展的物质基础,是实现人的幸福的根本物质力量,离开社会生产力的发展水平谈论幸福,必然将幸福思辨化和抽象化,从而将幸福变为人的主观意愿和内在的心理感受。幸福虽然具有主观性的一面,但其实现具有客观的物质条件,人们在吃、喝、住、穿等物质需求没有得到满足的情况下便不能从事发展和完善的其他活动,正如恩格斯所说,"追求幸福的欲望只有极微小的

---

[①] 《马克思恩格斯文集》(第1卷),北京:人民出版社,2009年版,第544-545页。
[②] 《马克思恩格斯文集》(第1卷),北京:人民出版社,2009年版,第531页。

一部分可以靠理想的权利来满足,绝大部分却要靠物质的手段来实现"①。社会物质生活状况同时还决定着人的幸福的水平和层次。前现代社会由于生产力水平低下,人只在狭窄的范围内发展自己,个人还是地域性的个人,社会关系也囿于人的依赖关系的限度之内,因此个人虽然显得比较丰富,但只是"原始的丰富性",实质上是贫乏的,幸福因而表现为低层次的。现代社会生产力的巨大发展为人的幸福提供了丰富的物质条件,人成为独立的个人,其幸福的水平得到提升,然而异化、物化的生存方式依然不是人的幸福的最高境界,只有到了生产力极大发展、集体财富的源泉充分涌流的共产主义社会,才能实现每一个人自由而全面发展的幸福状态。由此看来,历史上的传统幸福观由于脱离社会生产力的发展水平谈论幸福,其结果便是"空中的楼阁"。空想社会主义幸福观之所以是"空想",根本原因就在于将幸福建立在没有物质基础的乌托邦想象之中,而粗陋的共产主义在看不到生产力发展的语境下,把平分现有的社会财富作为"最大的幸福","平分财产或通过平等劳动而极为有限地增加一部分人人平等享有的财富,是幸福概念的全部内容"②,最终陷入禁欲主义的泥潭,走向了历史的反动。因此,马克思主义幸福观把幸福提升到与生产力相联系的高度考察分析,在生产力的发展水平上给予考量,避免了把幸福教条化、抽象化和机械化,而将其现实化、具体化。

第二,马克思主义幸福观把幸福提升到和社会生产关系相联系的层次给予考察分析。

列宁曾经指出,马克思主义所使用的方法"就是从社会生活的各个领域中划分出经济领域,从一切社会关系中划分出生产关系,即决定其余一切关系的基本的原始关系"③。社会生产关系是人们在生产过程中形成的相互联系,其核心要素是生产资料归谁所有即所有制,它决定人们在生产过程中的地位和产品的分配。一方面,人与自然之间的关系即生产力发展水平是社会生产关系形成和发展的基础,有什么样的生产力发展水平就有什么样的生产关系;另一方面,人们之间只有结成一定的社会生产关系才有他们对自然的关系,孤立的个人在社会之外生产是"罕见的",鲁滨逊漂流记之类的故

---

① 《马克思恩格斯全集》(第21卷),北京:人民出版社,1965年版,第332页。
② 周仲秋:《马克思恩格斯平等思想研究》,《政治学研究》,2004年第1期。
③ 《列宁全集》(第1卷),北京:人民出版社,1984年版,第107页。

事只是虚幻的美学想象。就幸福来说,只有站在生产关系的高度,我们才能科学分析阶级社会中被统治阶级不幸的根本原因,才能彻底揭露笼罩在普遍幸福承诺上的虚伪性和虚假性,才能清晰地把握各种阶级调和论的幸福之路的不可信和不可行。在阶级社会中,社会生产关系具有对抗性,一部分人的幸福建立在绝大部分人不幸的现实基础之上,而绝大部分人不幸不是因为个人的原因,而是由社会生产关系导致的,生产资料私有制是现实不幸的根源。因此,阶级社会中的幸福对于被统治阶级来说如果不是虚幻的想象,也只有有限的水平,因为权利绝不能超出社会的经济结构及其所决定的社会文化的发展。在社会生产关系的视角下,我们可以清晰地看到古希腊德性幸福观中的幸福主体只能是统治阶级,而奴隶、农民、手工业者、商人等被统治阶级是无权染指此种体现人的高贵的幸福的。正如恩格斯在批判费尔巴哈旧唯物主义幸福观脱离社会生产关系,以合理的利己主义道德抽象地谈论每个人都有追求幸福的平等权利时所深刻指出的:"在古代的奴隶和奴隶主之间,在中世纪的农奴和领主之间,难道谈得上追求幸福的平等权利吗?被压迫阶级追求幸福的欲望不是被冷酷无情地和'由于正当理由'变成了统治阶级的这种欲望的牺牲品吗?"①与古代社会赤裸裸地剥夺被统治阶级获得幸福权的表现形式不同,文艺复兴、启蒙运动以来,思想家们把幸福权作为天赋人权赋予每一个人,普遍幸福的承诺在资产阶级取得政治统治权后,其资产阶级的属性便暴露无遗,对于无产阶级和广大人民群众来说,理性化为滑稽,幸福化为痛苦,由理性的胜利建立起来的社会制度竟是一幅令人极度失望的讽刺画。"自从资产阶级在反对封建制度的斗争中并在发展资本主义生产过程中不得不废除一切等级的即个人的特权,而且起初在私法方面、后来逐渐在公法方面实施了个人在法律上的平等权利以来,平等权利在口头上是被承认了。……由于资本主义生产所关心的,是使绝大多数权利平等的人仅有最必需的东西来勉强维持生活,所以资本主义对多数人追求幸福的平等权利所给予的尊重,即使一般说来多些,也未必比奴隶制所给予的多。"②关于幸福的精神手段、教育手段等方面的情况也是一样的。资产阶级争取幸福权的斗争同时也伴随着无产阶级对于幸福的追求,不同历史阶段的空想社会主义者们或从乌托邦的文学虚构,或从无产阶级革命

---

① 《马克思恩格斯全集》(第21卷),北京:人民出版社,1965年版,第332页。
② 《马克思恩格斯全集》(第21卷),北京:人民出版社,1965年版,第332页。

本能的表现，或从资产阶级的经济学等学说中探寻最能促进人类幸福的普遍劳动原理、财富公平分配原理乃至废除私有制的要求。由于历史的局限性，空想社会主义者们对于无产阶级和广大劳动人民群众的幸福内涵的理解以及通往幸福之路的把握具有不完善性，但他们却具有巨大的历史进步意义，为马克思主义幸福观的诞生提供了理论来源，从而为更高级的社会生产关系基础上的人的真正幸福奠定了基础。因此，只有把幸福与社会生产关系结合起来予以考察分析，我们才能够把握幸福的性质、现实不幸的根源以及实现幸福的现实路径。

第三，马克思主义幸福观把幸福提升到和社会生产方式相联系的层次予以考察分析。

一定的生产力发展水平和一定的历史阶段上的生产关系的统一构成特定的社会生产方式，生产力和生产关系的矛盾运动构成社会生产方式的内在矛盾，正是社会生产方式的内在矛盾运动使得社会形态的发展过程呈现为自然历史过程。物质生活的生产方式制约着整个社会生活、政治生活和精神生活的过程，这也使得人的幸福不是主观意识、思想领域的随意想象和任意构造，而是随着社会生产方式运动及其变革而不断发展的，有其客观性和必然性。在马克思主义视域中，任何一种幸福观念和幸福要求都是由一定的社会生产方式所决定的，都是从社会生产方式的内在的矛盾运动中产生的。正是在社会生产方式不断进步的历史过程中，幸福的主体和内涵不断完善，幸福水平不断提升，人的发展愈自由和全面。社会生产方式的内在矛盾运动使得人的原始丰富性的简单幸福状态转化为现代社会复杂而又充满幸福悖论的异化物化幸福状态。同样地，资本主义生产方式的内在矛盾运动必然导致更高阶段的社会主义生产方式和共产主义的产生，从而使其克服资本主义生产方式中人的异化物化幸福状态，为人的幸福提供社会条件，人的终极的幸福追求才最终得以实现。从原始生产方式、奴隶制生产方式、封建社会生产方式、资本主义生产方式到共产主义的社会生产方式发展过程中，人的幸福也随之发生变革。由此也可以看出，幸福的最终实现奠定在社会生产方式不断进步的漫长的历史过程之中，社会生产方式的变革表现为自然历史过程，与此相适应，人的幸福的实现过程也表现为不以人的主观意志为转移的客观过程。因此，只有把幸福与社会生产方式联系起来考察分析，我们才能够在社会形态的演变和社会发展过程的规律性的基础上把握幸福本身的规律性,才能最终在发挥主观能动性和运用客观规律性的有机统一中实现人的真正幸福。

马克思主义把人的幸福置放在生产力、生产关系和生产方式的统一过程中予以考察分析克服了历史唯心主义方法论视域中将幸福看作永恒的,适合于任何时代和任何情况的形而上学弊病,从而在历史唯物主义方法论中说明了人的幸福的历史性特征,是主观和客观、绝对与相对的统一。人的幸福虽然受制于一定历史阶段的生产力发展水平和与之相适应的生产关系的性质,但是同时也使得人的幸福在社会生产方式的进步中不断拓展空间,从潜在的幸福变为现实的幸福,把可能性转变为现实性。马克思主义的历史唯物主义方法论为其考察分析幸福提供了可靠的方法论根基,确定了考察分析幸福的基本原则。然而,马克思主义对于幸福的考察分析并未止步于此,并不满足于一般地谈论幸福(若以唯物史观的阐释原则仅仅一般地形式地谈论幸福,缺乏对现实社会具体内容的透视,就会有把幸福再次抽象化的理论危险),而是将理论和实践的重心置放于对资本逻辑构造的现实社会中幸福的内在逻辑予以深刻分析,从而在人的解放语境中为无产阶级和广大人民群众的现实幸福探寻出路。

现代资本主义社会同历史上的社会形态一样是社会内在矛盾运动的产物。如何看待资本主义社会幸福状况及其发展趋势?在不同的方法论指导下便会得出不同的结论。古典经济学是现代社会结构中形成的众多科学中的一门,它运用经验唯物主义方法(有学者将其称为社会唯物主义方法)得出资本主义生产方式是实现社会普遍幸福的最自然、最自由的社会形态。与社会契约论从先验政治哲学层面论证社会形成的内在论思路不同,古典经济学从经验可观察到的社会现象出发,从外在的经济关系论证现代社会是一个商业型的社会,而对社会的这一理解是在从先验哲学方法论到经验唯物主义方法论的转变中实现的。现代社会是以交换和劳动分工为基础形成的,在这个社会中分工把各个人的资源作为共同资源加以利用,在交换过程中每个人都实现了最大化的幸福。古典经济学鼻祖斯密把资本主义工商业的发展看作有利于增进公众幸福的极其重要的革命——"幸福革命"。在这个社会中,虽然存在贫富差距,但在古典经济学看来,社会虽没有平等地分配社会财富,但平等地分配幸福,"在人类生活的真实幸福组成的世界里,他们即穷人无论在哪个方面并不劣于那些看似在他们之上的人。拥有舒适的身体和平和的心态,所有不同阶层的生活都接近于一个水平,在公路边晒太阳的乞丐,拥有历代国王为之奋斗的安全"①。换言之,穷人和富人在幸福上是均等的。更重要的是,斯密虽然看到了社会三大阶级之间的矛盾和冲突,但是他认为这些矛盾冲突是非根本性的、表层的。"那么在商业竞争的市民社会中,在商品与收入、劳动与资本的自由交换中,'看不见的手'以最有益于人类幸福的方式自动解决了这些冲突。因此,斯密虽然看到了市民社会中所具有的矛盾性,却将和谐作为市民社会的本质,实现了对资本主义生产方式合理性的论战。"②古典经济学的最后代表人物李嘉图对资本主义生产方式矛盾的分析甚至深入"资产阶级制度生理学"之中,但他仍然认为资本主义生产方式是最自然的永恒的社会制度。为什么古典经济学把资本主义生产方式当作实现人类幸福的永恒的自然的制度呢?在马克思看来,除去古典经济学的阶级立场之外,其重要原因是古典经济学的方法问题,他们不能对现代资本主义生产方式的核心"资本"做出正确的理解。"政治经济学家们没有把资本看作是一种关系。他们不可能这样看待资本,因为他们没有同时把资本看作是历史上暂时的、相对的而不是绝对的生产形式。"③由于缺乏历史唯物主义的"历史性"视野,古典经济学把资本理解成物,把资本与劳动之间的关系理解为人与物之间的关系,因而必然把资本主义的生产看作永恒的,并将其推广至所有社会形式。一些社会主义者如李嘉图派社会主义者运用古典经济学理论和方法批判资本主义,争取劳动者的幸福,但由于与古典经济学共享相同的方法论前提,最终只能寻求"最能促进人类幸福的财富分配原理"。

面对同样的资本主义生产方式,马克思以历史唯物主义的"历史性"思想为方法论基础深入资本逻辑的分析之中,科学分析了现实社会中人的幸福现实及其发展规律。我们在马克思主义幸福思想的发展轨迹中已经指明马克思主义充分肯定资本主义生产方式对于人的幸福的巨大促进作用,但同时又指出这是一个充满幸福悖论的时代。马克思主义的判断不只是基于经验的描述,而更是运用科学的方法论逻辑严密地分析得出的结论。历史

---

① 李荣梅、陈湘舸:《论马克思主义的幸福本质与幸福构建》,《马克思主义研究》,2012 年第 1 期。
② 王代月:《斯密的市民社会理论:马克思借以回到现实的经济学环节》,《哲学研究》,2015 年第 12 期。
③ 马克思:《剩余价值理论》(第 3 册),北京:人民出版社,1975 年版,第 301 页。

唯物主义一般原理的核心是物质生产活动是社会历史运动发展过程的发源地，它构成一切社会的基础。但如果仅仅以此原理来观察具有特殊性质的资本主义社会就会得出与古典经济学基本相同的结论，认为资本主义生产方式是永恒的。与此不同，马克思主义运用历史唯物主义的"历史性"原则分析具体的现实的资本主义社会，"历史性"原则是马克思主义观察分析资本逻辑的方法论前提。在此方法论指导下，马克思主义认为，作为资本主义社会轴心的资本与劳动的关系不是简单的物和人的关系，而是特殊历史阶段的生产关系，换言之，政治经济学批判所研究的对象具有历史性特征，资本不是物，而是一定的社会生产关系（如果把资本理解成劳动资料、劳动对象等具体的物，那么就无法区别资本与其他时代的差异，从而掩盖了资本的特殊性）。如此，我们便能理解马克思主义对古典经济学的批判："经济学家们的论证方式是非常奇怪的。他们认为只有两种制度：一种是人为的，一种是天然的。封建制度是人为的，资产阶级制度是天然的。……于是，以前是有历史的，现在再也没有历史了。"[①]而在马克思主义看来，资本主义生产方式同样是历史的，是一定历史发展阶段上的特殊社会形态。正是在此种方法论的指导下，马克思主义发现了现实社会中工人的不幸现象不是偶然的，而是资本逻辑的必然表现形式，资本主义私有制是其社会历史根源。资本不断增殖的生活本能必然不把工人当作人，将其所有的时间都转化为劳动时间。服从于资本增殖需要的生活是不幸的，而走出不幸的苦难世界既不靠宗教虚幻幸福的自我麻醉，也不靠资本家的恩赐，而是靠资本逻辑内在矛盾运动过程所造就的社会现实中工人阶级的革命斗争，建立以每个人自由而全面发展为基本原则的新社会，从而为人的解放和幸福创造生产资料公有制及其相适应的分配制度、政治制度等社会条件。由此可见，马克思主义把历史唯物主义方法论与资本逻辑的分析（政治经济学批判）有机结合起来，最终得出在共产主义（科学社会主义）新的生产方式中实现无产阶级和广大人民群众的现实幸福的结论。由此我们也可以得出如下结论：幸福是马克思主义整个理论的内在追求，历史唯物主义双重视野下科学的方法论是实现这一追求的根本保证。

---

① 《马克思恩格斯全集》（第44卷），北京：人民出版社，2001年版，第99页。

## 二、马克思主义幸福观的辩证叙事方法

历史唯物主义双重视野方法论解决了马克思主义以处于一定社会历史阶段从事物质生产活动的现实的人为根本出发点观照幸福的根本立场、核心意涵以及实践路径即"谁之幸福""何谓幸福""何以幸福"等幸福观的基本问题,马克思主义幸福观的整体形象得以形塑,其内在结构在其观察幸福的立场、观点和方法相互贯通中得以形成。从马克思主义幸福观单纯内容研究来说,此时的任务已经基本完成。然而,从马克思主义幸福观形式研究来说,研究的任务才刚刚开始,一方面,马克思主义叙述幸福的基本特点是"零散""隐晦",缺乏"直接性""系统性"和"完整性",另一方面,马克思主义关于幸福很少从正面肯定地展开陈述,而是表现出否定叙事、批判叙事等特性。换言之,马克思主义幸福观并不像传统幸福观叙事那样平铺直叙,清晰明了,而是充满了辩证的张力结构。因此,在把握马克思主义整体理论特征的前提下,结合马克思主义幸福叙事的特点,将马克思主义幸福观看似零散的幸福阐释系统化,不仅是马克思主义幸福观研究的重要维度,而且也是我们在马克思主义宏大的理论体系中系统梳理马克思主义幸福观的重要手段。

纵观西方源远流长的幸福思想史,其主流的叙事方法是从正面的、肯定的维度平铺直叙地阐释"什么是幸福"以及"如何获得幸福",呈现为一目了然的显性叙事逻辑。传统幸福观的主要价值旨趣是解释"什么是至善"以及"如何谋得至善",实现人生的自足、圆满,换言之,至善圆融的幸福理想是教导人如何获得幸福的学问。因此,传统幸福观的首要任务是要回答"幸福是什么",即幸福的定义的问题,而为了回答这一问题,就要搞清楚"人是什么"。对人的本质问题的不同理解,产生了理性主义幸福观和感性主义幸福观。自柏拉图和亚里士多德以来,幸福观研究的两条线索主导了之后的幸福观的研究方法,即理性主义方法和经验主义方法。然而,无论是理性主义幸福观还是感性主义幸福观,在把握人的本质之后的任务都是阐释幸福的具体内涵,随之向大众阐明通往幸福之路便是水到渠成的叙事逻辑。我们可以从传统幸福观的三位代表性人物亚里士多德、康德和费尔巴哈的幸福论中清晰地看出此种幸福叙事方法。(1)亚里士多德德性幸福论的叙事方法。亚里士多德是古典德性幸福论的典型代表,其在《尼各马可伦理学》《政

治学》等著作中集中阐释了一整套清晰明了的德性幸福论。亚里士多德以作为目的的善得出幸福是最高善之后,便从人与动植物的区别中把理性作为人的本质,从而把幸福界定为"灵魂的合乎德性的实现活动",以德性完成幸福的解释任务后,根据德性的不同类型指出"幸福的获得"要靠习惯的养成和自身的努力,随之以立法学的需要过渡到对幸福的政体条件探讨——政治学,进而从城邦整体角度进一步阐明幸福的内涵以及通往幸福之路。(2)康德道德形而上学幸福论的叙事方法。康德虽然声称"道德学根本就不是关于我们如何谋得幸福的学说,而是关于我们应当如何配当幸福的学说。……人们决不应该把道德学本身当作幸福学说对待,亦即当作如何享有幸福的指导对待;因为道德学仅仅处理幸福的理性条件[conditio sine qua non(必要条件)],而不处理获得幸福的手段"①,然而,正如费尔巴哈所说,"在康德哲学中,对于幸福的追求就没有被否定,而只是把它放到后面,放在末尾,而不是放在开端;在他的哲学中,当履行义务时,便把对于幸福的追求加以撇弃,并且把幸福的动机看为是某种不纯洁的东西,不让这种动机混入到义务的履行中去"②。无论康德哲学是指导人获得幸福的幸福学还是配享幸福的道德学,其幸福叙事线索是直接明了的。康德把人看作感性和理性的综合体,在实践理性分析论中,以此为根据划分以经验原理为根据的幸福和以理性原则为根据的道德两个领域,强调道德的至高无上性,而在实践理性辩证论中,康德为了追求至善,便把幸福和道德辩证统一起来,在意志自由、灵魂不朽、上帝存在三公设中实现趋于宗教境界的幸福。(3)费尔巴哈感性主义幸福论的叙事方法。费尔巴哈恢复了唯物主义的权威,在其关于幸福的专文《幸福论》中批判康德、黑格尔把意志自由思辨化、抽象化,认为自然的感性是人的根本特性,意志的本质不是先验的抽象自由,而是实在的对幸福的追求,从而把幸福界定为"生命本身就是幸福",进而在合理的利己主义道德语境中,在个人幸福和他人幸福的和谐一致中阐明通往幸福之路。总之,正面的、肯定的幸福叙事方式旨在以一定的价值目标为标尺,指引个人认识什么是真实的幸福以及如何才能获得真正意义上的幸福。

马克思主义幸福叙事的方式显然和传统幸福观的主流叙事方式不同,

---

① 康德:《实践理性批判》,韩水法译,北京:商务印书馆,1999年版,第142页。
② 《费尔巴哈哲学著作选集》(上卷),北京:生活·读书·新知三联书店,1959年版,第589-590页。

马克思主义不仅没有关于幸福的"专著""专论",而且在马克思主义经典作家们的著作中尤其是历史唯物主义形成之后,关于"幸福"的字眼都不多见。马克思主义"告别"传统幸福叙事主流方式是由马克思主义幸福观的特质决定的,"这正是马克思幸福论的殊异之处:它不是对'什么是幸福'这样的问题提供普遍答案的纯粹理性思辨,而是侧重于寻求回答'是什么引起不幸,以及这种状况的特征是什么'"[①]。马克思、恩格斯彻底放弃了对于幸福脱离现实的"就幸福论幸福"的幻想和空谈,因而极力避免抽象地定义幸福,列出构成幸福的主观因素和客观因素,以此悬设幸福的理想状态作为个人价值追求的目标。与之相反,马克思、恩格斯改变了探究幸福的视角和思考幸福的提问方式,从个人转向社会,分析造成普遍不幸的社会历史根源,从而为每个人的幸福创造必要的社会条件。因此,马克思主义幸福观的价值诉求和功能定位不是"解释"世界,而是"改造"世界,其幸福观的现实主义特性必然要求客观地研究社会普遍不幸现象的原因及其发展规律,同时批判地分析其他幸福观的合理性和历史局限性,最终在批判不幸的"旧世界"中发现幸福的"新世界"。需要强调的是,在马克思主义看来,即使在幸福的"新世界"中,幸福也不是一种静止的抽象状态,而是动态的具体过程,体现于展示人的本质力量的自由活动之中。马克思主义幸福观的特质决定了马克思主义幸福观的叙事方式和语言风格必然是否定叙事和肯定叙事、批判叙事和建构叙事、理论叙事和实践叙事的辩证结合。

否定叙事和肯定叙事的辩证结合。波兰哲学家亚当·沙夫依据理论研究的出发点的不同,把幸福研究的具体方法划分为"肯定的"方法(the positive approach)和"否定的"方法(the negative approach)。肯定的研究方法从幸福的肯定维度出发,"辨别构成个人幸福主观状态的各种成分,规定为幸福所必备的福利要点",从而为幸福的定义即什么是幸福以及怎样才能获得幸福提供普遍、有效准的答案,而否定的研究方法则从"不幸"出发,提问的方式是何种因素引起了不幸以及如何克服这些因素以达到幸福。否定的研究方法决定了其幸福叙事方式是以社会的不幸现实为研究的出发点。马克思、恩格斯没有从幸福的正面进行叙事,而是从不幸出发。恩格斯在《英国工人阶级状况》《论住宅问题》等著作中通过实地调查揭示了英国工

---

[①] 王燕:《论马克思"否定的幸福观"及其实践智慧——以亚当·沙夫的幸福方法论为视角》,《南京师大学报(社会科学版)》,2015年第2期。

人阶级和广大人民群众的苦难生活,进而探讨其不幸的根源,以此为逻辑展开幸福叙事。青少年时期的马克思在树立为全人类幸福而奋斗的职业理想后,就在否定性和肯定性的比较之中说明幸福时代的特征是风尚纯朴,官吏廉洁,科学和艺术繁荣,人民自由,而在博士论文中,马克思认为在必然性中生活是不幸的事,由此在自我意识的自由中阐明幸福的自由内涵。在《莱茵报》工作时期,马克思为穷苦大众的不幸遭遇而呐喊,也由此产生了"苦恼的疑问"。在从政治经济学中解剖市民社会时,马克思发现了劳动的异化,劳动者在劳动中不是感到幸福,而是感到不幸,不是自由地发挥体力和智力,而是肉体受折磨,精神遭摧残,他在异化劳动和私有财产相互制约中找到异化劳动的根源及其克服的办法,初步在政治经济学批判中把经济学、哲学和共产主义统一起来。历史唯物主义方法论形成之后,马克思以此分析现实的资本主义社会,《资本论》及其手稿,从一方面来看,是对资本逻辑运动规律的叙事,从另一方面来看,是对资本主义时代具体的现实的人——工人阶级的不幸遭遇及其现象学批判的叙事,通过深入资本主义的生产关系内部,最终在资本内在矛盾运动中实现人的自由而全面的发展,彻底改变资本逻辑中人的不幸生活状况。"马克思主义幸福论就是'一种为幸福所必需的社会条件的理论'。它在资本支配下的人的现实生活世界中考察幸福,不仅找出了普遍大众苦难的原因,而且指出了获得幸福的手段,这就是组织和动员无产阶级联合起来反对一切阻碍他们幸福的东西。"[1]从马克思主义幸福观的形成过程和内在逻辑可以看出,马克思主义幸福观的叙事方式不是把否定叙事和肯定叙事割裂开来,孤立地看待否定叙事和肯定叙事,而是把否定叙事和肯定叙事辩证结合起来。一方面,马克思主义直面现实世界中的不幸现象,分析不幸现象的根源;另一方面,在否定的幸福叙事中辩证地阐述肯定的幸福的具体样态以及通往幸福之路。如果把马克思主义幸福观的否定叙事方式和肯定叙事方式对立起来,只看到其中的一面,就会误解甚至曲解马克思主义幸福观的本义,就有可能把马克思主义幸福观看作抽象的幸福观或者将其相对化,使得马克思主义幸福观失去评判个体和社会幸福与不幸的根据。只有将马克思主义幸福观中的两种叙事方式有机统一起来,我们才能真正把握马克思主义幸福叙事的辩证结构。历史上也有以幸福的

---

[1] 王燕:《"幸福"的两种研究方法——兼评亚当·沙夫的幸福方法论》,《道德与文明》,2015年第5期。

否定方面为出发点研究幸福的幸福观,但是其幸福的肯定方面不是从否定的方面发展而来,而是脱离社会历史语境的主观想象和美好愿望,因而依然是抽象的。由此可见,一方面,马克思主义幸福观的特质决定了马克思主义否定叙事和肯定叙事的幸福叙事方式,另一方面,马克思主义幸福观的否定和肯定相结合的辩证叙事方式也彰显了马克思主义幸福观的科学性、战斗性和优越性。

批判叙事和建构叙事的辩证结合。从理论本身的逻辑来看,马克思主义幸福观是在批判性地继承其他幸福观的基础上形成的,马克思主义经典作家从理论批判的视角批判了宗教幸福观的虚幻性、唯心主义幸福观的抽象性和旧唯物主义幸福观的直观性,在幸福叙事方式上坚持批判叙事和建构叙事的辩证统一,"破"中有"立","立"中有"破"。在批判宗教幸福观的基础上,马克思确立了废除作为人民虚幻幸福的宗教,就是要求人民的现实的幸福的基本原则,强调在宗教批判的前提下推进对尘世、法和政治的批判,把幸福从天国拉回人间,从虚幻拉回现实。当转向政治经济学批判后,马克思持续地批判了古典经济学把资本主义自然化、永恒化的和谐幸福论调,指出其意识形态的基本属性。如在《1844年经济学哲学手稿》中,马克思指出,"大多数人遭受痛苦的社会是不幸福的,社会的最富裕状态会造成大多数人遭受这种痛苦,而且国民经济学(总之,私人利益的社会)是要导致这种最富裕状态,那么国民经济学的目的也就是社会的不幸"①。在《资本论》及其手稿中,马克思批判斯密把安逸看作幸福,而把劳动看作牺牲和不幸时,从正面论述了自由幸福的劳动的特性。马克思持续地批判古典经济学的过程的同时又从理论逻辑上阐明资本逻辑的运动规律,证明资本主义生产方式的暂时性、历史性,从而为实现人的自由而全面发展的幸福生活寻找出路。在历史唯物主义的形成过程中,马克思、恩格斯集中批判了德意志的"意识形态",这些"意识形态"把幸福观念化、抽象化,因而在对意识形态家们尤其是费尔巴哈的自然的、感性的人本主义幸福观的批判上强调要从现实的人、处在一定社会关系中从事物质生产活动的人考察人的解放和幸福,要靠革命斗争而不是"震撼世界"的词句和内心的隐忍获得现实的幸福。在历史唯物主义形成之后,马克思、恩格斯又集中批判无产阶级运动内部如空

---

① 《马克思恩格斯文集》(第1卷),北京:人民出版社,2009年版,第122页。

想社会主义幸福观、蒲鲁东经济学的形而上学幸福观、基督教社会主义幸福观等种种抽象幸福观,坚持用马克思主义科学的幸福观分析现实的资本主义社会中工人的不幸及其根源,从而指导无产阶级和广大人民群众争取幸福的斗争。总之,马克思主义幸福观理论建构的重要维度是对一切旧幸福观的批判性继承,马克思主义幸福观的基本立场观点的叙事得以在这种批判叙事的逻辑中建构。

马克思主义幸福叙事的否定叙事和肯定叙事、批判叙事和建构叙事都统一于马克思主义幸福叙事的实践逻辑之中,脱离了马克思主义幸福观改造不幸福世界的行动立场,我们就不能真正理解马克思主义幸福观的独特性,就会把马克思主义幸福叙事当作另一种形而上学意义上的永恒幸福的抽象理论建构,就会严重遮蔽马克思主义幸福观的现实主义品格。因此,我们必须把马克思主义幸福观的否定叙事和肯定叙事、批判叙事和建构叙事、理论叙事和实践叙事有机统一起来,才能真正深层次地理解马克思主义幸福观的真蕴,才能真正深刻地把握贯穿其中的立场、观点和方法,才能在掌握马克思主义幸福观的内在结构的基础上真正运用其立场、观点和方法观察和分析我们这个时代的幸福问题!

# 第四章
# 马克思主义幸福观的当代效应

马克思主义幸福观形成于资本主义现代性矛盾比较充分显现的时期,其以科学的方法论观察和研究了资本主义生产方式中人之幸福悖论的生存境遇,把超越资本逻辑语境的生存困境、自由地表现自己的生命活动、实现人的自由全面发展的合乎人性的生存方式作为幸福最核心的关切,并指明了实现幸福理想的主体、动力和道路。20世纪尤其是二战以来,西方发达国家科学技术发展迅猛,劳动生产率极大提高,物质生活条件显著改善,西方社会逐步进入了"丰裕社会"即发达工业社会。丰裕社会阶段的人的生存状况与马克思主义经典作家所处的历史时代发生了一定的变化,人们不是直接地在贫困和对象的丧失中感受不幸福,感到"肉体受折磨,精神遭摧残",而是在日益富足和安逸的生活中"乐此不疲",沉湎和陶醉于异化、物化的生存方式。西方马克思主义理论家根据资本主义的新变化,以马克思主义相关理论为坐标,从哲学的、心理学的、社会学的、美学的等多学科视角揭示现代人生存方式的不幸的本质,深刻分析了阻碍人幸福的种种消极因素,阐明了幸福是什么以及如何才能获得幸福。

西方马克思主义内部流派众多,纷繁复杂,由于时代背景和审美取向的不同,对于幸福是什么以及获得幸福的途径的理解也各不相同。但总的来说,西方马克思主义的幸福观是在西方特定社会历史语境中对人的存在方式的深刻反思基础上形成的,奠基于对现代性的普遍问题的批判性的把握上,因而在差异之中又存在着共同性。西方马克思主义幸福观一方面继承发展了马克思主义幸福观的相关理论,另一方面一定程度上又在幸福观的基本问题上偏离甚至歪曲了马克思主义幸福观,需要我们以马克思主义的基本立场审视西方马克思主义幸福观。同时,随着中国特色社会主义进入新时代,新时代人民的美好生活需要日益提升,西方马克思主义幸福观对于人的幸福美好的存在方式的探寻也具有一定的借鉴意义,需要从中国立场出发吸收其合理因素。正如习近平总书记所说,对国外马克思主义研究新成果,我们要密切关注和研究,有分析、有鉴别,既不能采取一概排斥的态度,也不能全盘照搬。因此,从马克思主义立场和中国立场的双重视野审视西方马克思主义幸福观不仅有利于我们客观评价西方马克思主义幸福观的理论贡献和理论局限性,而且有利于马克思主义幸福观中国化和新时代人民美好生活的实践。

# 第一节　西方马克思主义幸福观的基本逻辑

### 一、西方马克思主义幸福观的核心意涵

　　幸福观是西方马克思主义宏大理论体系的有机组成部分,它本质上关注的是现当代资本主义社会中人的现实生存境遇。从理论自身发展的逻辑来看,西方马克思主义对人的生存方式的关注是西方哲学的现当代转型的必然结果。西方哲学经历了从具有概念普遍性和最高抽象思维的"本体论"逐步转向了对人的现实生活的观照即"生存论"。"现当代西方哲学,如果不是干脆拒斥所谓'本体论'研究,那么至少也是极大改变了对'存在'进行研究的方式;在方法上,摆脱了理性思辨式的、概念体系化的叙述,摆脱了基础主义和本质主义的思维模式;在对象上,尤其聚焦于人的'存在',关注人的'存在'的过程展现,即人的生活、生存样态;乃至有些哲学家干脆在核心范畴的表述上,也从承载着深厚西方哲学传统的'存在'(be),转而使用'生存'(exist)之类范畴。"[①]与此哲学范式的转型相适应,西方马克思主义理论家深刻反思发达工业社会中人的现实生存状况,也正是在对这种现实生存境遇的反思中,西方马克思主义理论家揭示了此种生存方式的反幸福本质,从而进一步澄明他们心目中真实的幸福应该是一种什么样的生存样态。那么,现代人处于一种怎样的生存境遇之中呢?

　　西方马克思主义理论家对现代人生存境遇的分析充分运用并拓展了马

---

① 陈学明:《西方马克思主义对人的存在方式的研究》,《中国社会科学》,2018年第4期。

克思早期理论中的核心概念——异化,从异化理论出发多维度、多视角地批判了发达工业社会人类文明的困境和现代人的异化和物化的生存境遇。众所周知,"异化"理论是马克思早期思想的主导范式,是马克思批判资本主义私有制的主要思想武器。经过马克思改造过的德国古典哲学的重要概念"异化"获得了新的内涵,那就是资本主义私有制导致了主客体关系的颠倒,原来属于人本身的东西从人那里分化脱离成为独立的存在并控制人。具体表现在资本主义私有制导致了人和人的本质相分离,人劳动的产物不是人的本质力量的展示而是控制人的异己物,从而导致人与人的幸福相疏离。存在普遍异化的资本主义社会显然不是一个幸福的社会,生活在这个社会中的人也不会是幸福的人。因此,幸福意味着异化的扬弃,意味着人的本质的回归以及人对自己本质力量的全面占有,这是超越资本主义异化不幸福社会的未来社会的主导价值取向。西方马克思主义理论家在马克思经典异化理论的基础上,"一方面,他们在很大程度上拓宽了异化和物化现象的涵盖范围,从马克思所说的具体劳动产品拓展到包括技术、机构、理性、艺术、文化等在内的人类所有创造物;另一方面,他们特别深化了马克思关于人的自我异化的思想,对现代人的生存方式的深层的、严重的异化做了深度的分析。相比之下,后一方面思想更为深刻,因为它切中了现代性背景下人类文明危机和困境的核心问题,即现代人的生存悖论"①。西方马克思主义的开山鼻祖卢卡奇开启了以"异化"及其相关概念"物化"来描述人的存在状态的进程,人成了"物"的存在,人与人之间的关系同样是以"物"来形塑的,只不过是一种"物"与另外一种"物"之间的联系。这种异化、物化的存在方式首先表现在劳动的抽象化和可计算的合理化之上,劳动已不再是人的本质、人的幸福的所在,而是人的物化表现所在。劳动的物化形成了人的物化意识,渗透到人的日常生活的方方面面,"正像资本主义制度不断地在更高的阶段上从经济方面生产和再生产一样,资本主义发展过程中,物化结构越来越深入地、注定地、决定性地沉浸入人的意识里"②,西方马克思主义理论家以"殖民化""一体化"等概念描述了工具理性、生产理性、技术理性对人的规制和塑造。

---

① 杜松石:《关于现代人生存悖论和自我异化的深层反思——论西方马克思主义和东欧新马克思主义的异化批判思想》,《苏州大学学报(哲学社会科学版)》,2020年第2期。
② 卢卡奇:《历史与阶级意识:关于马克思主义辩证法的研究》,杜章智、任立、燕宏远译,北京:商务印书馆,2009年版,第6页。

西方马克思主义理论家认为,现代人的异化、物化的生活最主要地体现于消费主义的生存方式之中,人通过消费领域而不是生产劳动领域获得生存的幸福体验,这种生存方式本质上是一种"占有"生存方式,把人塑造为"单向度"的人。从常规思维来说,发达工业社会作为丰裕型社会,社会生产力极大发展,物质财富空前富足,人们可以一定程度上摆脱生存必然性的谋生活动而在创造性的自我实现活动中过着自由的幸福的生活。然而现实恰恰相反,当代资本主义社会中的人们把幸福与无休止、无限度的物质消费联系起来,在不停顿的满足异化消费需要活动中寻找人生的意义,认为这才是真正的幸福所在。法国思想家鲍德里亚在《消费社会》一书中对此形象深刻地指出,"我们处在'消费'控制着整个生活的这样一种境地。所有的活动都以相同的组合方式束缚,满足的脉络被提前一小时一小时地勾画了出来。'环境'是总体的,被整个装上了气温调节装置,安排有序,而且具有文化氛围。这种对生活、资料、商品、服务、行为和社会关系总体的空气调节,代表着完善的'消费'阶段。其演变是从单纯的丰盛开始,经过商品连接网,到行为与时间方面的总体影响,一直到内切于为了城市的系统气氛网"[①]。法兰克福学派主要代表人物之一的马尔库塞指出,当代科学技术的迅猛发展并没有减轻人的异化、物化状况,并没有提升人的主体性,恰恰反之,人的异化、物化程度愈益向内加深。不同于传统工业社会时期工人被强制地整合进社会系统,不管这种手段是经济剥削还是政治压迫,而在发达工业社会中的人则"心甘情愿"地被同化到社会系统和消费系统之中,因而他们丧失了否定的、批判的意识,成为"单向度"的人。单向度的思想的人与物化的"消费人格",从而成为现行生产体系的"肯定力量",而非"否定力量"。把物质消费当作幸福的唯一源泉,可见人的异化、物化程度之深,人把自身降低到"消费机器"的一般物的层次。美国人本主义思想家弗洛姆从异化的性格结构和心理结构,并从哲学的高度把这种生存方式称为"占有"(have)的生存方式。"对于重占有的生存方式来说,关键的不是这样或那样的占有对象,而是重'占有'的整个心态。一切都可以是欲望的对象,如日常用品、财产、礼俗、好的行为、知识和思想。这些东西本身并不'坏',但是如果它们阻碍了我们的自我实现,如果我们固守这些东西,使之成为限制我们自由的锁

---

① 鲍德里亚:《消费社会》,刘成富、全志钢译,南京:南京大学出版社,2014年版,第5页。

链,那这些东西就变成坏的了。"①而在这种占有型生存方式中,人的主体地位被消解,沦落为与物同样的存在,人与物之间的主客体关系被置换成物物之间的关系。"在'占有'这一生存方式中,我与我所拥有的物之间不存在有生命的关系。它和我都成了物,我拥有它,因为我具备占有它的力量。但是,这种关系也可以倒过来讲:它拥有我,因为我对自己的认识,即对心智健全的认识是建立在我占有它(以及尽可能多的东西)的基础之上。'占有'这一生存方式并不是通过主体与客体之间一种生命力的、创造性的过程建立起来的,它使客体和主体都成为物。两者之间是一种僵死的关系,而不是有生命力的关系。"②由此也就可以理解,在这种生存方式中,人们会把幸福理解为占有和消费,而不会把幸福理解为创造性活动的自我实现。弗洛姆的批判,让我们自然地想起马克思对人的异化存在方式的揭露:"你的存在越微不足道,你表现自己的生命越少,你拥有的就越多,你的外化的生命就越大,你的异化本质也积累得越多。国民经济学家把从你的生命和人性中夺去的一切,全用货币和财富补偿给你。"③所不同的是,马克思是对国民经济学禁欲主义道德的批判,而弗洛姆等西方马克思主义理论家是对发达工业社会中人的消费领域异化的批判。高消费的生存方式必然伴随着高生产的生产方式,因而必然导致本已脆弱的生态系统遭受巨大的压力,造成人与自然之间关系的高度紧张,生态幸福越来越远离人们。生态主义的马克思主义理论家如莱斯、福斯特、佩珀等人激烈批判了消费主义导致生态的失衡进而直接危及人类现在和未来的幸福。"生态学马克思主义理论由此批评消费主义价值观和生存方式颠倒了需要、商品、满足和幸福的关系,必然导致人与人、人与社会、人与自然关系的异化和生态危机。"④

  西方马克思主义理论家从理论上描述了现代人的生存方式,更从本质上揭示了这种生存方式不是一种幸福的而是一种不幸的生存方式,从而期望在揭露真相的基础上启蒙大众识别资本主义生产方式的反幸福本质。当阅读马克思主义经典作家的文本时,无论这种文本是早期的、中期的还是晚期的,从马克思、恩格斯对资本主义私有制下人的生存状况的描述中,我们

---

① 弗洛姆:《占有还是存在》,李穆等译,北京:世界图书出版公司,2015年版,第52页。
② 弗洛姆:《占有还是存在》,李穆等译,北京:世界图书出版公司,2015年版,第65页。
③ 《马克思恩格斯全集》(第3卷),北京:人民出版社,2002年版,第342页。
④ 王雨辰:《论西方马克思主义的问题逻辑及当代价值》,《马克思主义与现实》,2021年第4期。

可以直接感受到资本主义生产方式的反幸福本质,工人处于直接现实性的不幸之中,如早期的异化逻辑,后期的《资本论》及其手稿中大量的对劳动环境等损害工人生命健康的揭示,工人的全部时间都转变为劳动时间而没有自由活动时间的悲惨遭遇,马克思曾借用但丁《神曲》而将资本主义工厂形容为"人间地狱"。相比之下,"当今世界,从表面上看,许多人的生活是十分富足和舒适的,对一些人来说,对受消费主义模式的支配并不是完全不知道,问题在于,他们并没有感到这样生活有什么不好,而是陶醉于这样的生活方式,沉湎于这种只在消费领域寻求满足的存在方式",西方马克思主义理论家指出,这是消费主义意识形态化的必然结果,是资本主义统治形式变化的必然产物,发达工业社会中的人成了现行政治经济文化体制的"一体化"的人。进而言之,"西方马克思主义的理论家不仅刻画了当今人类究竟生活在什么样的状态、这种生活状态究竟具有怎样的特征,即'物化'和'单向度',而且,他们在此基础上着重揭示了人们生活在这样的状态下并不是真的十分幸福,这样的生活并不是人应当过的生活。西方马克思主义认为,这种状态是不幸的,关键在于这里所满足的只是一种'虚假'的需要,而且这种满足也只是一种'虚假'的满足"[①]。马尔库塞将此种状况称为"不幸的欣快症"。鲍德里亚更是指出,"富裕、'富有'其实只是幸福的符号的积累。物品本身提供的满足感等同于模拟飞机,等同于美拉尼西亚人缩小了的模型,也就是反映了潜在的极大满足、十足的富裕以及最终受到圣迹显示者背后的狂喜。其强烈的批判使得日常生活的平庸得以延续。这些最小的满足还只是一些驱魔做法,还只是一些获取、祈求完全舒适与幸福的方法"[②]。这种生存方式之所以是不幸的,只是"幸福的符号的积累",是因为它从根本上满足的不是人的真实的需要,而是虚假的需要,是资本逻辑不断增殖的"牺牲品"。马尔库塞区分了人的"真实的需要"和"虚假的需要",这里的"虚假"并不是这种需要是不存在的、虚构出来的,而是指其是由资本不断增殖的逻辑刺激出来的,"现行的大多数需要,诸如休息、娱乐、按广告来处世和消费、爱人之所爱与恨人之所恨,都属于虚假的需要这一范畴"[③]。更为严重的是,丰裕社会中消费主义生存方式的盛行导致消费的奢侈化、符号化、身份化,消

---

[①] 陈学明:《西方马克思主义对人的存在方式的研究》,《中国社会科学》,2018年第4期。
[②] 鲍德里亚:《消费社会》,刘成富、全志钢译,南京:南京大学出版社,2014年版,第8页。
[③] 马尔库塞:《单向度的人——发达工业社会意识形态研究》,刘继译,上海:上海译文出版社,2014年版,第6页。

费带来的所谓满足和享受成为消费者的幸福所在,由此也导致消费的畸形化,使得大量的自然资源浪费在异化的消费上,导致生态危机的日益严重化。由此可见,这种生存方式不是健康的生存方式,这种社会不是"健全的社会"(弗洛姆语),无止境的占有欲望、消费欲望严重妨碍了人们对于幸福美好生活的理解。西方马克思主义理论家通过批判性地分析揭示这种生存方式,指出病态的社会颠倒了人与物之间的关系,在"总体异化""日常生活异化"(列斐伏尔语)、消费异化等种种异化形式语境下,成为发达工业社会"附属品"的人毫无幸福可言,同时解构了消费主义意识形态所抽象设置的消费与幸福之间的必然性链接。人的无止境的欲望是无法满足的,在恶的循环中人收获的只能是"虚假的幸福",实质上则是不幸。"西方马克思主义的异化理论的价值在于深刻地揭示了当代资本主义现代化虽然带来了生产力的发展和物质财富的增加,但并没有给人们带来自由和幸福,相反带来的是更加全面的控制压抑,是人屈从于物,人的身心分裂、自我意识和独立人格的丧失"[1]。

西方马克思主义理论家以是否符合人性作为幸福与否的衡量标准,从总体上论证了发达工业社会中人的异化、物化生存方式不幸的本质,进而从多维度阐释了理想中的幸福生存状态。西方马克思主义理论家之所以判定异化、物化的生存是不幸的,其根本标准在于人自身。以人的本性、人的本质作为参照,因而有利于人性发扬的,实现人的本质的生存方式就是幸福的,而抑制人的本性,阻碍人的本质力量展现的生存方式便是不幸的。以此观之,异化、物化的生存方式中,人的幸福是被压抑的、虚假的和被控制的。"西马在积极言说幸福的同时,敏锐地发觉人类的生存状态与生活环境令人担忧,一些潜能遭到压抑,一些自由被控制,即使人们得到一些快乐,却发现它们是诱骗他们放弃思想的香饵。"[2]具体来说,异化、物化的生存方式压抑了人的幸福。有些西方马克思主义理论家借用弗洛伊德的精神分析理论指出,现代文明压抑了人的本能,这种压抑的程度和文明的发展程度相一致。马尔库塞以基本压抑和额外压抑的双重压抑来描绘发达工业文明中人的不幸,人被规训得丧失了爱欲,而枯燥单调的工作进一步压抑了本能,否定了人的快乐。"他们是在异化中工作。……力比多被转到对社会有用的操作

---

[1] 王雨辰:《论西方马克思主义的问题逻辑及当代价值》,《马克思主义与现实》,2021年第4期。
[2] 李进书、吴金娥:《西方马克思主义的幸福观》,《河北大学学报(哲学社会科学版)》,2015年第4期。

上去,在这些操作中,个体从事着同自己的机能和需要根本不协调的活动。"①被压抑了本能的人丧失了反抗能力,成为社会体制的顺从者和奴仆。异化、物化的生存方式获得的幸福是虚假的幸福。"统治者惯用的伎俩是给予大众一些所谓幸福,使他们误认为生活在公正、自由的幸福场所,从而陶醉于这些幸福中,随波逐流,坚定地维护社会制度。在西马看来,统治者主要借助两个载体为大众提供幸福:大众文化与消费品。大众文化带给大众欢声笑语,消费品满足了大众的物欲与虚荣心,而大众从这两种事物中收获快乐,体会所谓的主体性推崇。"②我们在分析消费主义意识形态时已经指明,这里需要强调指出的是现代大众文化带给人们廉价幸福的虚假性。大众文化改变了传统文化的精英主义倾向,它以肤浅性、娱乐性显得接近大众、和蔼可亲,因而能够给大众带来欢声笑语,被大众视为现代社会的"福音"。然而这种快乐幸福是廉价的、虚假的,它让人们误以为生活在幸福的社会中。阿多诺、布洛赫等人认为,这种大众文化看似启蒙实则是反启蒙的,其虚构的快乐幸福使大众失去判断力,从而在顺从中感受所谓的快乐幸福。异化的、物化的生存方式中的幸福还是被控制的幸福。发达工业社会中人们的幸福看似是自己主动选择的,实则背后隐藏着一系列的控制手段。消费主义意识形态、大众文化等已经表明这一点,这些手段不是传统直接的经济政治统治,而主要是文化意识形态上的隐性控制。它不仅在人们的工作中如此,在人们的日常生活领域体现得更为明显,列斐伏尔的日常生活批判、哈贝马斯的生活世界理论等是对此种状况深刻的批判。西方马克思主义理论家们对人们真实的生活样态的批判蕴含着他们对于理想幸福状态的理解。理想的幸福状态首先是人是有独立思考能力的人,从而彰显人的主体性在场的生活。西方马克思主义理论家揭示了现代性的科学技术等合理化的意识形态遮蔽了人们独立思考的能力,使人成为现行体制的奴仆,丧失了否定性思维、批判意识,甘愿在异化、物化的生存方式中获取廉价的快乐幸福,从而成为"单向度"的人。事实上,人同时具有肯定性思维和否定性思维,而最能表明人的独立性的是否定性思维,在意识形态浓厚的现代生存语境中,否定性思维的"拒绝"能够让人识别真相,复活爱欲,打破压抑和控制,

---

① 马尔库塞:《爱欲与文明》,黄勇、薛民译,上海:上海译文出版社,2005年版,第33页。
② 李进书、吴金娥:《西方马克思主义的幸福观》,《河北大学学报(哲学社会科学版)》,2015年第4期。

进而体味真实的幸福。对此,阿多诺特别强调否定之否定的非同一性原则的极端重要性,"非同一性的认识想说出某物是什么,而同一性思维则说某物归在什么之下、例示或表现什么以及本身不是什么"①。换言之,同一性思维表征人的肯定与赞同意识,而非同一性思维则表征人的独立思考能力,哈贝马斯称之为"意识的觉醒"。理想的幸福状态是一种人的感知能力、本能欲求得以释放,凸显人的自由和创造性的生活。西方马克思主义理论界深刻揭示了发达工业社会中人的感性认知、本能欲求被压抑控制的非人性状况,人的自由被压制,人的创造性活动在异化、物化的生存方式中只能是"虚无"。因此,真正的幸福存在于感性的丰富、本能的释放之中,存在于人的生命活动的创造性和自我的创造,这是一种积极的自由的存在状态,以爱去工作,发展人的自由个性,充分实现人的潜能,这样的人便是"健全的人",是重"存在"而不是重"占有"的"新人","在重存在的生存方式中,幸福就是爱、分享和奉献"②。最后,理想的幸福状态还是一种在公正包容的共同体中个人幸福与社会幸福并行不悖的生活。西方马克思主义理论家揭示了在异化、物化的生存方式中人不仅把自己当作"物",而且也把他人当作"物",全面异化的生活导致自我幸福和他人幸福的相互冲突,人与人之间充斥着竞争、欺骗和不信任。而在新的共同体中,每个人是平等的,人与人之间通过民主协商、诚信沟通联结成为有机共同体,依靠交往理性、承认理性(霍耐特)建构的伦理生活共同体是人们实现幸福的重要场域。总之,西方马克思主义理论家在对当代人的异化、物化生存方式的批判中描绘了合乎人性的幸福图景,阐明了西方马克思主义幸福观的核心意涵。

## 二、西方马克思主义幸福观的幸福之路

如何获得幸福即通往幸福之路是任何种类的幸福观都要回答的核心问题,而对于关注现实生活中种种不幸的幸福观类型来说,探究造成不幸的原因或根源是回答通往幸福之路的前提条件,因为只有找准"病灶",才能够"对症下药"。在马克思主义幸福观视域中,马克思、恩格斯正是深入资本主义生产关系内部发现造成包括资产阶级在内的人的普遍不幸的根源不在于个人,而是在个人以外的社会关系和社会条件中——资本逻辑主导的资本

---

① 阿多尔诺:《否定的辩证法》,张峰译,重庆:重庆出版社,1993年版,第146页。
② 弗洛姆:《占有还是存在》,李穆等译,北京:世界图书出版公司,2015年版,第68页。

主义生产方式。在此基础上,马克思、恩格斯秉持"改变世界"的哲学精神,在怎样实现幸福的问题上提出在存在对抗性的阶级关系和阶级结构的社会中,不是靠"假想的妥协和虚伪的合作",而是靠千百万无产者联合起来进行坚决而彻底的革命斗争,只有与造成普遍不幸的社会根源作斗争,才能够最终实现每个人自由而全面的发展的幸福理想,在自由时间的运用中把占有它的人变为"另一主体",从而使人的生活呈现自由的、合乎人性的生存样态。对于处在发达工业社会时代语境中的西方马克思主义理论家而言,幸福之路的探寻的首要障碍是人们并不认为异化的、物化的生活是不幸的,恰恰相反,大众普遍认为这是一种"幸福"的生存方式。"资本主义的统治方式的一个重要特征就是可以控制人的意识、心理和本能结构,接受资本主义条件下人的存在状态和接受整个社会是一体乃至自我相互促进的。既然当代资本主义社会的人们是'自动地'把统治的意识形态变成自己的意识形态,会遵循统治的要求来实现自己,会把痛苦的生活当作幸福的生活来领悟,把不幸的境遇当作舒适的境遇来接受,那么,人是否就没有希望、没有出路的呢?"①为了寻找幸福的出路,西方马克思主义理论家在充分揭示异化、物化的生存方式的不幸本质进而发挥其"启蒙"作用的基础上,必须深入分析造成这种不幸的生存方式的根源。

绝大多数的西方马克思主义理论家把当代人不幸的生存境遇归根于资本主义制度,尤其是社会运行中占主导地位的资本逻辑以及由资本逻辑导致的经济理性、计算理性、工具理性等"不合理"的理性对生活世界的全面入侵。当代资本主义社会进入了一个相对稳定的历史发展时期,科学技术进步,社会财富增加,生活水平改善,然而在西方马克思主义理论家看来,这并不意味着当代资本主义社会已经消除了矛盾,成为无矛盾的理想社会,更不意味着历史终结于资本主义的"自由""民主",恰恰相反,资本主义的新变化并没有改变资本主义社会的基本矛盾,只不过资本主义的基本矛盾已经转变为"社会生产生活总体化、一体化发展趋势与人的个性化、自由发展要求之间的矛盾",因而如何将人从资本逻辑主导下的总体异化的生存境遇中解放出来,恢复人的批判意识便成为人的自由、解放和幸福的前提和基础。如生态学马克思主义者认为,资本主义在本质上是"反生态"的,生态危机的根

---

① 陈学明:《西方马克思主义对人的存在方式的研究》,《中国社会科学》,2018年第4期。

源就在于资本主义制度,资本主义生产方式是人们通过高消费寻求幸福的根本原因,而高消费导致高生产,因而对业已脆弱的生态系统造成巨大压力,法兰克福学派认为在资本不断追求利润增长的动机支配下全面控制人的生活,从而压抑了人的本能。资本逻辑还导致了经济活动中的经济理性、计算理性、工具理性侵入人们的日常生活之中,全面统治了人的生活世界。科技理性的异化、消费主义意识形态的盛行都是其表现形式。绝大多数西方马克思主义理论家认同资本主义制度是异化、物化不幸生存境遇的根源,但是在超越此种不幸生存境遇的道路选择上却与马克思主义幸福观的实践路径大相径庭。总体上看,面向资本主义统治向微观生活领域的延展,他们不是从经济政治制度的革命性变革的角度批判资本主义,寻求人的幸福,而是转向了艺术、文化、意识形态等上层建筑领域的批判,"从对资本主义制度进行总体性政治经济改造的'宏观政治'转向以改变人们日常生活中的欲望结构和习惯结构为目的的'微观政治';从宣扬工人阶级核心地位和霸权地位的'阶级政治'转向以各种不同群体(阶级、民族、种族、宗教、性别、世代)作为多元化主体建立联盟为政治目标的'联盟政治'"[①],期望通过艺术与审美救赎,重塑合理形态的理性,恢复人的批判意识,改变人的性格特征和心理结构,形成人的自主意识和独立人格。由此可见,一方面,西方马克思主义理论家同马克思主义一样,把人的不幸生存境遇归结为资本主义生产方式,其幸福观贯穿着对当代资本主义制度的批判尤其是资本逻辑批判,另一方面,西方马克思主义理论家在幸福之路的选择上从资本主义生产方式内部的矛盾运动转向了资本主义生产体系的外部"异域"批判。

西方马克思主义理论家设定的首条幸福之路是发挥艺术审美救赎功能。西方马克思主义最显著的特征之一就是转向文化与美学政治,"最常为西方马克思主义所密切关注的……是远离经济基础、位于等级制度最顶端的那些特定的上层建筑层次","焦点是文化。在文化本身的领域内,耗费西方马克思主义主要智力和才能的,首先是艺术"[②]。艺术是人类的思维中个性化和能动性的特有表现形式,同时是表达主体意愿和能力的重要方式。西方马克思主义理论家提出了"艺术拯救说","艺术是幸福的许诺",他们把

---

① 张盾:《马克思的六个经典问题》,北京:中国社会科学出版社,2009年版,第368页。
② 安德森:《西方马克思主义探讨》,高铦、文贯中、魏章玲译,北京:人民出版社,1981年版,第96—97页。

实现幸福的路径寄托在艺术的反抗性和解放功能之上。在本雅明、阿多诺、马尔库塞等法兰克福学派思想家看来，艺术是具有自律性的领域，拥有"自治权"，它是对抗被压抑、被控制的不幸生存方式的乌托邦力量。本雅明认为现代性危机体现在艺术领域，艺术作品灵韵的本真性被艺术作品的实用性代替，艺术的膜拜价值转向了展示价值，但也正是在传统艺术衰落的过程中孕育着人类解放和幸福的新的条件。阿多诺则认为，必须借助于"新艺术"而不是意识形态化的大众文化与艺术垃圾才能照亮人们的生活，它能够彻底摆脱外部世界的干扰和支配，不顺从异化社会的整体性规则，同时能够揭露异化、物化的不幸生存方式的本质，具有抽象性、深奥性和个性的艺术作品正体现了艺术对现实社会的反抗性，可以说，艺术是现实社会的"反题"，这是"审美意义上"的批判性超越。马尔库塞同阿多诺一样，认为艺术的真正价值在于对现代社会的体制与规范的"不顺从""不妥协"，在发达工业社会意识形态笼罩下的资本主义异化社会语境下，幸福被控制和压抑，只有艺术尚蕴含着人性之中没有被控制和异化的潜能，因而其具有改造异化、物化的不幸生存方式的可能，为此提出了通过艺术和审美塑造具备"新感性"的人，解放人的爱欲，从而为人的幸福之路奠定了坚实的人性论基础。在把艺术审美救赎功能作为实现幸福之路的西方马克思主义理论家内部亦有分歧，这里涉及的是对"艺术"的形式及其发挥作用场域的不同理解。不同于阿多诺、马尔库塞强调艺术的自律性特征，把艺术作品当作"现实的控诉"和"自由的呼唤"，列斐伏尔、德波等西方马克思主义理论家主张打破艺术自律性，从而将艺术付诸人们日常生活的变革，换言之，艺术不是和现实社会相疏离的自律性创作，而是可以直接介入现实生活，与资本逻辑宰制的现实社会相对抗的生命的创造性活动。"生活艺术假定，作为一个整体的生活，日常生活，应该成为一种艺术作品，一种能让他自己快乐起来的艺术作品。"①由此可见，列斐伏尔、德波等西方马克思主义理论家以日常生活的生命的自主创造活动代替特指的艺术作品创作，改变艺术的"曲高和寡"，让艺术"飞入寻常百姓家"，以日常生活作为对象，通过生活的艺术化激发无产阶级个体突破资本的统治和实现自身的解放。以艺术介入现实，以日常生活的艺术化激发个体的生命创造潜能的新生活样态，超越资本主义异化、物化

---

① 列斐伏尔：《日常生活批判》(第1卷)，叶齐茂、倪晓辉译，北京：社会科学文献出版社，2018年版，第184页。

的不幸生存方式,应对资本逻辑对日常生活的"微观渗透"和"全面统治",便是列斐伏尔、德波等西方马克思主义理论家提出的不同于阿多诺、马尔库塞的审美救赎新路径。然而,不管如何理解艺术的特性及其发挥作用的场域,西方马克思主义理论家们都把艺术看作享有自治的"异在体",其象征、隐喻等审美形式具有反抗各种控制因素和压抑力量的功能,同时能够激发人们的想象,规划美好幸福的未来,这也正是西方马克思主义理论家坚信艺术能够改变异化、物化的不幸生存方式从而实现人们幸福的根本途径。

  西方马克思主义理论家寄希望于改变经济理性、工具理性等不合理的理性形态,转而以交往理性、生态理性等理性的合理形态建构幸福的生存方式。理性主义是西方的主流思想形态,启蒙运动以来更是把理性提升到至高无上的地位。随着资本主义的不断发展,理性的工具化和意识形态化导致了一系列的社会问题,当代社会的经济理性、工具理性等不合理的理性形态使得人们陷入了异化的、物化的不幸生存方式。因此,西方马克思主义理论家主张以理性的合理形态重构人们的生存方式。哈贝马斯提出以交往理性对抗工具理性对生活世界的"殖民化""一体化",从而以"交往行为理论"为核心建构了一整套社会改革方案。哈贝马斯认为,为建立人们之间平等、合理的交往,必须以语言沟通作为交往行为的规范性基础,"只有交往行为模式把语言看作一种达成全面沟通的媒介。在沟通过程中,言语者和听众同时从他们的生活世界出发,与客观世界、社会世界以及主观世界发生关联,以求进入一个共同的语境"[①]。在此基础上,通过主体之间的民主协商建立以"主体间性"为特征的人与人之间新的交往模式。生态学马克思主义者认为,资本主义的危机实质上是生态危机,资本逻辑主导下的"计算和核算、效率至上"的经济理性原则导致整个的资本主义生产以掠夺自然、破坏环境为代价,"任何一个企业都对获取利润感兴趣。在这种情况下,资本家会最大限度地去控制自然资源,最大限度地增加投资,以使自己作为强者存在于这个世界市场上"[②],从而引起"不可逆转"的生态危机,"资本主义的趋势是自我毁灭并步入危机"[③]。这也导致了消费主义价值观的生存方式错误地把

---

[①] 哈贝马斯:《交往行为理论:行为合理性与社会合理化》,曹卫东译,上海:上海人民出版社,2004年版,第95页。

[②] André Gorz. *Ecology as Politics*, South End Press, 1980, p.5.

[③] 奥康纳:《自然的理由——生态学马克思主义研究》,唐正东译,南京:南京大学出版社,2003年版,第382页。

幸福等同于商品、欲望的满足。因此,生态学马克思主义者提出以生态理性代替当前的经济理性,使社会主义符合生态理性而不是经济理性,建构生态社会主义。在生态理性的指导下,当代人改变之前对自然界的无穷索取,从追求无限度的消费的"量"转变到注重讲究消费的"质",从而改变之前的"越多越好"的生存方式,代之以"适可而止"的简约生存方式。"更少生产,更好生活"的生态学马克思主义价值观念实质上是以"分散的小生产"方式与当代资本主义无限度的生产方式相抗衡,以此使人从异化的、物化的生存方式之中解放出来。

西方马克思主义理论家还期望通过改变异化心理机制和性格结构,建构"健全的社会",塑造幸福生存方式中的"健全的人"。西方马克思主义理论家认为,一个健康的合理的社会的根本标志在于这个社会不仅是一个生产发展、物质丰裕、生活闲适的社会,更应该是一个能够充分展示人的个性,不断促进人的全面发展的社会。恰恰相反,当代资本主义社会并未能够把物质条件和精神手段运用于人的幸福,反而以各种意识形态化的手段让人处于异化、物化的不幸生存方式中,人格扭曲,人性丧失,异化、物化已经渗透到人的性格和心理层面。弗洛姆把这样的社会称为"不健全的社会",马尔库塞将其称为"病态的社会""单面型的社会",而列斐伏尔则称其为"总体异化的社会"。西方马克思主义理论家相当擅长把马克思主义的理论与当时社会流行的各种社会思潮和思想相互结合,比如弗洛姆把马克思主义理论与弗洛伊德的心理学结合起来,从心理机制和性格结构角度批判现实的异化、物化生存方式,从而努力探寻一条能够改变异化心理机制和性格结构的幸福生存方式。弗洛姆认为:"逃避自由"只能导致集权专制,只有积极的自由才能充分发挥人的潜能,使人成为"健全的人","健全的人"是指"富于建设精神、没有异化的人;他与世界友好地联系在一起,用理性客观地把握现实;他体验到自己是一个独一无二的个体存在,与此同时,又感到同他人联系在一起;他不屈从于非理性的权威,而乐于接受良性和理性的合理的权威;只要活着,他就在不停地自我完善,并且把生命这一赠礼当成他宝贵的机会"[1];社会也就成为"健全的社会","在这个社会里,没有人是别人用来达到其目的的工具,每一个人总是毫不例外的自为目的,因此,每个人都仅只

---

[1] 弗洛姆:《健全的社会》,孙恺祥译,上海:上海译文出版社,2011年版,第233页。

为了展示自己作为人的力量这一目的而利用他人或自己,人是中心,一切经济的和政治的活动都服从于人的成长这个目标"①。为此,弗洛姆提出通过经济、政治、文化的改革方案,实现人的幸福目标。这是一种改变了占有型的心理机制和性格结构的人和社会,这种在"健全的社会"中"健全的人"的生活改变了异化的、物化的生存方式,实现从"占有"的生存方式向"存在"的生存方式的转变。

此外,西方马克思主义理论家还提出"完善伦理生活""建构文化共同体",提出从资本主义生产逻辑中摆脱出来,在"游戏""消遣""表演"等真正体现人的自由存在活动中实现人的幸福生存样态。相较于对人的不幸生存境遇批判的深刻性,西方马克思主义提出的通往幸福之路往往被称为"书斋里的学问""乌托邦的想象",但这并不意味着西方马克思主义幸福之路的探寻毫无意义和价值。通往幸福之路绝非坦途,而是充满荆棘,然而希望总是在将来,正如布洛赫所说,"希望深深植根于追求幸福的冲动之下,因而,希望是不可摧毁的"②。

总之,西方马克思主义理论家借助马克思主义幸福观及其相关理论,结合不同时期的种种社会思潮和思想,深刻分析了当代资本主义社会的新变化,深入揭示和批判了"看似"幸福的现代人生存样式本质上体现的人的异化、物化的不幸生存境遇,进而在探究这种不幸生存境遇原因和根源的基础上,探寻通往幸福的解放之路。我们对待西方马克思主义幸福观的科学态度,应该是站在马克思主义立场和中国立场之上,既不能"一概排斥",也不能"全盘照搬",而是"有分析""有鉴别",积极汲取其有益的成分。

## 第二节 西方马克思主义幸福观的双重审视

### 一、西方马克思主义幸福观的马克思主义立场审视

马克思主义幸福观作为一种以历史唯物主义的科学方法关注人的现实

---

① 弗洛姆:《健全的社会》,孙恺祥译,上海:上海译文出版社,2011年版,第234页。
② 布洛赫:《希望的原理(第一卷)》,梦海译,上海:上海译文出版社,2012年版,第556页。

生存境遇，批判资本逻辑语境下人的不幸生存状况，展望未来人的自由幸福的生存方式的理论，始终发挥着重要的历史作用，它不仅在社会主义国家具有根本性指导的意义，而且在西方世界依然具有当代的效应。"马克思主义在西方不是作为指导思想而存在，但这并不意味着马克思主义在西方不存在。在资本主义国家，马克思主义作为一种左翼思潮和社会批判理论，作为一种社会病理诊断，始终以其建设性力量参与了世界历史的理性塑造。"[①]这里所说的在"西方存在"的马克思主义就是西方马克思主义，而西方马克思主义幸福观直接体现了马克思主义幸福观在西方的影响力，也体现了马克思主义幸福观在西方的当代在场性。

众所周知，西方马克思主义是在反对第二国际技术还原论、经济决定论等种种机械地理解马克思主义的倾向中产生并不断发展的，认为马克思主义应该关注人的现实生存境遇，关注人的自由解放问题，一句话，马克思主义从根本上来说是关心人的幸福生存问题的人道主义理论。西方马克思主义继承了马克思主义关注现实和批判精神的传统，从开山鼻祖卢卡奇批判现实人的物化生存境遇开始，不断拓展现实批判的领域，揭示了理性异化、消费异化、科技异化、日常生活异化等异化现象所造成的人之幸福的失落现象，尤其是在资本主义统治形式发生新变化的时代语境下，意识形态统治模糊了人们对于幸福的真理性认知，错把不幸的生存方式当成幸福的生存方式，西方马克思主义对于真正属于人的幸福的深刻洞见和智慧之思便具有了重要的理论和实践价值。

然而，西方马克思主义幸福观一方面继承了马克思主义幸福观的某些精神，这是西方马克思主义幸福观与马克思主义幸福观的"同"，但是另一方面西方马克思主义幸福观又在关于幸福观研究的方法、内涵、主体、道路等方面某种程度上偏离甚至歪曲了马克思主义幸福观的基本立场、观点和方法，这是西方马克思主义幸福观与马克思主义幸福观的"异"，需要我们以马克思主义的立场给予考量。正如有学者所指出的，"他们所提出的社会变革方案并没有使他们找到一条行之有效的解决幸福问题的现实道路。整体来看，他们否定马克思主义的社会革命理论，所提出的反抗方式与策略只是局限在反对科学技术、文化批判和意识形态的层面，散发出浓厚的历史唯心论

---

① 陈曙光：《文化精神与马克思主义的生存逻辑——理解"两个结合"的另一个视角》，《天津社会科学》，2022年第1期。

和乌托邦色彩,这就注定这些方案不能从根本上触及并改变现行的资本主义制度,因而无力解决人的幸福问题"①。对于马克思主义来说,历史重要性的一度在于改变资本逻辑中人的不幸生存境遇,实现人的自由全面发展的幸福生活,科学社会主义的主要功能是解决实现此种幸福生存方式的物质基础、根本动力和依靠力量。在这一点上,西方马克思主义幸福观的片面性和局限性便暴露无遗,从卢卡奇重视无产阶级阶级意识和总体性意识起,西方马克思主义就将精力置放于人的意识的自我调控上,从主观意识的变革、爱欲的解放、日常生活的艺术化等微观领域看待所谓的"救赎"问题。这也注定了西方马克思主义及其幸福观可能更多的是"震撼世界的词句",而在改变现实面前却显得软弱无力。众多的西方马克思主义流派"你方唱罢我登场"的实践也证明了这一点。"毋庸讳言,这些人物和流派大多只是昙花一现,比如黑格尔主义的马克思主义、法兰克福学派、弗洛伊德主义的马克思主义、新实证主义的马克思主义、存在主义的马克思主义、结构主义的马克思主义、女权主义的马克思主义、后现代马克思主义等等,匆匆登台又匆忙谢幕,不过是'五分钟明星'。"②之所以如此,这与西方马克思主义幸福观总体上背离了马克思主义观察和看待幸福的历史唯物主义根本方法有极大关系,西方马克思主义理论家甚至武断地认为历史唯物主义在后工业社会时代已经失效,纷纷提出"重建"乃至抛弃马克思主义的历史唯物主义方法论,而代之以西方传统和现代伦理学的、心理学的、社会学的等方法。

由于西方马克思主义总体上背离了历史唯物主义方法论,因而其研究幸福的起点便是抽象的人性论中的人,而不是处在一定历史阶段和社会关系中的现实的人,这遮蔽了幸福的历史性特征。众所周知,《关于费尔巴哈的提纲》和《德意志意识形态》是马克思、恩格斯世界观转变时期的重要著作,也是马克思、恩格斯看待幸福的重要转折点。在此之前,马克思在确立为人类幸福而奋斗的普罗米修斯式的幸福理想后,在对宗教的虚幻幸福和异化劳动的不幸的批判中,其理论的出发点总体上还是人本主义视域中"抽象人",而在此之后,马克思、恩格斯明确指出,"我们开始要谈的前提不是任意提出的,不是教条,而是一些只有在臆想中才能撇开的现实前提。这是一

---

① 种海峰:《马克思的幸福理论及其当代价值》,《马克思主义研究》,2012年第11期。
② 陈曙光:《文化精神与马克思主义的生存逻辑——理解"两个结合"的另一个视角》,《天津社会科学》,2022年第1期。

些现实的个人,是他们的活动和他们的物质生活条件,包括他们已有的和由他们自己的活动创造出来的物质生活条件"[①]。因此,幸福总是处在一定社会关系、一定社会历史阶段中的人的幸福,它不是永恒的,而是历史的。马克思、恩格斯还以此批判了费尔巴哈抽象人性论中的感性主义幸福观和蒲鲁东的政治经济学的形而上学方法论下的抽象幸福观。西方马克思主义明确拒绝马克思主义历史唯物主义方法论视野下的人性论,明确反对人的本质"在其现实性上"是"一切社会关系的总和"的论断,拘泥于心理学的、社会学的、伦理学的方法论,把人理解为抽象的人道主义视域中的人。因而,西方马克思主义者普遍重视的是马克思的早期异化理论并以此批判人的现实生存境遇,其最终得出的结论便是现实的人是不幸的,是违背人性、不人道的,真正的幸福就是恢复人的本性。"人们开始沉浸于对'人性'、人道主义和异化的关注,以此来抨击当前非人道的现实,人本主义的义愤开始泛滥,人学开始变得狂热,似乎马克思主义的本真形态就是人本主义的,社会主义就真的成为人道主义的现实实践了。"[②]这样的幸福必然是非历史性的,陷入了传统幸福观看待幸福的历史唯心主义窠臼。

  在幸福内涵的理解上,西方马克思主义割裂了马克思早期和中后期幸福思想的整体性,以异化思想构建微观领域的幸福生存方式,未能把握马克思主义幸福观的真实内涵。西方马克思主义理论家普遍重视《1844年经济学哲学手稿》中的"异化"思想,当《1844年经济学哲学手稿》面世的时候,西方马克思主义理论家欣喜若狂,认为这才是真正的马克思,并以异化的人本主义思想贬抑马克思中后期的思想。与此相适应,西方马克思主义理论家以异化思想作为工具,分析人们消费、心理、日常生活等微观领域的异化现象,把这些领域异化现象的消除作为幸福的真实意涵。西方马克思主义理论家刚开始非常重视异化劳动不幸的思想,后来逐渐走向了对劳动本身的批判,彻底否定了马克思主义的劳动幸福观。我们知道,在马克思主义那里,劳动幸福是马克思主义幸福的核心内容,是人的自由而全面发展的重要标志。自《1844年经济学哲学手稿》中马克思提出从异化劳动的不幸到实现人的本质的自由自觉的活动的过程就是人的异化扬弃的过程之后,劳动

---

[①] 《马克思恩格斯文集》(第1卷),北京:人民出版社,2009年版,第518-519页。
[②] 程广丽:《人性论的解读路径:马克思的视角及其意义——从西方马克思主义人性论的方法论缺陷谈起》,《理论探讨》,2016年第2期。

幸福便一直是马克思关注幸福的核心内容,这也成为马克思批判资本主义反幸福本质的基本价值尺度。在《资本论》及其手稿中,马克思针对斯密把"安逸"当作与"自由""幸福"等同的适当状态时,马克思就明确指出了"自由见之于活动恰恰就是劳动",并指出劳动的具体历史形态中幸福的状况。"在奴隶劳动、徭役劳动、雇佣劳动这样一些劳动的历史形式下,劳动始终是令人厌恶的事情,始终是外在的强制劳动,而与此相反,不劳动却是'自由和幸福'。"①因此,马克思从来没有从抽象的劳动的角度而始终是从具体的角度谈劳动的幸福内涵。而要改变资本主义雇佣劳动不幸福的本质,就必须创造其所需的社会条件,从而使其成为人的"第一需要",这是历史唯物主义的基本态度。西方马克思主义理论家完全割裂了生产方式和生活方式之间的统一性,割裂了马克思主义幸福观的整体性,寄希望于个体微观领域的"自由""创造性"的人性恢复,心灵释放,或许只是"自我陶醉"罢了。

在幸福主体的理解上,西方马克思主义总体上放弃了历史唯物主义设定的阶级主体,而代之以多元化主体。如果说早期西方马克思主义者如卢卡奇、葛兰西等虽然片面强调"阶级意识""文化意识形态领导权",但是还坚持无产阶级的历史主体地位的话,那么之后的绝大部分西方马克思主义理论家则放弃了历史唯物主义的阶级主体,把马克思主义幸福观的阶级分析之维代换成"去阶级"的折中调和路线。西方马克思主义理论家认为,机器化大生产的迅速发展导致了工人阶级的分散化,加之资本主义统治策略的调整变化弱化了工人阶级反抗斗争意识,生活条件的持续改善使得工人阶级失去了革命的诉求,因而传统意义上的无产阶级已经不复存在。分析马克思主义者柯亨指出:"在发达工业社会,没有一个群体同时具有以下四个特征:(1)是社会赖以存在的生产者;(2)受剥削;(3)组成社会的多数(包括其家属在内);(4)极为贫穷。……因此,一个由于受剥削和贫困而与社会主义革命有必然的利害关系,同时由于其本身的生产力和人数而有能力进行社会主义革命的群体已不复存在。经典马克思主义者坚信无产阶级可以成为这样一个群体,因此它没有预见到我们现在已经有所认识的资本主义的自然演进过程。"②面对已经趋于解体的无产阶级,西方马克思主义纷纷转向有机知识分子、艺术家、青年知识分子、边缘群体等所谓的多元差异的"革命

---

① 《马克思恩格斯全集》(第30卷),北京:人民出版社,1995年版,第615页。
② 柯亨:《自我所有、自由和平等》,李朝晖译,北京:东方出版社,2008年版,第9页。

新主体","这其实已经把无产阶级作为一个阶级存在的'政治认同'降格为'社会认同',把不可调和的阶级矛盾柔化为社会文化冲突,本质上是抹杀了无产阶级与资产阶级的根本对立,抹杀了阶级剥削的事实"①。不可否认,与马克思、恩格斯所处的时代相比,西方马克思主义所处的时代确实有了变化,表面上看,工人阶级并非"一无所有",且呈现分散化、个体化等特征,但这并不意味着工人阶级作为"阶级"已不复存在,从马克思主义的立场来看,只要资本主义私有制没有变,那么生产资料的不同占有方式所形成的"阶级"的本质就不会变。马克思主义是关于"无产阶级运动的条件、进程和一般结果"的学说,马克思主义幸福观的幸福主体是无产阶级,无产阶级只有首先解放自己才能解放全人类,这不同于空想社会主义幸福观抽象人性论中的"解放全人类"的空想性,而西方马克思主义在幸福主体的理解上显然再次陷入了空想。

在实现幸福的路径上,西方马克思主义的革命道路已经与马克思主义的革命道路大相径庭,以主观革命、微观革命为标志的革命方式只能沦为"乌托邦"的美学想象。马克思主义幸福观是现实的、革命的实践幸福观,是"改变现实"的积极行动幸福观,马克思、恩格斯为了实现无产阶级和广大人民群众乃至全人类的幸福不仅诉诸"批判的武器",揭露资本主义生产方式的反幸福本质,而且诉诸"武器的批判",强调联合起来的无产阶级在无产阶级政党的领导下进行彻底的、不妥协的革命斗争。"对实践的唯物主义者即共产主义者来说,全部问题都在于使现存世界革命化,实际地反对并改变现存的事物。"②因此,对于历史唯物主义幸福观来说,核心问题在于找寻替代资本主义生产方式的物质基础、根本动力和依靠力量,而这种物质基础、根本动力和依靠力量绝不可能在西方马克思主义的各种乌托邦想象中找到,它始终只能在马克思、恩格斯所指认的体现为人类的劳动社会形式的生产力发展水平上,落实于资本主义生产方式内在矛盾的辩证运动之中。这是不以人的主观意愿为转移的人类社会发展规律、资本逻辑的运动规律。这里需要强调指出的是,有些西方马克思主义者提出地球的资源是有限的,而人的欲望却是无限的,社会发展永远不可能达到马克思所设想的生产力极大发展、物质财富极大丰富的程度,更不可能满足人的无穷欲望,"按需分

---

① 杜利娜:《论西方马克思主义的空想性特征》,《国外社会科学》,2018年第3期。
② 《马克思恩格斯文集》(第1卷),北京:人民出版社,2009年版,第527页。

配"只能是一种幻想。这里实际上混淆了无限度的欲望和马克思所说的"按需分配"中的合理的需要的界限,本质上依然是消费主义意识形态的产物。总体上来看,西方马克思主义脱离历史唯物主义的基本视野,把幸福理解为微观领域的主观意识问题,因而他们把意识形态的、性格结构的、本能压抑的等主观意识问题作为革命的主题,诉诸大众心理的、艺术文化的、日常生活的革命等革命策略,依靠多元化的革命主体企图反抗资本主义的非人生存境遇,实现符合人性的幸福生存方式。这样的革命告别了传统宏观领域的政治革命,而呈现主观思想领域微观的、渐进的、非暴力革命特点,这种只是一种伦理的、心理意识层面的革命,必然是空想的而非现实的、理论的而非真正实践的。由此我们也可以明白,西方马克思主义幸福观在实践中之所以成效甚微,"这实际上是与他们抛弃掉了马克思主义的革命道路,脱离了社会实践,更多的显现为理论上的空想和学院化的社会设计有关。所以他们只能提出问题之所在,却找不到可以依靠的革命力量和革命道路。这就注定了西方马克思主义开不出解决现代性难题的'药方'"①。因此,西方马克思主义幸福观通往幸福之路的种种"设计"沦为"乌托邦"的美学想象是逻辑的必然,马克思主义幸福观的"批判的武器"和"武器的批判"的辩证统一在西方马克思主义那里蜕变为了单纯"批判的武器"的独角戏。

## 二、新时代西方马克思主义幸福观的中国立场审视

新中国成立七十余年尤其是改革开放四十余年来,国内学术界对西方马克思主义(后来扩展为国外马克思主义)的研究无论在广度还是深度上都得到了极大的发展。我们之所以对西方马克思主义进行深入的研究,归根结底,是为了借鉴西方马克思主义发现并试图解决中国的实际问题,不断推进马克思主义的理论创新,构建中国化的马克思主义,而不是仅仅为了满足单纯的求知欲望,片面扩大知识的增量,为了研究而研究。这就是西方马克思主义研究的"中国立场"。幸福观作为西方马克思主义的核心组成部分,贯穿于西方马克思主义整体理论逻辑之中,我们分析研究西方马克思主义幸福观的根本目的同样是解决中国社会的幸福问题,为新时代人民幸福美好生活提供可以借鉴的理论资源,推进马克思主义幸福观的中国化。立足

---

① 马新颖:《西方马克思主义的解放之路》,《理论视野》,2014年第7期。

中国立场审视西方马克思主义幸福观,一方面要从正面、反面、侧面为幸福中国建设提供有益的启示,在"有分析""有鉴别"的基础上积极"吸收外来",另一方面,我们要通过西方马克思主义幸福观的研究,"开拓新视野""发展新观念""进入新境界",在新的时代和社会条件的基础上,实现马克思主义幸福观的创新。

需要强调指出的是,西方马克思主义幸福观是在西方社会特定的时代背景和社会历史条件下形成的,其理论探索的目的或是作为整体的无产阶级的自由、幸福和解放,更多的是作为微观个体的自由、幸福和解放,无论是为了整体还是为了个体,西方马克思主义都是以他们自己理解的马克思主义探索适合西方人自由、幸福和解放的道路。因此,正如毛泽东同志在《新民主主义论》中谈到民族的科学的大众的新民主主义文化时所强调指出的,"各资本主义国家启蒙时代的文化,凡属我们今天用得着的东西,都应该吸收。但是,一切外国的东西,如同我们对于食物一样,必须经过自己的口腔咀嚼和胃肠运动,送进唾液胃液肠液,把它分解为精华和糟粕两部分,吸收其精华,才能对我们的身体有益,决不能生吞活剥地毫无批判地吸收。所谓'全盘西化'的主张乃是一种错误的观点。形式主义地吸收外国的东西,在中国过去是吃过大亏的"[1]。站在中国的立场上审视西方马克思主义幸福观,我们也应该坚持这样的基本态度,因为"中国有自己的特点,所以我们只能按中国的实际办事,别人的经验可以借鉴,但不能照搬"[2]。具体而言,我们认为新时代西方马克思主义幸福观的中国立场审视包含以下几个方面的内容。

其一,充分认识马克思主义理论是科学性与价值性的高度统一,系统总结马克思主义幸福观,以完整准确的马克思主义理论指导新时代人民美好生活的实践。长期以来,我们接受的主要是苏俄式的传统马克思主义解释模式,此种解释模式对于传播和普及马克思主义起到了积极的历史作用,但是也存在一定的弊端。西方马克思主义正是在分析传统马克思主义解释模式技术还原论、经济决定论倾向的弊端中产生的。在西方马克思主义看来,苏俄式传统马克思主义解释模式脱离了具体的、历史的实践来谈论所谓社会历史规律,将其理解为与人无涉的纯粹自然的自我演绎,这实质上陷入了

---

[1] 《毛泽东选集》(第2卷),北京:人民出版社,1991年版,第707页。
[2] 《邓小平文选》(第3卷),北京:人民出版社,1993年版,第229页。

近代哲学思维方式之中,从而把马克思主义抽象化,因而要重新理解马克思主义的"真精神",关注人的自由、幸福和解放,关注人的现实生存境遇,突出马克思主义的价值性维度。正是在此思想指导下,西方马克思主义以马克思的相关理论尤其是异化理论批判分析西方社会的种种违反人性的状况及其根源,从而形成了系统性的西方马克思主义幸福观。事实上,我们对马克思主义的理解确实存在过度强调其客观规律的"科学性"一面,而有意无意忽视了其"价值性"的一面,认为马克思主义不屑于谈论快乐、自由、正义、幸福等价值性问题,这是对马克思主义的极大误解。马克思主义理论是科学性和价值性的高度统一,马克思、恩格斯探寻人类社会发展规律、资本主义发展规律、社会主义发展规律的最终目的是实现每个人的自由而全面的发展,自由幸福的生存方式红线始终贯穿于马克思主义的整体理论之中。当然,我们也要清醒地认识到,西方马克思主义强调马克思主义"价值性"维度的主要理论资源是马克思早期异化思想,他们从总体上否定了马克思中后期著作中的幸福思想,这也是对马克思主义幸福观的误读。马克思中后期著作尤其是《资本论》及其手稿中的幸福思想是马克思主义的政治经济学批判中的对人的存在方式的探究,马克思揭示"现代社会的经济运动规律"的最终目的还是探寻实现人的自由、幸福和解放的道路。因此,我们必须以完整准确的马克思主义理论指导新时代中国共产党"为人民谋幸福"的伟大实践。

其二,坚决改变教条式地对待马克思主义幸福观的态度,根据时代条件的变化,推进马克思主义幸福观的理论创新和实践创造,构建符合时代要求的马克思主义幸福观新形态。西方马克思主义发展近百年,其中突出的特征是根据西方社会现实历史条件的变化,结合种种社会新思想新思潮,借用或改造马克思的相关理论而建构起理论体系。就幸福观来说,西方马克思主义正是在借用马克思的异化理论、资本主义批判理论的基础上,深入研判当代资本主义的新变化、资本主义统治的新方式而得以建构起系统化的西方马克思主义幸福观,揭示了发达工业社会中人的异化、物化的不幸生存境遇及其根源,提出了通往幸福之路。尽管西方马克思主义幸福观存在着诸如未能恰当处理幸福论题中的主观因素和客观因素、微观叙事和宏观叙事、个体条件和社会条件之间的辩证关系等不足之处,但我们还是可以把西方马克思主义幸福观看作当代西方时代背景和社会条件下的马克思主义幸福观或探索之中的马克思主义幸福观,至少在形式上是马克思主义幸福观的"西方形态"。西方马克思主义持续创新的活力和当代在场性也启示我们要根据我们所处的时代和社会历史条件,不断创造马克思主义幸福观的"中国形态",以新形态的马克思主义幸福观指导新的时代提出的新要求。

其三,以"问题意识"为导向,寻求破解新时代影响人民现实幸福的各种现实问题的方法。以"问题意识"为导向,直面现实问题是马克思主义得以形成的基础,也是马克思主义的鲜明品格,马克思主义幸福观的形成、确立和不断深化也得益于对现实问题的剖析。马克思在确立为人类幸福而工作的普罗米修斯式的人生理想后,便在理论和实践中孜孜以求实现人民幸福的现实道路。当对黑格尔哲学的信仰在现实面前破产之后,"要对所谓物质利益发表意见的难事"即"苦恼的疑问"使得马克思从对理念的精神领域的关注转向关注现实的物质生活关系领域;当发现世俗世界的分裂是宗教得以形成的基础后,进而要求"破除人民虚幻幸福的宗教",实现"人民的现实幸福";在不幸福的异化劳动问题的分析和政治经济学批判不断深入的基础上,历史唯物主义幸福观得以确立,而在《资本论》及其手稿中,马克思持续关注工人乃至包括资本家在内的人在资本逻辑中不幸的生存状态,从而在资本的自我运动中探寻未来自由人联合体中幸福图景的道路。可以说,没有强烈的"问题意识"就没有马克思主义,就没有马克思主义幸福观。西方马克思主义者继承了马克思主义的批判精神,直面当代资本主义社会的种种现实问题。从表面上看,西方马克思主义内部理论流派众多,人物错综复杂,观点异彩纷呈,各自依据自己所理解的马克思主义分析资本主义社会现实问题,但是"问题意识"却是各种流派西方马克思主义的"异中之同"。就幸福观来说,西方马克思主义的开山鼻祖卢卡奇的物化现象批判、阿多诺对资本主义同一性原则的批判、阿多尔诺对文化工业的批判、马尔库塞对单向度的人的批判、弗洛姆对人的心理本能和性格结构的批判、列斐伏尔对日常生活的批判、鲍德里亚对消费意识形态的批判、莱斯等人对生态危机的批判等综合描绘了当代资本主义异化、物化的生存方式的不幸图像,这些批判几乎囊括了经济、政治、文化、社会、生态等全方位的领域,构成了当代资本主义现代性问题的总体性批判,从而在揭示人的现实生存不幸境遇本质的基础上谋求通往幸福之路。对于中国来说,我们同样要直面现实中的问题群,"我们中国共产党人干革命、搞建设、抓改革,从来都是为了解决中国的现实问题"①。中国特色社会主义进入了新时代,新时代的新矛盾必然表现为现实中的各种问题,而正是在这些矛盾问题的不断解决中,社会不断进步,人不断全面发展,幸福水平不断提高。

其四,西方马克思主义幸福观中关于消费主义价值观批判、生态幸福等思想对于我们具有重要的借鉴意义。西方马克思主义者如马尔库塞、鲍德里亚、弗洛姆等人系统批判了消费主义价值观主导下的物化生存方式,明确指出消费主义价值观错误地把人们引导到商品的过度占有和刺激消费中体验人生的自由和幸福,这实质上是一种重"占有"的物化生存方式,把占有和消费商品作为人生的唯一目的和幸福,满足的不是"真实的需求"而是"虚假的需求",这与人自由、幸福和解放是相背离的,是资本逻辑主导的消费意识形态对人内心向度的支配和控制。人的幸福不在于资本所刺激出来的异化消费、符号消费之中,而在于人的创造性潜能得以发挥的积极的重"存在"的生存方式。生态学马克思主义"一方面继承了法兰克福学派从政治意识形态批判消费主义价值观的做法,指出宣扬消费主义价值观和生存方式是资本维系其政治统治的新形式,另一方面又把消费主义价值观和生存方式的批判同资本主义社会的生态批判有机结合起来,强调消费主义价值观和生存方式是建立在'虚假需求'基础上的,其本质上是一种'异化消费'。这种异化消费不仅造成了人的生存的异化,而且造成了资本主义生产体系不断扩张的期待和依赖,其结果必然超出自然所能承受的极限并造成生态危机"②。因此,生态学马克思主义者认为,破除消费主义生存方式,正确处理需要、商品、消费和幸福之间的关系是解决生态危机的前提。更为难能可贵的是,生态学马克思主义者通过深入挖掘马克思主义理论中的生态思想,反对西方绿色理论的激进环保运动的抽象生态中心论和单纯的技术中心论,把马克思主义社会历史视域中的自然观运用到生态危机问题的解决之上,强调生态问题不是抽象的生态价值观念问题,脱离社会历史语境的自然只是城市化进程带来的人们内心的焦虑和对都市生活的厌倦而产生的回归田园诗般乡村生活的情感渴望和寄托罢了。现实中的生态问题是一定的社会生产方式中人与自然合理的物质能量交换的问题,资本主义制度是资本主

---

① 习近平:《习近平谈治国理政》,北京:外文出版社,2014年版,第72页。
② 王雨辰:《经典西方马克思主义在当代西方的理论效应及其当代价值》,《武汉大学学报(哲学社会科学版)》,2019年第5期。

义生态危机的制度根源,因而解决生态危机,形成人与自然和谐共生的局面,实现人的生态幸福就在于对社会生产方式的变革之中。西方马克思主义者分析的消费主义价值观、生态幸福等思想是西方现代性视域中的问题,同时一定程度上也是全球性问题。自中国人接受马克思主义之后,中国人民在中国共产党的领导下成功开辟了中国式现代化道路,经过新中国成立七十余年尤其是改革开放四十余年以来的发展,中国式现代化取得了巨大的成就,但在此过程中也存在不同程度的现代化问题,比如在社会整体幸福观念上的物质主义、享乐主义、纵欲主义开始抬头并有蔓延之势,生态环境问题影响了人民群众的幸福感等等。中国特色社会主义制度的创立和不断发展为种种问题的解决提供了坚实的制度基础,但在体制机制方面还有不完善的地方,国家治理体系和治理能力现代化尚需提升。因此,在解决上述问题的过程中,西方马克思主义幸福观对我们具有一定的启示意义。

可以预见,西方马克思主义幸福观必然随着西方社会历史条件的发展变化而不断更新,我们应该站在中国立场上密切关注和研究其新成果,积极汲取其中有益的合理的成分。

# 第五章

# 马克思主义幸福观与新时代

马克思、恩格斯以历史唯物主义的双重视野考察幸福,在"何谓幸福""谁之幸福""何以幸福"等幸福观基本问题域中实现了对于西方传统幸福观的根本性颠覆,并以独特的幸福叙事方式建构了具有鲜明时代特征的幸福观体系。概而言之,马克思主义坚决反对任何脱离社会现实专注于"解释世界"的抽象思辨哲学幸福观,从不诉诸震撼世界的词句革命来实现幸福,更是反对将人民的幸福推到虚幻的彼岸世界,而是立足于活生生的现实物质生活世界,强调"改变世界"的现实主义幸福观,主张实践第一,在生产方式的革命性变革中,通过斗争改造资本逻辑造就的"旧社会",从而建立共产主义"新社会",实现每个人的自由全面发展的现世幸福。马克思主义幸福观本质上是关于幸福的社会条件的学说,是现实的人的"活法",是在"必然王国"和"自由王国"的辩证张力结构中呈现的人之物质生活、精神生活、政治生活、社会生活、文化生活等协调自由发展的整体生存方式。

正如马克思、恩格斯一再强调他们的学说不是"抽象的教义",不是纯历史哲学意义上的"公式""药方",也正如中国革命、建设和改革的实践一再证明了的"公式化的马克思主义"的无效性和危害性那样,我们同样也不能把马克思主义幸福学说当作形式主义的"抽象原则"而不顾"中国人"的精神世界、时代的发展和中国社会活生生的现实内容。否则,我们给予马克思主义幸福学说的不是"过多的荣誉",而是"更多的侮辱"。因此,在"马克思主义幸福观与新时代"的研究中,我们应该坚持"视域融合"的基本原则,以马克思主义幸福学说的基本立场、观点和方法为根本立脚点,在把握马克思主义幸福观的选择及其"中国化"的历史实践基础上,分析新时代的特征和中国社会的现实状况,同时创造性地转化和创新性地发展中国传统幸福观,激活传统幸福观的文化基因,持续地将马克思主义幸福观的"西方形式"转化为"中国形式",从而形成民族的、科学的、大众的新时代马克思主义幸福观。

# 第五章 马克思主义幸福观与新时代

## 第一节 中国共产党奋斗史：为人民谋幸福

### 一、救亡图存的时代主题与马克思主义幸福观的选择

当历史的指针转到19世纪中叶的时候，曾经创造灿烂文明的中华民族遭遇了前有未有的危机与挑战，西方列强的系列侵略战争使得国家蒙难、人民蒙辱、文明蒙尘，中国人民陷入了整体性不幸的悲惨命运之中。晚清重臣李鸿章敏锐地洞察到此种变化与中国历史上的边关外患、朝代更迭根本不同，而是"三千余年一大变局也"。在历史的发展逻辑中，我们可以清晰地知道中华民族和中国人民所遭遇的此种数千年未有之大变局之"变"的实质是"近代化"，是西方资本主义生产方式的权力所造成的世界历史格局。资本逻辑使得民族的、地域性的、孤立的历史不断地转变为世界历史。这是资本本性的必然逻辑。正如马克思在《共产党宣言》中深刻指出的，"资产阶级，由于一切生产工具的迅速改进，由于交通的极其便利，把一切民族甚至最野蛮的民族都卷到文明中来了。……它迫使一切民族——如果它们不想灭亡的话——采用资产阶级的生产方式；它迫使它们在自己那里推行所谓的文明，即变成资产者。一句话，它按照自己的面貌为自己创造出一个世界"[①]。然而，西方列强的目的并不是传播文明，它按照自己的面貌所创造的世界是"支配—从属"的世界历史格局，"正像它使农村从属于城市一样，它使未开化和半开化的国家从属于文明的国家，使农民的民族从属于资产阶级的民族，使东方从属于西方"[②]，最终服从于资本不断增殖的需要。因此，中华民族深重的灾难实质上是近代化时代背景下变成西方列强殖民地或半殖民地的危机。在数千年未有的时代变局中，救亡图存成为中华民族的时代主题，成功地探寻到救亡图存的出路成为改变人民苦难命运、实现人民幸福的前提性条件。

在救亡图存的时代主题背景下，不同的政治力量以不同的思想为指导

---

[①] 《马克思恩格斯选集》（第1卷），北京：人民出版社，2012年版，第404页。
[②] 《马克思恩格斯选集》（第1卷），北京：人民出版社，2012年版，第405页。

先后登上历史舞台,进行了一系列的尝试。在时代的变局中,各式各样的学说、各种各样的主义蜂拥而来,形成了蔚为壮观的"新思潮",在这些种类多样的社会新思潮中,影响颇大的有无政府主义、自由主义、改良主义、基尔特社会主义、社会互助论、工团主义以及初步传入的马克思主义的科学社会主义等。多种多样的主义、学说具有不同的理论特点和政治主张,它们在提供多种多样的选择的同时,也给人们带来了思想的困惑:到底那种主义学说能够引领救亡图存的运动呢?究竟哪种学说能够使中国人民摆脱悲惨的命运?在现实实践面前,地主阶级的"自强""求富"的洋务运动,农民阶级的太平天国运动,封建统治阶级内部的戊戌变法运动等无一例外地都失败了。真正的民主革命是以辛亥革命为标志而开始的,其伟大的历史功绩在于推翻了中国两千多年的封建专制统治,然而中国社会的性质依然没有改变,中国人民的不幸境遇并未得到改变。正如毛泽东同志所指出的,"辛亥革命把皇帝赶跑,这不是胜利了吗?说它失败,是说辛亥革命只把一个皇帝赶跑,中国仍旧在帝国主义和封建主义的压迫之下,反帝反封建的革命任务并没有完成"①。救亡图存出路的艰辛探索,从洋务运动到共和制之"山重水复疑无路"的种种方案的失败尝试迫切需要新的理论、新的阶级、新的思路来引领救亡图存的运动。问题的核心在于,一系列救亡图存的出路探索总是跟在西方后面"亦步亦趋",我们精神上处于被动状态。

历史的转机发生在1917年,十月革命一声炮响给中国人民送来了马克思列宁主义,中国共产党的先驱、早期马克思主义者在马克思主义的科学真理中看到了解决中国问题的希望,充满了改变中华民族和中国人民任人欺辱境遇的信心。毛泽东同志指出,自从中国人民学会了马克思列宁主义,精神上就从被动转为了主动。在新文化运动的后期,对于马克思主义学说的宣传成为其主要任务。随着马克思主义的广泛传播,一大批具有初步共产主义思想的早期马克思主义者组织起来,成立马克思学说研究会,组织共产主义小组。1919年,五四运动爆发,改变了以往只有觉悟的革命者而缺少觉醒的人民大众的历史缺陷,为中国共产党的诞生作了思想上和干部上的准备。1921年,在马克思主义和工人运动的不断结合中,中国共产党应运而生。由此可见,正如习近平总书记所说,在中华民族积贫积弱、任人宰割

---

① 《毛泽东选集》(第2卷),北京:人民出版社,1991年版,第564页。

的时期,各种主义和思潮都进行过尝试,资本主义道路没有走通,改良主义、自由主义、社会达尔文主义、无政府主义、实用主义、民粹主义、工团主义等也都"你方唱罢我登场",但都没能解决中国的前途和命运问题。只有马克思主义才能引领中国人民走出漫长黑夜。因此,在救亡图存的时代背景下,马克思主义幸福观是在诸种学说主义都行不通,诸种道路都走不通的现实中的"最后的选择",是"山重水复"之后的"柳暗花明",是中国人民摆脱悲惨命运、改变中国民不聊生状况、实现人民幸福的强大思想武器。

在中国共产党成立之前,早期马克思主义者在与各种错误思潮的激烈交锋和革命实践中不断深化对马克思主义的认知,借鉴苏俄革命经验,结合世界发展大势,运用马克思主义探索救亡图存和实现人民幸福的道路。

(1)早期马克思主义者认为社会主义道路是实现劳工解放、人民幸福的正确道路。辛亥革命推翻了中国两千多年的封建制度之后的"共和"只是空洞的口号,中国社会的性质依然没有改变。在此情况下,中国到底走什么样的道路才能实现人民的幸福便引发了激烈的争论。改良主义者认为,中国并没有走社会主义道路的物质基础(高度发达的资本主义经济基础)和主体基础(无产阶级的革命主体),因此中国只有在先走资本主义道路实现经济高度发达的基础上才能走社会主义道路。早期马克思主义者批判了此种看上去很有道理的观点,主张"以俄为师",走苏俄式的社会主义道路。李大钊、陈独秀、蔡和森、李达等早期马克思主义者普遍认为,第一次世界大战已经使得资本主义的弊端暴露无遗,外国的资本家已经成为中国无产阶级的主人,因而资本主义道路在中国走不通,只有走社会主义道路才能实现国强民富,人民幸福。"中华民族要从根本上摆脱受全世界资产阶级剥削压迫的悲惨地位,就绝不能再寄希望于资本主义。中国要独立,要发展,就必须另辟新径,走社会主义道路。"①当然,由于对马克思主义的认知水平和对中国国情的把握还不够深,早期马克思主义者并未能认识到中国社会主义革命道路的特殊性。

(2)早期马克思主义者认为有组织的革命斗争是实现劳工解放、人民幸福的基本方式。面对救亡图存的时代主题,中国社会急需变革已经成为全社会的共识,然而以何种方式变革中国社会却存在分歧。改良主义和无

---

① 王宪明:《李大钊与中国共产党的初心》,《马克思主义与现实》,2021年第3期。

政府主义明确反对通过暴力革命的方式变革中国社会,主张走渐进性的和平道路。早期马克思主义者则认为中国社会的变革必须以革命的方式建立无产阶级专政,这乃是必然之趋势。通过社会革命建立无产阶级专政是马克思主义国家学说的核心,它根本上不同于无政府主义反对一切权威、国家和组织的绝对个人自由。"社会革命和无产阶级专政,虽然对人类彻底解放具有过渡性、工具性,但对于改造中国社会和拯救中华民族是至关重要的。对此,早期马克思主义者有清醒的认识,并能够将其认识转化为革命行动。"[1]因此,早期马克思主义者认识到建立党的组织的重要性,只有有组织的政党才能领导人民推翻帝国主义和封建主义的统治,实现人民的幸福。

(3) 早期马克思主义者认为马克思主义与中国实际情况相结合是实现劳动解放、人民幸福的基本原则。李大钊曾在《再论问题与主义》中明确指出,一个社会主义者,为使他的主义在世界上发生一些影响,必须要研究怎么可以把他的理想尽量应用于环绕着他的"实境",换言之,马克思主义必须与中国的实际相结合才能发挥实际的作用,否则便不能解决中国的问题,从而沦为空谈。早期马克思主义者李达同样认为,中国革命必须用马克思主义作为指导性思想,然而,"中国何时能够发生社会革命?中国社会革命究竟采用何种范畴的社会主义,大概也是要按照过去和国民性决定的"[2]。早期的马克思主义者充分认识到马克思主义实现劳工解放、人民幸福的学说是科学的理论,是改造中国社会、改变中国人民苦难命运的锐利武器,但是其要发挥现实的效用,必须从空谈"主义"的危险中摆脱出来,将其与中国的实际相结合,这就为马克思主义幸福观在中国的实际运用确立了基本原则。

总之,在数千年未有之大变局的时代语境中,救亡图存的时代主题促使中国的先进分子在各式各样的学说、各种各样的主义中最终选择了马克思主义,认识到马克思主义关于人类解放和人民幸福的学说是改造中国社会、实现人民幸福的唯一科学理论。早期的马克思主义者在运用马克思主义幸福学说解决中国社会现实问题的基础上,初步明确了中国人民摆脱苦难命运,实现幸福生活的根本道路、主要方式和基本原则。当然,由于对马克思

---

[1] 陈翠芳、李小波:《早期马克思主义者对中国道路的探索——以〈新青年〉发表的主要文章为依据》,《马克思主义研究》,2020年第3期。

[2] 吴志娟、于丽:《〈新青年〉史料长编》(下),武汉:长江出版社,2013年版,第607页。

主义幸福学说的理论认知水平和实践经验的不足等,早期马克思主义者并未能从根本上改变中国社会和中国人民的命运。民族的独立、人民的解放、国家的富强、人民的幸福需要"开天辟地的大事变"——应运而生的中国共产党作为核心领导力量来实现!

## 二、中国共产党实践马克思主义幸福观的辩证历程

早期马克思主义者初步探索了马克思主义幸福观在中国实现的道路、方式以及原则等一系列基本理论问题,并且努力将其付诸实践。在理论与实践的不断探求中,早期马克思主义者愈益认识到欲达到目的,必须有组织的政党领导,亦即早期马克思主义代表人物李大钊先生提出的创造"中心势力"。他指出:"吾国今日,不惟无中心势力所可凭依,即其历史上所分之系统,而能自成一部势力者,亦且零星散灭,不可收拾。正如散沙之难合,乱丝之难理。夫中心势力亡乃无异于国亡,若并余烬之各个势力而亦灭亡之,斯真堪为忧虑者也。"[①]近代以后,中华民族和中国人民所遭遇的苦难以及面对苦难迟迟找不到出路的重要原因之一就是缺乏强有力的领导核心,致使社会如"散沙之难合","乱丝之难理",各种力量难以整合起来。正是在此背景下,在共产国际的帮助下,在早期马克思主义者的积极筹备下,中国共产党第一次全国代表大会胜利召开,宣告了中国共产党的诞生。中国共产党的成立是开天辟地的"大事变"。中国共产党一经成立,就把"为人民谋幸福""为民族谋复兴"作为自己的初心和使命,深刻改变了近代以后中华民族的方向和进程,深刻改变了中华民族和中国人民的前途和命运,深刻改变了世界发展的趋势和格局。从此以后,"中国人民谋求民族独立、人民解放和国家富强、人民幸福的斗争就有了主心骨,中国人民就从精神上由被动转为主动"[②]。

中国共产党作为马克思主义政党,以其明确的根本宗旨、坚定的理想信念以及灵活的策略方针,在失败的教训和成功的经验总结中,不断把马克思主义幸福观与中国实际情况相结合,与中国传统文化相结合,运用历史唯物主义的方法论分析中国社会的性质及其主要矛盾,在革命、建设和改革的不同阶段,根据不同主题的演进历程将马克思主义幸福观具体化,在实践中不

---

① 《李大钊全集》(第2卷),北京:人民出版社,2013年版,第174页。
② 习近平:《论中国共产党历史》,北京:中央文献出版社,2021年版,第179页。

断创造具有中国作风、中国气派和中国特色的马克思主义幸福观的新形态。"一部中国共产党的历史,既是一部中国共产党以初心换取民心、依靠民心赢得胜利的历史,也是一部中国共产党带领中国人民创造幸福美好生活的历史。"①

（1）在革命阶段,根据中国实际,中国共产党努力探索符合国情的革命道路,将民主革命和社会主义革命辩证统一起来,为中国人民的幸福生活创造政治前提和制度基础。从本质上讲,马克思主义幸福观是关于幸福的社会条件的学说,马克思主义以科学的历史唯物主义方法论分析人类幸福的一般发展规律和资本逻辑的产生、发展和灭亡的特殊规律,明确指出只有通过革命的方式推翻资本的统治才能为每个人现实的自由而全面发展的幸福生活创造必要的社会条件。中国共产党继承了马克思主义幸福观通过革命的方式为人民的现实幸福创造必要的社会条件的思想,正如毛泽东同志所说,"为什么要革命? 为了使中华民族得到解放,为了实现人民的统治,为了使人民得到经济的幸福"②。然而,中国的革命究竟"靠谁革""如何革"? 幼年的中国共产党对此问题并不十分清晰。由于对中国社会的性质亦即中国的国情不甚了解,因而对于中国革命的一系列问题中国共产党刚开始并未能够作出正确的解答。比如,中共一大通过的党的纲领直接提出要推翻资本家的统治,废除资本主义私有制,实现无产阶级专政。这就混淆了民主革命和社会主义革命的界限,未能把马克思主义幸福观和中国的实际情况结合起来。中共二大作出了调整,提出了中国共产党的民主革命纲领,把最低纲领和最高纲领统一起来,把马克思主义幸福观中共产主义社会的幸福理想和中国的现实状况相结合。正是在对实践中的失败教训和成功经验的理性总结中,中国共产党运用马克思主义的方法论首先正确分析了中国的社会性质,即半殖民地半封建社会,"只有认清中国社会的性质,才能认清中国革命的对象、中国革命的任务、中国革命的动力、中国革命的性质、中国革命的前途和转变。所以,认清中国社会的性质,就是说,认清中国的国情,乃是认清一切革命问题的基本的根据"③。"两半"的社会性质决定中国社会的主要矛盾是中华民族和帝国主义、人民大众和封建主义之间的矛盾,其中中华

---

① 王朝庆:《中国共产党"初心"话语的四个维度》,《社会主义研究》,2019年第3期。
② 《毛泽东文集》(第1卷),北京:人民出版社,1991年版,第21页。
③ 《毛泽东选集》(第2卷),北京:人民出版社,1991年版,第633页。

民族和帝国主义之间的矛盾是最主要的矛盾,因而中国革命的对象是帝国主义和封建主义,任务是对外推翻帝国主义的压迫,对内推翻封建地主的压迫,最主要的任务则是推翻帝国主义的统治,革命的动力是无产阶级、农民、小资产阶级和民族资产阶级,革命的性质是资产阶级的民主革命。但是,"这种革命,已经不是旧的、被资产阶级领导的、以建立资本主义的社会和资产阶级专政的国家为目的的革命,而是新的、被无产阶级领导的、以在第一阶段上建立新民主主义的社会和建立各个革命阶级联合专政的国家为目的的革命。因此,这种革命又恰是为社会主义的发展扫清更广大的道路"[①],因此,革命的前途不是资本主义,而是社会主义和共产主义。经过28年的艰苦奋斗,中国共产党带领人民终于取得了新民主主义革命的胜利,建立了人民民主的共和国。中国人民从此"站起来"了,近代以来饱受欺凌的中国人民内心的幸福感何其强烈,真正尝到了民族独立和自身解放的幸福味道!人民民主专政的国体和人民代表大会制度的政体的确立从政治上保证了人民当家作主。然而,新民主主义社会还不是人民真正幸福的社会,"现在的革命是第一步,将来要发展到第二步,发展到社会主义。中国也只有进到社会主义时代才是真正幸福的时代"[②]。中国共产党以"马克思主义的革命发展论"为指导,结合中国的实际,明确中国新民主主义革命和社会主义革命必须衔接,而不容许中间横插一个资产阶级专政的阶段。通过"三大改造",中国共产党实现了从新民主主义社会向社会主义社会的历史性转变,社会主义制度的建立是中华民族历史上最广泛最深刻的社会变革,社会主义公有制和人民当家作主的政治制度等社会主义制度体系为人民的现实幸福提供了根本的政治前提和制度保障。由此可见,中国共产党把马克思主义幸福观和中国的具体实际相结合,以马克思主义幸福观为根本指导思想,依靠广大人民群众的力量,以革命斗争为基本方式,找到了在中国实现社会主义的现实道路,从而为中国人民的幸福生活奠定了坚实的政治前提和制度基础。

(2)在建设阶段,根据社会主要矛盾的变化,中国共产党初步探索了社会主义建设的道路,为中国人民的幸福生活奠定了基本的物质基础。中国共产党通过新民主主义革命建立了各革命阶级联合的人民民主共和国,确

---

① 《毛泽东选集》(第2卷),北京:人民出版社,1991年版,第668页。
② 《毛泽东选集》(第2卷),北京:人民出版社,1991年版,第683页。

立了人民民主专政的国体和人民代表大会制度的政体,并在此基础上通过社会主义改造确立了社会主义制度,在为人民幸福提供政治保障的同时,也为有计划、有步骤地开展经济建设提供了前提。事实证明,中国共产党不仅善于破坏旧世界,也善于建立新世界,换言之,中国共产党就是要通过革命的方式打碎苦难的旧中国,继而建设人民幸福的新中国。新中国成立后,中国共产党就积极稳妥"有步骤地将封建半封建的土地所有制改变为农民的土地所有制",通过《中华人民共和国土地改革法(草案)》等法律文件,实现了"耕者有其田",彻底废除了导致旧中国人民苦难的根源。之后,中国共产党通过恢复国民经济,极大地改善了人民的生活状况。社会主义制度建立后,在客观分析国内外形势的基础上,中国共产党第八次全国代表大会基于社会主义改造的顺利完成和社会主义制度的最终确立,认为工人阶级和资产阶级之间的矛盾已经不是社会的主要矛盾,社会主义的主要矛盾已经由阶级矛盾转为"人民对于建立先进的工业国的要求同落后的农业国现实之间的矛盾,……人民对于经济文化迅速发展的需要同当前经济文化不能满足人民需要的状况之间的矛盾"[①]。根据社会主要矛盾的转变,中国共产党制定了符合我国实际的经济发展方针。在社会主义建设阶段,我们党在吸取苏联社会主义建设中的成功经验和错误教训的基础上,提出走自己的社会主义建设道路。《论十大关系》和《关于正确处理人民内部矛盾的问题》是这一时期我们党初步探索社会主义建设道路的代表性成果。一方面强调要大力发展经济,另一方面强调要不断改善人民的生活,"解决群众的穿衣问题,吃饭问题,住房问题,柴米油盐问题,疾病卫生问题"[②],所有这些都是事关老百姓生活的基础条件。中国共产党社会主义建设阶段取得了一定的成就,为人民的幸福生活提供了基本的物质保障。然而,由于主客观等种种方面的原因,我们党对社会主要矛盾的判断发生了偏差,阶级斗争成了党的工作重心,使得党和国家遭受了巨大的损失,人民的幸福生活受到了很大的影响,但是,"在整个社会主义建设时期,尤其是在 1956—1966 年这十年时间中,我国初步恢复了国民经济体系,在经济发展中注重解决人民的'吃穿问题',人民生活得到了一定的改善,巩固了人民群众对中国共产党拥护和支

---

① 《建国以来重要文献选编》(第 9 册),北京:中央文献出版社,1994 年版,第 341 页。
② 《毛泽东选集》(第 1 卷),北京:人民出版社,1991 年版,第 136-137 页。

撑的民意基础"①。正如习近平总书记所指出的,改革开放前的历史时期为改革开放后的历史时期提供了宝贵经验、理论准备和物质基础。中国共产党正是在曲折发展的实践历程中不断地为人民"谋"幸福。

(3) 在改革开放和社会主义现代化建设阶段,精准定位社会主义初级阶段的主要矛盾,中国共产党独立自主地"走自己的路",成功地开辟了中国特色社会主义道路,基本实现了人民群众的"小康"幸福生活。习近平总书记在庆祝改革开放四十周年大会上的讲话中深刻指出:"改革开放是我们党的一次伟大觉醒,正是这个伟大觉醒孕育了我们党从理论到实践的伟大创造。改革开放是中国人民和中华民族发展史上的一次伟大革命,正是这个伟大革命推动了中国特色社会主义事业的伟大飞跃!"②基于对党和国家前途命运的深刻把握、社会主义革命和建设实践的深刻总结、时代潮流的深刻洞察和人民群众期盼和需要的深刻体悟,中国共产党作出了改革开放的历史性决策,实现了新中国成立以来党的历史上具有深远意义的伟大转折,开启了改革开放和社会主义现代化建设的伟大征程。我们党认识到当前社会的主要矛盾是人民群众日益增长的物质文化需要同落后的社会生产之间的矛盾,因而果断结束了以阶级斗争为纲的路线方针,将工作的重心转移到经济建设上来,大力发展生产力,不断提高人民生活水平,确定了党的基本路线这一党和国家的"生命线"、人民的"幸福线"。在实践过程中,通过正反两方面的经验的比较,党深刻认识到,"我们的现代化建设,必须从中国的实际出发。无论是革命还是建设,都要注意学习和借鉴外国经验。但是,照抄照搬别国经验、别国模式,从来不能得到成功。这方面我们有过不少教训。把马克思主义的普遍真理同我国的具体实际结合起来,走自己的道路,建设有中国特色的社会主义,这就是我们总结长期历史经验得出的基本结论"③。同时强调,"各项工作都要有助于建设有中国特色的社会主义,都要以是否有助于人民的富裕幸福,是否有助于国家的兴旺发达,作为衡量做得对或不对的标准"④。因此,我们党高度重视社会生产力的发展,认为"贫穷不是社会主义","在社会主义国家,一个真正的马克思主义政党在执政以后,一定

---

① 赵光辉:《幸福生活范式:中国共产党凝聚人心的实践逻辑》,《理论学刊》,2020年第3期。
② 习近平:《论中国共产党历史》,北京:中央文献出版社,2021年版,第214-215页。
③ 《邓小平文选》(第3卷),北京:人民出版社,1993年版,第2-3页。
④ 《邓小平文选》(第3卷),北京:人民出版社,1993年版,第23页。

要致力于发展生产力,并在这个基础上逐步提高人民的生活水平"①。社会主义的优越性就体现于生产力的发展基础上的人民生活水平的不断提高,"国家这么大,这么穷,不努力发展生产,日子怎么过？我们人民的生活如此困难,怎么体现出社会主义的优越性？'四人帮'叫嚷要搞'穷社会主义'、'穷共产主义',胡说共产主义主要是精神方面的,简直是荒谬之极！我们说社会主义是共产主义的第一阶段。落后国家建设社会主义,在开始的一段很长时间内生产力水平不如发达的资本主义国家,不可能完全消灭贫穷。所以,社会主义必须大力发展生产力,逐步消灭贫穷,不断提高人民的生活水平"②。邓小平理论的社会主义本质论概括和深化了以上基本论点。这些观点是马克思主义幸福观的历史唯物主义方法论的具体运用。中国共产党在改革时期把人民的幸福生活分为"三步走"。在解决温饱问题的基础上,把马克思主义幸福观与中国实际相结合,与中国优秀传统文化相结合,充分借鉴传统思想文化资源,提出了"小康""小康之家""小康社会"等新概念,实质上成为人民幸福的代名词,是马克思主义"人民的现实幸福"的民族化的、具体化的表达,具有中国作风、中国气派和中国特色。邓小平指出,"我们要实现的四个现代化,是中国式的四个现代化。我们的四个现代化的概念,不是像你们那样的现代化概念,而是'小康之家'"③,"翻两番,国民生产总值人均达到八百美元,就是到本世纪末在中国建立一个小康社会。这个小康社会,叫作中国式的现代化。翻两番、小康社会、中国式的现代化,这些都是我们的新概念"④。"小康"系列的具有中国特色的新概念不仅为我国的经济建设提出具体的奋斗目标,是马克思主义社会发展阶段论的丰富和发展,也是中国人的中国式的幸福生活的朴素表达。"小康"的幸福生活目标在之后表述为"建设小康社会"的历史新任务、全面建设小康社会的目标,而在2021年,中国共产党成立一百周年时,习近平总书记庄严宣告,我国已经全面建成小康社会,历史性地完成了党的第一个百年奋斗目标,由此开启了全面建设社会主义现代化的新阶段,向第二个百年奋斗目标奋勇前进！

综上所述,中国共产党作为马克思主义政党,其性质、宗旨和目标决定

---

① 《邓小平文选》(第3卷),北京:人民出版社,1993年版,第28页。
② 《邓小平文选》(第3卷),北京:人民出版社,1993年版,第10页。
③ 《邓小平文选》(第2卷),北京:人民出版社,1994年版,第237页。
④ 《邓小平文选》(第3卷),北京:人民出版社,1993年版,第54页。

了"为人民谋幸福"是中国共产党的初心,也是中国共产党的恒心。中国共产党并未把"为人民谋幸福"当作空洞的口号、抽象的概念和书斋里的学问。为了实现人民的幸福,中国共产党运用马克思主义幸福观的基本立场、观点和方法,深刻分析中国社会不同历史时期的实际状况,将其与中国实际情况相结合,与中国传统文化相结合,不仅在理论上创立了中国化的马克思主义幸福观体系,而且在实践中不断推进人民幸福的具体化和现实化,其历史经验值得总结!

### 三、马克思主义幸福观中国化的历史经验

习近平总书记深刻地指出,历史是最好的教科书,历史是最好的营养剂。新时代马克思主义幸福观的成功建构不是"飞来峰",不是从天上掉下来的,也不是从真空中产生的,而是深深植根于中国共产党以马克思主义幸福观为理论指导为人民谋幸福的实践历程,这是我们建构新时代马克思主义幸福观的历史逻辑、理论逻辑和现实逻辑的辩证统一过程。因此,为了建构符合时代要求的新时代马克思主义幸福观,首要的前提是回顾中国共产党为人民谋幸福的历史,并在此基础上总结其中的历史经验。通过对中国共产党为人民谋幸福的历史的辩证的把握和理性的分析,我们认为中国共产党实践马克思主义幸福观的历史经验包含以下几个方面。

第一,中国共产党是中国人民谋求幸福生活的主心骨。中国共产党领导中国人民谋求解放幸福的实践斗争充分证明,中国共产党是领导我们幸福事业取得成功的最关键的力量,是最核心的领导力量,是中国人民谋求幸福生活的主心骨。中国人民之所以能够摆脱、扭转近代以来"被欺负、被压迫、被奴役"的悲惨命运,甩掉"东亚病夫"的帽子,成为国家、社会和自己的主人,从而主动追寻自己的幸福生活,最根本的原因在于有中国共产党的领导。只有中国共产党的坚强领导,才能完成近代以来其他各种政治力量无力完成的民族独立、人民解放、国家富强和人民幸福的历史性任务,才能建立人民当家作主的新中国,建立社会主义制度,才能让中国人民"站起来",从而为人民的幸福生活奠定根本的政治前提和制度基础;也只有在中国共产党的领导下,中国人民才能充分发挥建设社会主义的热情,在曲折中前进,在挫折中奋起建设有中国特色的社会主义,让中国人民"富"起来,从而为人民的幸福生活奠定坚实的物质基础。因此,历史告诉我们,"坚持和完

善党的领导,是党和国家的根本所在、命脉所在,是全国各族人民的利益所在、幸福所在"①,在新的时代贯彻和实践马克思主义幸福观必须始终坚持中国共产党的领导,始终发挥党统揽全局、协调各方的中枢作用。

第二,人民立场是中国共产党谋幸福的基本立场。人民立场是马克思主义的根本立场,也是马克思主义幸福观观照的现实幸福主体,马克思主义幸福观以历史唯物主义的方法论分析现实资本主义社会的根本目的就是谋求人民的解放和幸福,这是马克思主义的最高价值追求。习近平总书记指出,"人民立场是中国共产党的根本政治立场,是马克思主义政党区别于其他政党的显著标志"②。中国共产党作为马克思主义政党,其性质宗旨、理想信念和奋斗目标都是全心全意地为人民服务,为了人民的根本利益和幸福生活,这是中国共产党的初心。"从石库门到天安门,从兴业路到复兴路,我们党近百年来所付出的一切努力、进行的一切斗争、作出的一切牺牲,都是为了人民幸福和民族复兴",也正是因为这个初心,"我们党才能在极端困境中发展壮大,才能在濒临绝境中突出重围,才能在困顿逆境中毅然奋起"③。如果忘记了人民立场,我们党就会"改变性质、改变颜色",就会"失去民心、失去未来"。因此,历史告诉我们,中国共产党来自人民、扎根人民、造福人民,其没有自己的特殊利益,在新的时代实践马克思主义幸福观,必须以最广大人民群众的根本利益和幸福生活为一切工作的根本出发点和立脚点,解决好"为谁服务"的问题,坚持马克思主义幸福观的"人民立场"。

第三,中国特色社会主义道路是实现人民幸福的根本道路。马克思主义幸福观不是书斋里的学问、不是抽象的思辨哲学的重要标志,是马克思主义以科学的方法揭示了实现人民幸福的现实道路,为无产阶级和广大人民群众争取幸福的斗争提供了根本的理论指导。在中国共产党以马克思主义幸福观为指导争取中国人民的幸福的斗争中,最根本的是找到实现人民幸福的道路,道路决定方向,方向决定命运,"道路问题是关系党的事业兴衰成败第一位的问题,道路就是党的生命"④。在革命、建设和改革的各个阶段寻求中国人民幸福的道路实践中,中国共产党深刻认识到不管是干革命还是搞建设,都要从"走别人的路"转变到"走自己的路"。我们认为,这里有两层

---

① 习近平:《论中国共产党历史》,北京:中央文献出版社,2021年版,第133页。
② 习近平:《习近平谈治国理政》(第2卷),北京:外文出版社,2017年版,第40页。
③ 习近平:《论中国共产党历史》,北京:中央文献出版社,2021年版,第271页。
④ 《十八大以来重要文献选编》(上),北京:中央文献出版社,2014年版,第117页。

含义。(1)只有社会主义道路才是实现人民幸福的正确道路。早期马克思主义者们就已经认识到只有社会主义道路才能让劳工大众得解放,无论是中国社会的内部状况还是世界的形势格局,都决定了资本主义道路在中国走不通。在革命和建设年代,毛泽东同志就深刻指出:"不靠社会主义……解决粮食问题,解决国计民生的大计,那真是难矣哉!"[1]因而中国共产党一成立就把社会主义和共产主义作为自己的理想信念和奋斗目标,历经沧桑而信仰不变。在改革开放和社会主义现代化建设新阶段,邓小平同志也深刻指出:"在中国现在落后的状态下,走什么道路才能发展生产力,才能改善人民生活?这就又回到是坚持社会主义还是走资本主义道路的问题上来了。如果走资本主义道路,可以使中国百分之几的人富裕起来,但是绝对解决不了百分之九十几的人生活富裕的问题。而坚持社会主义,实行按劳分配的原则,就不会产生贫富过大的差距。……不坚持社会主义,中国的小康社会形成不了。"[2]因此,只有社会主义道路才能救中国,才能实现民族独立和人民解放,为人民幸福创造根本的社会条件,提供政治前提和制度基础。(2)只有中国特色社会主义才是实现人民幸福的根本之道。中国确立了社会主义和共产主义的信仰后,现实的问题如何实现?在革命、建设和改革阶段,中国共产党对于实现人民现实幸福的道路的探索经历了从"走俄国人的路"到"走自己的路,建设有中国特色的社会主义"的历史性转变,开辟了中国特色社会主义道路。坎坷的探索历程教育了党、教育了人民,深刻认识到无论是革命、建设还是改革,别人的经验可以借鉴,但是照抄照搬别国经验、别国模式从来都不能取得成功。因此,历史告诉我们,只有社会主义而且是符合中国国情、和中国实际紧密结合的中国特色社会主义道路才是实现人民幸福的根本道路。实践证明这条道路是可行的,是走对了的,我们必须继续坚持独立自主原则,把我们看准了、认定了的幸福之路坚持走下去,坚持方向不变、道路不偏、力度不减。

此外,中国共产党坚持以马克思主义幸福观的基本立场、观点、方法为指导,没有把幸福看成一成不变的"永恒范畴",而是把幸福看作历史的、动态的、发展的范畴,根据不同时代的中国社会主要矛盾的变化提出了符合时代要求的幸福主题,比如:"推翻'三座大山',实现民族独立和人民解放"是

---

[1] 《毛泽东思想年编(1921—1975)》,北京:中央文献出版社,2011年版,第761页。
[2] 《邓小平文选》(第3卷),北京:人民出版社,1993年版,第64页。

新民主主义革命时期的幸福主题;"巩固新生的人民民主政权,使人民真正实现当家作主,解决人民生活的温饱问题"是社会主义革命和建设时期的幸福主题;"提高人民生活水平、满足人民日益增长的物质文化需要"是改革开放和社会主义现代化建设新时期的幸福主题①。因此,随着时代的不同,我们必须不断守正创新。中国共产党无论在革命、建设时期还是在改革时期追寻人民幸福的征途中,始终坚持马克思主义幸福观的中国化,坚持把马克思主义幸福观与中国实际相结合,与中国传统文化相结合,始终坚持依靠人民的力量实现人民的幸福。

总之,中国共产党在带领中国人民创造幸福生活的历史实践中创造了宝贵的经验,我们应该倍加珍惜,在新的时代不断将之发扬光大;不断促进社会的进步和人的全面发展,在理论上形成民族的、科学的、大众的新时代马克思主义幸福观,在实践中造就人民更加幸福的生活样态。

## 第二节 时代变革之际的中国特色社会主义幸福主题

### 一、"新时代":中国特色社会主义新的历史方位

"现实性"是马克思主义幸福观独特的理论品格,马克思主义改变了观察和研究幸福的立场和方法,把人民的幸福奠基于坚实的生活世界,从而超越了宗教的虚幻幸福观、思辨哲学的抽象幸福观以及直观唯物主义的感性幸福观。马克思主义幸福观的现实性不仅体现在其研究幸福的出发点——"现实的个人"是现实的,而且包含在对幸福内涵的理解以及实现幸福的路径中。马克思主义幸福观之所以能够超越传统幸福观的狭隘眼界,实现幸福观问题上的革命性变革,根本原因是其以历史唯物主义和辩证唯物主义方法论观察时代,分析社会现实。没有科学的"现实观"就没有马克思主义幸福观的革命性变革。

---

① 韩振峰、王蓉:《中国共产党人民幸福观的主题演进历程及经验启示》,《马克思主义理论学科研究》,2021年第4期。

历史和人民选择了中国共产党,意味着中国人民在以马克思主义为指导思想组织起来的政党带领下走社会主义、共产主义道路谋求幸福。在此实践过程中,中国共产党人坚持马克思主义的基本立场、观点和方法,通过正反两方面的经验总结,准确分析中国社会的性质及其主要矛盾,进而明确了如何实现革命的胜利,如何实现改革的成功,如何建立社会主义制度,进行社会主义建设,推进社会主义在中国的实现样态。无论是新民主主义——社会主义的革命道路,还是中国特色社会主义的建设道路,贯穿其中的一条核心线索是在不断推进现代化的基础上实现人民的现实幸福,而另一条核心线索就是在把握中国特点、中国国情、中国实际的基础上明确历史方位,不断推进马克思主义中国化,开辟实现人民幸福的现实中国道路。如在改革开放中开辟中国特色社会主义道路的开端,邓小平同志明确指出,"中国社会主义是处在一个什么历史阶段,就是处在初级阶段,是初级阶段的社会主义。社会主义本身是共产主义的初级阶段,而我们中国又处在社会主义的初级阶段,就是不发达的阶段。一切都要从这个实际出发,根据这个实际来制定规划"[①]。正是在把握我国现实的历史方位的基础上,我们党制定了从贫困到温饱、从温饱到小康、从小康到基本实现现代化的"三步走"战略规划,把人民的幸福现实化、具体化,不仅具有可信性,更具有可行性。

马克思主义幸福观的基本立场、观点和方法以及中国化马克思主义历史进程中为人民谋幸福的实践都启示我们以历史唯物主义和辩证唯物主义方法论把握中国的历史方位是研究当今中国人民现实幸福的立论之基。那么,今天我们处在什么样的历史方位呢?换言之,中国今天处在一个什么样的时代?这是理解中国实际情况的基本点。

自社会主义制度确立以来,社会主义在中国经过了曲折的发展,我们党明确社会主义初级阶段是我国最大的实际、最基本的国情,从而开辟了中国特色社会主义道路,使得社会主义的中国形态得以确立并不断发展。然而,正如习近平总书记所深刻指出的,社会主义初级阶段不是一个静态、一成不变、停滞不前的阶段,也不是一个自发、被动、不用费多大气力自然而然可以跨过的阶段,而是一个动态、积极有为、始终洋溢着蓬勃生机活力的过程,是一个阶梯式递进、不断发展进步、日益接近质的飞跃的量的积累和发展变化

---

[①] 《邓小平文选》(第3卷),北京:人民出版社,1993年版,第252页。

的过程。由此可见,社会主义初级阶段和其他事物的发展要经历一个阶段接着一个阶段的过程一样,其发展也呈现连续性与阶段性的统一。从建立社会主义制度到开辟中国特色社会主义道路,中国特色社会主义经过不断的发展,进入了一个新的阶段,这个中国特色社会主义新的发展阶段被称为"新时代":"经过长期努力,中国特色社会主义进入了新时代,这是我国发展新的历史方位。"① 值得注意的是,中国特色社会主义"新时代"并不是一般意义上的编年史的阶段划分,而是"党中央从历史和现实、理论和实践、国内和国际相结合进行思考,对我国发展的历史方位以及党和国家事业发展大局所作出的重大政治论断"②。"新时代"是中国特色社会主义发展新的历史方位,准确地理解中国特色社会主义新时代的内在逻辑需要以马克思主义时代观为指导,在搞清楚"时代"含义的基础上,从"新时代"的立论依据、意义主线、具体内容等维度进行深入解读,唯有如此才能理解"新时代"的科学内涵,真正把握当今中国社会的现实,从而明晰党和国家的工作重心和主要任务,为人民的现实幸福创造社会条件。

"时代"是我们日常语言中使用频率比较高的词汇,比如"青年时代""网络时代""信息时代""野蛮时代""文明时代"以及"社会主义时代"等,从不同的角度出发"时代"被赋予不同的含义,因而"时代"也是一个充满歧义的概念。但是,总的来说,"时代"是指事物发展比较稳定的时间段,不同的状态形成不同的时代,事物的状态的变化促使时代发生变化。在社会发展领域,"时代"概念具有广义和狭义两层内涵。"广义的时代概念是从历史观的角度对人类社会发展大的历史发展进程的判定,狭义的时代概念是从某个特定的角度对某个社会发展阶段的判定。不搞清楚广义的时代概念,即大的'历史时代',就看不清狭义时代所处的大的历史方位和国际条件。要把从历史观出发判断的广义的时代概念与其他视角出发判断的狭义的时代概念区别开来。这两种时代概念既有区别,又是辩证统一的。"③ 在马克思主义时代观的视野中,"时代"主要是指大的"制度"时代,是从原始社会到共产主义社会的辩证发展过程。马克思主义的时代观为我们认识当今中国的"新时

---

① 习近平:《决胜全面建成小康社会 夺取新时代中国特色社会主义伟大胜利》,北京:人民出版社,2017年版,第10页。
② 姜佑福:《中国特色社会主义新时代的立论根据与哲学使命》,《哲学研究》,2018年第5期。
③ 王伟光:《唯物史观大的"历史时代"与习近平新时代中国特色社会主义思想》,《马克思主义研究》,2019年第1期。

代"提供了理论基础。今天中国的"新时代"显然不是社会制度变革意义上的"新时代",即其不是一种社会制度代替另一种社会制度,它是中国的社会主义制度之内的一个阶段,同时这个"新时代"也不是一个社会制度内的大的发展阶段,如"社会主义初级阶段"。今天中国的"新时代"是"中国特色社会主义"的"新时代",换言之,它是中国特色社会主义发展的某个阶段,其任务是实现社会主义现代化,实现中华民族的伟大复兴。因此,"新时代"是中国特色社会主义的"新时代",两者是整体与部分的关系。"'中国特色社会主义'是一个完整的新概念。'中国特色社会主义'不是一般的修饰词,而是对新时代的定性、定位。离开中国特色社会主义,就新时代而论新时代是不正确的。中国特色社会主义是改革开放以来党的全部理论和实践的主题,改革开放以来我们坚持和发展中国特色社会主义一以贯之。在理解新时代时,我们须臾不可离开中国特色社会主义。"①正如习近平总书记强调所指出的,我们必须认识到,这个新时代是中国特色社会主义新时代,而不是别的什么新时代。中国特色社会主义进入新时代表明中国特色社会主义进入了一个新的历史阶段,站到了一个新的历史起点,处于新的历史方位。由此可见,只有在马克思主义时代观指导下并从中国实际尤其是中国特色社会主义的发展状况出发,才能从总体方向上科学把握"新时代"。

在总体方向上明确"新时代"是中国特色社会主义的新时代之后,我们还需要从以下三个方面具体理解"新时代"。

(1)中国特色社会主义新时代的立论依据。之所以说"新时代"是中国特色社会主义发展的新的历史方位,是因为中国特色社会主义发展过程中的"变化",是比较大的变化,否则就不能称为新的时代。党的十九大报告指出,经过长期的努力,"我国国际地位实现前所未有的提升,党的面貌、国家的面貌、人民的面貌、军队的面貌、中华民族的面貌发生了前所未有的变化"②。质言之,新中国成立、改革开放以来尤其是党的十八大以来中国特色社会主义实践取得的巨大成就是中国特色社会主义进入新时代的根本依据,具体表现为"历史性成就""历史性变革"和"历史性影响"。首先,党和国家取得的"历史性成就"是全方位的、开创性的。这些"历史性成就"具体包

---

① 陶文昭:《中国特色主义新时代的逻辑要点》,《马克思主义研究》,2019年第9期。
② 习近平:《决胜全面建成小康社会 夺取新时代中国特色社会主义伟大胜利》,北京:人民出版社,2017年版,第9页。

含:经济建设取得重大成就;全面深化改革取得重大突破;民主法治建设迈出重大步伐;思想文化建设取得重大进展;人民生活不断改善;生态文明建设成效显著;强军兴军开创新局面;港澳台工作取得新进展;全方位外交布局深入展开;全面从严治党成效显著[1]。其次,党和国家发生的"历史性变革"是深层次的、根本性的。党的十一届三中全会开启了我们党和国家历史上具有伟大历史转折意义的时代,经过几十年的发展尤其是十八大以来我们党提出的新理念、新思想、新战略,实践中的重大政策、重大举措、重要工作解决了"许多长期想解决而没有解决的难题",办成了"许多过去想办而没有办成的大事",从而推动了党和国家事业的"历史性变革"。最后,"历史性成就"和"历史性变革"产生了"历史性影响",突出表现为中国特色社会主义主要矛盾的转变,社会主要矛盾的转变是关系全局的"历史性变化"。党的十九大报告明确指出,"中国特色社会主义进入新时代,我国社会主要矛盾已经转化为人民日益增长的美好生活需要和不平衡不充分的发展之间的矛盾"[2]。社会主要矛盾反映了一定的历史阶段中人民的需要体系和社会的供给体系之间的状况,总体上反映社会发展的水平。改革开放后我们党根据当时社会发展状况,恢复了党的八大对社会主要矛盾的界定,把社会主要矛盾确定为人民日益增长的物质文化需要和落后的社会生产之间的矛盾。经过长期发展尤其是十八大以来的发展,我国社会主要矛盾的两个方面都发生了变化。从供给方面来看,我国经济社会发展水平已经不是"落后的社会生产"状态,在很多方面已经进入世界前列,突出的问题是不平衡、不充分的发展;从需求方面来看,"人民美好生活需要日益广泛,不仅对物质文化生活提出了更高要求,而且在民主、法治、公平、正义、安全、环境等方面的要求日益增长"[3]。正是社会主要矛盾的转化,推动中国特色社会主义进入了新时代,明确了不平衡不充分的发展是满足人民日益增长美好生活需要的主要制约因素,为党和国家未来的工作重心提供了理论依据。

(2) 中国特色社会主义新时代的意义主线。我国发展新的历史起点和

---

[1] 习近平:《决胜全面建成小康社会 夺取新时代中国特色社会主义伟大胜利》,北京:人民出版社,2017年版,第3-8页。
[2] 习近平:《决胜全面建成小康社会 夺取新时代中国特色社会主义伟大胜利》,北京:人民出版社,2017年版,第11页。
[3] 习近平:《决胜全面建成小康社会 夺取新时代中国特色社会主义伟大胜利》,北京:人民出版社,2017年版,第11页。

历史方位突出表现在"三个意味着"的意义主线之中。党的十九大报告从"中华民族""科学社会主义""现代化路径"三个方面具体阐述了中国特色社会主义进入新时代的伟大意义:"中国特色社会主义进入新时代,意味着近代以来久经磨难的中华民族迎来了从站起来、富起来到强起来的伟大飞跃,迎来了实现中华民族伟大复兴的光明前景;意味着科学社会主义在二十一世纪的中国焕发出强大生机活力,在世界上高高举起了中国特色社会主义伟大旗帜;意味着中国特色社会主义道路、理论、制度、文化不断发展,拓展了发展中国家走向现代化的途径,给世界上那些既希望加快发展又希望保持自身独立性的国家和民族提供了全新选择,为解决人类问题贡献了中国智慧和中国方案。"①中国特色社会主义新时代这一新的历史方位首先是通过中华民族的历史意义叙事而得以确立的。回顾近代"千年未有之大变局"的时代背景下中华民族的悲惨遭遇,我们便能明晰中华民族从"站起来""富起来"到"强起来"的历史和现实意义,贯穿其中的是中华民族伟大复兴的历史进程,"这一行程通过各阶段的发展,特别是通过中国特色社会主义的持续推进,通过全面建成小康社会的历史性实践,使其当代意义进入新的历史方位之中,并成为这一历史方位的基本主线之一"②。其次,中国特色社会主义新时代这一新的历史方位是通过世界社会主义的历史意义叙事而得以确立的。回顾社会主义的曲折发展历程,尤其是 20 世纪 80 年代末 90 年代初世界社会主义运动遭遇的重大挫折,"共产主义失败论""马克思主义过时论""历史终结论"甚嚣尘上。"在我们的祖父母时代里,许多有理智的人竟然可以预见出一种辉煌的社会主义前景。……然而,当今世界上,我们却难以想象出一个从根本上比我们这个世界更好的世界,或一种不以民主主义和资本主义为基础的未来。"③相比较之下,中国特色社会主义进入新时代历史性地展示了世界社会主义的光明前景,其对于科学社会主义命运的意义日益彰显。最后,中国特色社会主义新时代这一新的历史方位是通过人类社会发展的历史意义叙事而得以确立的。回顾人类社会的发展史,西方国家率先实现了现代化,以至于人们常常把现代化等同于西方化,似乎人类现

---

① 习近平:《决胜全面建成小康社会 夺取新时代中国特色社会主义伟大胜利》,北京:人民出版社,2017 年版,第 10 页。
② 吴晓明:《"小康中国"的历史方位与历史意义》,《中国社会科学》,2020 年第 12 期。
③ 福山:《历史的终结及最后之人》,黄胜强、许铭原译,北京:中国社会科学出版社,2003 年版,第 52 页。

代文明的开启只能走西方的道路,舍此之外别无他途。中国特色社会主义进入新时代开辟了现代化的新路径,社会主义不仅是资本主义的代替性方案,而且还可以是实现现代化的方案,新时代中国特色社会主义的道路选择充满了"中国智慧",因而具有"世界历史"意义。由此可见,"只有当中国特色社会主义发展到特定的转折点上,它才能迎来中华民族伟大复兴的决定性飞跃,才能对世界社会主义作出意义深远的建设性贡献,才能对世界历史的总体进步提供中国智慧和中国方案。这个特定的转折点就是新的历史方位"[①]。

(3) 中国特色社会主义新时代的历史任务。任何一个时代都有属于自己要完成的历史任务,中国特色社会主义新时代也不例外。在中国特色社会主义进入新时代之后,我们必须明确新时代所要完成的历史任务,"新时代,是承前启后、继往开来,在新的历史条件下继续夺取中国特色社会主义伟大胜利的时代,是决胜全面建成小康社会,进而全面建设社会主义现代化强国的时代,是全国各族人民团结奋斗、不断创造美好生活、逐步实现全体人民共同富裕的时代,是全体中华儿女勠力同心、奋力实现中华民族伟大复兴中国梦的时代,是我国日益走近世界舞台中央、不断为人类作出更大贡献的时代"[②]。就"中国特色社会主义"的发展来说,改革开放开辟的中国特色社会主义道路取得了伟大胜利,进入新时代后,中国特色社会主义在新的阶段要进一步地巩固和发展中国特色社会主义制度,推进国家治理体系和治理能力现代化。就"发展战略"来说,十九大报告中提出的"全面建成小康社会"已于中国共产党成立一百周年时顺利完成,开启了基本实现社会主义现代化和建成社会主义现代化强国新征程。就"发展目的"来说,新时代在完成脱贫攻坚任务后将共同富裕提上议事日程,让全体人民共享发展成果。就"中华民族"来说,其目标就是实现中华民族的伟大复兴,让古老的中华民族重新焕发出青春活力,实现自近代以来中华民族伟大复兴的梦想。就"世界视野"来说,就是中国真正实现了强大,社会主义现代化强国目标最终得以实现,中国进一步走近世界舞台的中央,为人类社会作出更大的贡献。"五个时代"的概括实质上就是中国特色社会主义新时代的核心内容,也是

---

[①] 吴晓明:《"小康中国"的历史方位与历史意义》,《中国社会科学》,2020年第12期。
[②] 习近平:《决胜全面建成小康社会 夺取新时代中国特色社会主义伟大胜利》,北京:人民出版社,2017年版,第10-11页。

新时代所要完成的主要任务。

需要强调指出的是,"新时代"是中国特色社会主义的新时代,它只是中国特色社会主义发展的一个新的阶段,因而其总体上并没有超越改革开放以来我们党对我国仍处于"社会主义初级阶段"的历史定位,新时代中国特色社会主义主要矛盾的变化,不是矛盾性质的根本性变化,而是矛盾具体形态的变化,它仍然归属于社会主义初级阶段的主要矛盾之中。"我国社会主要矛盾的变化,没有改变我国社会主义所处历史阶段的判断,我国仍处于并将长期处于社会主义初级阶段的基本国情没有变,我国是世界最大发展中国家的国际地位没有变",而正是因为如此,所以"全党要牢牢把握社会主义初级阶段这个基本国情,牢牢立足社会主义初级阶段这个最大实际,牢牢坚持党的基本路线这个党和国家的生命线、人民的幸福线"①。党和国家事业的兴旺发达、人民的幸福生活都依靠党继续地领导和团结全国各族人民,以经济建设为中心,坚持四项基本原则,坚持改革开放、自力更生、艰苦创业,为把我国建设成为富强民主文明和谐美丽的社会主义现代化强国而奋斗。那么,新时代中国特色社会主义的幸福主题是什么呢?回答此问题是我们在详细分析"新时代"这一中国特色社会主义新的历史方位后的主要任务,就幸福论而言,这也是我们详细分析中国特色社会主义新时代的主要目的。

## 二、新时代中国特色社会主义的幸福主题

在马克思主义幸福观的视野中,幸福从来不是永恒的、空洞的、一劳永逸的抽象概念,而是历史的、具体的、随着时代发展而不断运动变化的现实范畴,这是以历史唯物主义和辩证唯物主义为方法论指导的马克思主义幸福观中的"幸福"范畴与种种历史唯心主义、直观唯物主义、形而上学幸福概念相区别的根本特质。中国共产党人以马克思主义幸福观为指导,以历史唯物主义和辩证唯物主义方法论分析时代,分析中国社会实际,从新民主主义革命到社会主义革命,从社会主义建设的初步探索到开辟中国特色社会主义道路,确定和实践了不同历史时代的幸福主题,使得中国人民幸福感不断增强,幸福的水平不断提高。所有这些伟大成就的取得都得益于中国共产党人以马克思主义幸福观为指导,结合中国的时代状况和实际情况,结合

---

① 习近平:《决胜全面建成小康社会 夺取新时代中国特色社会主义伟大胜利》,北京:人民出版社,2017年版,第10—11页。

中国传统文化,不断创造马克思主义幸福观中国化的新境界。

中国共产党带领中国人民谋求幸福的斗争实践启示我们:不同的幸福主题是由不同的时代状况决定的,"时代"是我们把握人民的现实幸福当代形态的晴雨表。经过对中国特色社会主义新的历史方位的具体分析,我们明确了中国特色社会主义进入了"新时代",形成了对于"新时代"较为立体的理性认识。这个"新时代"的根本特征是"变"与"不变"的辩证统一,是中国特色社会主义的"新时代"。因此,可以通过这个中国特色社会主义"新时代"主要矛盾的变化来确定党的中心任务和人民幸福的时代主题。正如毛泽东同志深刻指出的:"在复杂事物的发展过程中,有许多矛盾的存在,其中必有一种是主要的矛盾,由于它的存在和发展规定或影响着其他矛盾的存在和发展。……捉住了这个主要矛盾,一切问题就迎刃而解了。……万千的学问家和实行家,不懂得这种方法,结果如坠烟海,找不到中心,也就找不到解决矛盾的方法。"①社会主要矛盾标志着社会的根本问题、主要任务和工作重点,同时也表征着人的现实需要的状况,只有明确了社会的主要矛盾才能够把握社会的发展状况和发展水平,才能明确社会所处的发展阶段,才能把握人的生活状况。新时代中国特色社会主义的主要矛盾是人民日益增长的美好生活需要和不平衡不充分的发展之间的矛盾,这就表明,社会生产的供给方面的问题是"不平衡不充分",而人民生活的需求方面的问题是"美好生活"需要的提升。由此可以确定,新时代中国特色社会主义的幸福主题是"美好生活",是通过不断推进平衡充分的发展以满足人民日益增长的美好生活需要,正如习近平总书记一再强调指出的那样,"人民对美好生活的向往,就是我们的奋斗目标"②,"我们要牢记人民对美好生活的向往就是我们的奋斗目标,坚持以人民为中心的发展思想,努力抓好保障和改善民生各项工作,不断增强人民的获得感、幸福感、安全感,不断推进全体人民共同富裕"③。我们应该从以下几个方面理解时代变革之际的中国特色社会主义"美好生活"幸福主题。

(1) 新时代中国特色社会主义"美好生活"幸福主题是历史唯物主义和辩证唯物主义"合目的性"和"合规律性"的统一。"为人民谋幸福"是中国共

---

① 《毛泽东选集》(第1卷),北京:人民出版社,1991年版,第320-322页。
② 习近平:《习近平谈治国理政》,北京:外文出版社,2014年版,第4页。
③ 《永远做人民公仆、时代先锋、民族脊梁》,《人民日报》,2017-10-26。

产党的初心,也是中国共产党"不变"的恒心。随着时代条件的变化,中国共产党把"为人民谋幸福"具体化现实化,在不断变化的时代语境中以变化了的幸福主题践行党的初心,这是中国共产党"为人民谋幸福"初心"变"与"不变"的辩证法。在中国特色社会主义新时代,中国共产党把实现人民的"美好生活"作为新时代中国特色社会主义的幸福主题,这是马克思主义幸福观中国化的最新成果之一。"美好生活是中国共产党带领中国人民创造的生活方式,是走自己的路的重要成果,是中华民族伟大复兴在微观层面最直接、最真实以及最生动的展现,反映了中华民族对于理想生活的当代追求。"[①]新时代中国特色社会主义的"美好生活"幸福主题生动展示了历史唯物主义"合目的性"和"合规律性"的有机统一。无论是革命年代的"打土豪,分田地",还是改革年代的"温饱""小康""基本实现现代化",其根本目的都是为了改善人民的生活状况。新时代中国特色社会主义"美好生活"的幸福主题同样如此,它是中国共产党团结带领中国人民一切奋斗的出发点和落脚点。变化了的社会历史条件是"美好生活"幸福主题生成的时代语境,塑造着"美好生活"的时代图式和追寻方式,但其依然深刻体现了"历史不过是追求着自己目的的人的活动而已"的历史唯物主义论断。在中国共产党带领人民谋求幸福的实践中,这种目的以理想信念的方式不断化为中国共产党的精神动力和实践能力,驱动中国共产党为人民的现实幸福不断奋斗。新时代的中国共产党把"美好生活"作为时代的幸福主题和奋斗的新目标不仅体现了中国共产党的性质宗旨、理想信念,展示出历史性展开的"美好生活"的"合目的性",而且蕴含着中国共产党实事求是地依据人类社会发展规律、社会主义建设规律和共产党执政规律办事的"合规律性"。正是从历史唯物主义和辩证唯物主义出发,依照"三大规律",中国共产党才能够按照变化了的时代条件及时准确地把握时代变革之际的中国特色社会主义的"美好生活"幸福主题。新时代中国特色社会主义"美好生活"幸福主题是"合目的性"与"合规律性"的有机统一,这是社会历史法则逻辑之中的突出特征,它既表明"人"作为历史的创造者的目的与意志,又表现出历史合力的必然趋势和发展走向,是中华民族近代以来尤其是中国共产党诞生以来中国社会发展的历史逻辑、理论逻辑和实践逻辑的必然性结果。

---

① 项久雨:《新发展理念与美好生活》,《马克思主义研究》,2021年第10期。

(2) 新时代中国特色社会主义"美好生活"幸福主题体现了"需要"的社会历史性特征,同时也揭示了新时代"美好生活"幸福主题的具体内涵。马克思主义认为,"需要"不是静态的不变的,而是一个社会历史性的动态范畴,生产力和生产关系相统一的社会生产方式决定着需要的变化发展过程,不同的社会生产力发展水平和社会制度决定了需要的水平以及需要满足的方式。马克思主义创始人非常重视需要对于人的发展的意义,强调人的"多方面的需求"的满足,"人的需要的丰富性",提出"他们的需要即他们的本性"的命题,也就是说,人的需要是人的本性,同时指出物质需要是人的基础性需要,只有在满足物质生活需要的基础上才能有人的其他更高级需要,物质生活的生产方式决定着人的社会生活、政治生活和精神生活过程。中国共产党秉持历史唯物主义的"需要"理论,在改革开放过程中把人民日益增长的物质文化需要和落后的社会生产之间的矛盾作为社会的主要矛盾,从而大力发展生产力以满足人民群众的物质文化需要。随着中国特色社会主义进入新时代,中国共产党根据社会主要矛盾的变化实事求是地指出:"人民美好生活需要日益广泛,不仅对物质物化生活提出了更高的要求,而且在民主、法治、公平、正义、安全、环境等方面的要求日益增长。"[①]人民美好生活需要之所以日益广泛,是因为新中国成立以来尤其是随着改革开放的纵深推进,社会生产力水平获得了极大的发展,随着社会发展整体水平的提高,人民美好生活需要才呈现出新的时代特征。如果说中国特色社会主义新时代之前的人民的需要主要体现在"硬需求"的满足,那么新时代人民美好生活的需要则在"硬需求"更高要求的基础上更加注重"软需求"的满足,相比较于之前的"物质文化需要",新时代人民美好生活需要发生了质的变化,是本质性的提升,这种提升"既包括量的增长,也包括质的要求;既包括客观需求,又包括主观感受"[②]。首先,拓展了人民美好生活需要的领域。我国依然处在社会主义初级阶段,中国特色社会主义进入新时代并没有改变中国"最大的实际",因而新时代之前的"物质文化需要"依然是人民美好生活需要的重要领域,不同的是较之以往提出了"更高的要求",同时人民美好生活需要的领域从"物质文化生活"领域拓展到政治领域、社会领域、生态领域等更加

---

① 习近平:《决胜全面建成小康社会 夺取新时代中国特色社会主义伟大胜利》,北京:人民出版社,2017年版,第11页。
② 辛向阳:《深刻把握新时代的丰富内涵和伟大意义》,《马克思主义研究》,2019年第7期。

广泛的领域,人民对民主法治的诉求日益强烈,人民的公平意识、权利意识、正义理念日益增强,人民的总体性安全需要日益增长,人民对优良的生态环境需要的期待日益迫切等等。其次,提升了人民美好生活需要的品质。习近平总书记深刻指出:"我们的人民热爱生活,期盼有更好的教育、更稳定的工作、更满意的收入、更可靠的社会保障、更高水平的医疗卫生服务、更舒适的居住条件、更优美的环境,期盼孩子们能成长得更好、工作得更好、生活得更好。"①这一系列"更"的朴素表述形象地说明了人民美好生活需要多层次、多方面、多样化的特点,表明了人民美好生活需要的质的跃迁。最后,增强了人民美好生活需要的主观感受。新时代人民美好生活需要不只是客观层面的人民需求,还意味着人民群众的主观感受,换言之,新时代美好生活是具体的、可感的、实实在在的。习近平总书记多次强调要解决群众最关心最直接的现实问题,不断增强人民群众的"获得感""幸福感"和"安全感"。"感"突出了新时代人民美好生活需要的主观评价维度,"这意味着'美好生活'不仅仅是一个客观需求,还是一个主观需求,是一个主客观相统一的要求。既要解决物质生活上的客观需求,又要注意解决人民的心理问题"②。新时代人民美好生活需要揭示了新时代"美好生活"的具体内涵,在时代发展的过程中上述系列需要的满足同时也就意味着中国人民实现了自身的新时代美好生活,意味着中国特色社会主义新时代人民现实幸福的新时代样态得以历史性的实现。

(3)新时代中国特色社会主义"美好生活"幸福主题体现了"人的自由而全面发展"的马克思主义幸福理想,构成新时代"美好生活"的价值指向。在明确中国特色社会主义进入新时代、我国社会主要矛盾转化后,党的十九大报告突出强调指出:"必须认识到,我国社会主要矛盾的变化是关系全局的历史性变化,对党和国家工作提出了许多新要求。我们要在继续推动发展的基础上,着力解决好发展不平衡不充分问题,大力提升发展质量和效益,更好满足人民在经济、政治、文化、社会、生态等方面日益增长的需要,更好推动人的全面发展、社会全面进步。"③"更好推动人的全面发展"突出了经济社会发展的根本目的是人的更好的发展,这和马克思主义的根本价值追

---

① 习近平:《习近平谈治国理政》,北京:外文出版社,2014年版,第4页。
② 辛向阳:《深刻把握新时代的丰富内涵和伟大意义》,《马克思主义研究》,2019年第7期。
③ 习近平:《决胜全面建成小康社会 夺取新时代中国特色社会主义伟大胜利》,北京:人民出版社,2017年版,第12页。

求是高度一致的。我们知道,马克思主义是关于无产阶级和广大人民群众解放的学说,它的根本宗旨就是改变资本逻辑语境中人的异化生存境遇,实现每一个人的自由而全面的发展,使人成为一个完整的人,发挥自己的本质力量,占有自己全面的本质。正如社会主义是共产主义的发展阶段一样,中国特色社会主义新时代"美好生活"幸福主题是现实的共产主义运动中的一环,它内蕴着马克思主义"人的自由而全面发展"的幸福理想,其本质上体现了人的自由发展和全面发展的价值目标。"如果说,马克思倡导的人的全面发展是'人类梦'的话,那么,以'实现人民对美好生活的向往'为核心的中国梦与'人类梦'在本质上是相通的,两者具有内在的统一性。中国梦以'人类梦'为根基和发展方向,是'人类梦'在社会主义中国的具体体现和当代形态。"[①]中国梦归根结底是人民的梦,是人民的幸福梦。因此,新时代"美好生活"幸福主题与"人的自由而全面发展"的马克思主义幸福理想是相通的,是马克思主义最高幸福理想的重要发展阶段。新时代"美好生活"幸福主题的根本价值在于实现符合历史发展阶段和时代特点的自由生活,促进人的全面发展,"它不等于欲望的即时满足,更不是资源的无限占有,而是不断促进人的全面发展、社会全面进步的生活;是发展成果更多更公平惠及全体人民、逐步实现全体人民共同富裕,全体人民在共建共享中拥有更多获得感、幸福感、安全感的生活;是生态环境不断改善、人与自然和谐共生的生活"[②]。只有把新时代"美好生活"幸福主题置放于马克思主义"人的自由而全面发展"的幸福理想的逻辑中,我们才能在历史发展的趋势中避免迷失方向,真正把握人民的现实幸福。

马克思曾言,"问题就是公开的、无畏的、左右一切个人的时代声音。问题就是时代的口号,是它表现自己精神状态最实际的呼声"[③]。马克思的论断启示我们,问题是认识时代的指示器,"问题意识"是我们认识时代,把握时代,引领时代必须具备的思维能力。中国特色社会主义进入新时代,既让我们认识到了中国特色社会主义发展取得的伟大成就,也让我们意识到了新的时代问题。每一个时代都有属于自己的问题,正是在认识和解决时代的问题中社会才能不断进步,人才能不断发展。经过长期的历史发展,中国

---

① 张三元:《论美好生活的价值逻辑与实践指引》,《马克思主义研究》,2018年第5期。
② 李建华:《奋斗幸福观的伦理意蕴》,《中国教育报》,2018-04-26(5)。
③ 《马克思恩格斯全集》(第40卷),北京:人民出版社,1982年版,第289—290页。

式的社会主义现代化道路越走越宽,小康社会已经全面建成,中国社会的面貌发生了翻天覆地的变化,人民的"美好生活"需要不断被激发出来,新时代"美好生活"的幸福主题以崭新的时代样态,现实地呈现在我们面前,同我们照面。"这不仅是中国社会生活变迁的宏观叙事,更是与人民的现实生活、内在需要有着深度联结的微观叙事。在新时代,美好生活的本质规定性由人的内在需要、人民的生活理想以及生活样式三个方面构成,它既是个体内在需要的直观表达,也是一种上升到人民全体高度的生活理想,更是新时代致力于实现的生活样式。"①随之而来的问题是:如何让新时代"美好生活"的幸福目标变成可感的具体现实?如何建构符合时代要求的新时代中国特色社会主义幸福观?这些是时代的问题,也是党和人民必须回应的"必答题"。

## 第三节　视域融合:新时代马克思主义幸福观的实践建构

**一、"两同结合":中国具体实际和传统幸福观创造性转化、创新性发展**

习近平总书记在庆祝中国共产党成立一百周年大会上深刻地指出:"坚持把马克思主义基本原理同中国具体实际相结合、同中华优秀传统文化相结合,用马克思主义观察时代、把握时代、引领时代,继续发展当代中国马克思主义、21世纪马克思主义!"②而在继《关于党的若干历史问题的决议》《关于建国以来党的若干历史问题的决议》之后的党的第三个历史决议《中共中央关于党的百年奋斗重大成就和历史经验的决议》中再次强调指出:"党之所以能够领导人民在一次次求索、一次次挫折、一次次开拓中完成中国其他各种政治力量不可能完成的艰巨任务,根本在于坚持解放思想、实事求是、与时俱进、求真务实,坚持把马克思主义基本原理同中国具体实际相结合、同中华优秀传统文化相结合,坚持实践是检验真理的唯一标准,坚持一切从

---

① 项久雨:《论美好生活的马克思主义逻辑》,《马克思主义研究》,2020年第7期。
② 习近平:《在庆祝中国共产党成立100周年大会上的讲话》,北京:人民出版社,2021年版,第13页。

实际出发,及时回答时代之问、人民之问,不断推进马克思主义中国化时代化。"①坚持马克思主义基本原理的"两同结合"是党长期革命、建设和改革实践的产物,是党总结正反两方面经验的必然结论,是实践逻辑、历史逻辑和理论逻辑的高度统一。马克思主义幸福观(幸福原理)作为马克思主义基本原理的有机组成部分,贯穿着马克思主义的基本立场、观点和方法,要使得马克思主义幸福原理在新时代继续发挥应有的作用,就必须坚持把马克思主义幸福原理同中国具体实际相结合、同中国传统幸福观中的合理成分相结合,构建新时代马克思主义幸福观。新时代马克思主义幸福观所要解决的实践主题是新时代中国特色社会主义美好生活,在理论上表现为新时代中国特色社会主义幸福观。新时代中国特色社会主义幸福观是新时代马克思主义幸福观的具体表现,"这种幸福观不是把幸福等同于占有资源(金钱、财富、权力等等),也不是把幸福视为感性欲望(物质欲望)满足的物质享受幸福观,而是追求作为整体的生活美好的全面而自由发展幸福观"②。

  历史是最好的教科书,历史是最好的营养剂。我们党在革命和建设年代把马克思主义幸福原理和中国具体实际相结合,同时尊重自己的民族传统,把土地问题作为人民幸福的核心问题,实行"耕者有其田"政策、土改政策,并以社会主义制度作为人民幸福的政治前提和制度保障,取得了革命和建设的伟大成就;而在改革年代,我们党以"温饱""小康""社会主义现代化"的国家发展战略表明人民幸福的实践主题,尤其是从中国优秀传统文化中借用来的"小康"概念更直观地阐释了人民幸福的现实状态,从而使得马克思主义幸福观具有了中国作风、中国气派和中国精神。总体来看,党在革命、建设和改革年代,在为人民谋幸福的实践过程中,坚持马克思主义幸福观为指导,坚持把马克思主义幸福观和中国具体实际、自身的文化传统相结合,构建了民族的、科学的、大众的符合时代要求的马克思主义幸福观。中国特色社会主义进入新时代,人民的新时代"美好生活"幸福主题同样需要我们坚定不移地坚持马克思主义幸福观为指导,构建民族的、科学的、大众的新时代马克思主义幸福观。根据党的百年奋斗的历史经验,新时代马克思主义幸福观之所以具有民族的性质,是因为马克思主义幸福原理是和中

---

① 《中共中央关于党的百年奋斗重大成就和历史经验的决议》,《人民日报》,2021-11-17(1)。
② 江畅、宋进斗:《中国传统"五福"幸福观考论》,《湖北大学学报(哲学社会科学版)》,2018年第2期。

华民族的特点相结合的,具有"一定的民族形式";新时代马克思主义幸福观之所以是科学的,是因为坚持实事求是的原则,主张客观真理,主张马克思主义幸福观理论和实践的一致,主张尊重历史的辩证法,绝不割断历史,因而辩证地汲取中国传统幸福观的合理成分。"中国化是以中国特有的期待视野为前提的,这是一种创造性的诠释,这种创造性不仅取决于中国社会的独特现实需要,还取决于中国的特殊文化背景。"①新时代马克思主义幸福观之所以是大众的,是因为这一幸福观是坚定站在人民的立场之上的,是为中国最广大的人民群众服务的,是为中国最广大的人民群众谋求美好幸福生活的。

新时代马克思主义幸福观的实践建构坚持马克思主义幸福观与"两同结合"的根本原则,其构成了民族的、科学的、大众的新时代马克思主义幸福观建构的总体方向,而在具体的行动策略上,我们需要做的一是分析中国现时的具体实际,二是梳理、凝练中国传统幸福观的核心要义及其精神实质。

在中国特色社会主义新的历史方位的阐释中,我们已经从宏观上把握了中国当前的具体实际,并以此确定了新时代中国特色社会主义美好生活的幸福主题。这里需要进一步强调指出的是"资本"在当前中国社会具体实际中的境遇。马克思主义幸福观的核心内容之一是对资本逻辑中幸福悖论的批判性分析,并且在资本的自我运动中展望了未来社会的幸福图景。马克思主义经典作家分析的"资本"对象是资本主义,并且是西欧典型的资本主义国家中的"资本",正是这种"资本"所构造的社会生产关系构成了马克思主义幸福观形成的社会现实。而在新时代中国特色社会主义的时代语境中,我们所言说的"资本"是一种什么样的存在呢?从根本性质上来说,我们所言说的"资本"不同于马克思主义经典作家所言说的资本主义制度中的"资本",在那里,"资本"是"特殊的以太""普照的光",是以资本主义生产资料私有制为核心的社会生产关系,是工人阶级在经济进而政治、文化上遭受不幸的根源,我们所言说的"资本"是在社会主义制度框架内的"资本",其受社会主义制度和国家政权的规制。在党的百年奋斗历史历程中,我们党对"资本"的认识积累了正反两方面的经验教训,对"资本"在社会主义发展过程中的作用的认识愈益全面和深刻。社会主义制度建立,尤其是改革开放

---

① 何中华:《马克思与孔夫子:一个历史的相遇》,北京:中国人民大学出版社,2021年版,第32页。

以来,在社会主义市场经济体制建立和不断完善的进程中,"资本"在经济社会发展过程中的地位日益突出,牵涉社会的方方面面。习近平总书记在中共中央政治局第三十八次集体学习时强调指出,"在社会主义市场经济条件下规范和引导资本发展,既是一个重大经济问题、也是一个重大政治问题,既是一个重大实践问题、也是一个重大理论问题,关系坚持社会主义基本经济制度,关系改革开放基本国策,关系高质量发展和共同富裕,关系国家安全和社会稳定"[①]。由此可见,社会主义市场经济语境中的"资本"对于发展社会生产力、创造社会财富、增进人民福祉具有非常重大的意义。因此,在社会主义市场经济条件下,我们必须促进各类资本的良性共同发展,发挥其带动各种类型的生产性要素的"集聚配置"的纽带功能,从而最大限度地保障其发挥促进社会生产力发展的积极作用,这是实现新时代中国特色社会主义美好幸福生活的物质前提,是历史唯物主义基本精神和方法原则的必然结论。脱离中国特点来谈论"资本"的属性不是虚妄,便是无视中国社会现实的无知,是彻头彻尾的主观思想和形式主义的"外在反思"。当然,我们也必须清醒地认识到,我们所言说的"资本"虽然处于社会主义制度和国家政权的规制之中,但它并没有改变马克思主义经典作家对"资本"无限度增殖逐利的本性的判断,如果不加以严格的规范和约束,就会给经济社会发展带来不可估量的危害性后果,从而影响和制约新时代中国特色社会主义人民美好幸福生活的实现。对此,习近平总书记指出,"我们要立足新发展阶段、贯彻新发展理念、构建新发展格局、推动高质量发展,正确处理不同形态资本之间的关系,在性质上要区分,在定位上要明确,规范和引导各类资本健康发展"[②]。马克思主义幸福观主要是关于幸福社会条件的学说,因此,我们要在社会主义制度体系内利用"资本",比如在分配制度上,必须坚持按劳分配为主体、多种分配方式并存的分配制度,把人民至上体现在分配制度中,而不能代之以"按资分配",这是我国的社会主义性质决定的,也是实现人民幸福生活的制度保障。所以,我们必须全面提升新时代中国特色社会主义资本治理的效能,增强资本治理的针对性、科学性和有效性,建立全链条的资本治理体系,加强资本领域的反腐败,防止资本无序扩张和平台垄断

---

① 习近平:《依法规范和引导我国资本健康发展 发挥资本作为重要生产要素的积极作用》,《支部建设》,2022年第14期。
② 习近平:《依法规范和引导我国资本健康发展 发挥资本作为重要生产要素的积极作用》,《支部建设》,2022年第14期。

行为。由此可见,对于"资本"的正确的历史唯物主义态度是,一方面我们从具体实际出发,允许资本参与分配并获得增殖和健康发展,但另一方面更为重要的是坚持发展为了人民、发展依靠人民、发展成果由人民共享,坚定不移地走全体人民共同富裕的道路,这是实现新时代中国特色社会主义美好幸福生活的应有之义和必然要求,也是马克思主义幸福原理和中国具体实际相结合的光辉典范。

马克思主义幸福原理的"西方形式"不断地转化为"中国形式",同时需要把马克思主义幸福原理和中国传统幸福观结合起来,使其具有明显的中国气质、中国气派和中国精神,符合"中国人"的民族心理期待。在中华民族上下五千年的灿烂历史中,中华民族创造了丰富多彩的文化,幸福观是其中重要的组成部分,建构了既和世界其他民族具有相通性、共性,同时又独具中国智慧的幸福观体系,构成了中国人看待幸福的独特视角,形成了中国人特有的精神世界和中国式的幸福观。

在中国人的日常生活语言和官方话语体系中,"幸福"是出现频率很高的语汇,往往以"福"字表达祝福、愿望、期待等美好的朴素情感以及对好生活的祈愿。"'福'的观念直接而深刻地植入在中国社会的意识之中,并在社会实践中处处表征出来。从器物层面的每年过春节在门上贴'福倒',到北京奥运会的福娃系列等,'福'不仅是一个民俗概念,也是一个民族对自己生活方式的习得,再到精神意识层面的对'福'的认同,我们可以发现很多中国人的名字中带有'福'字,'福'关联着生活的完满,精神的富足,以及对生活最美好的期望。"①形塑中国人生活方式的幸福观念古老而又深邃。从语义学来看,在中国传统幸福观的开端,"幸"与"福"本不是一个合成词,而是具有各自不同的含义。"福"最初表示的是祭祀鬼神之后获取的护佑,是一种"事神求福"的宗教性心理,因而遵守祭祀的规范便成为通往幸福之路,这与古希腊时期原初的幸福观念具有相通之处。在社会发展的过程中,"福"的含义及其获取方法也随之发展。"随着西周时代政治文明的日渐积累,周人拓展了'福'的外延,贵族群体逐渐将个人修养内在'威仪'(德)与遵守外在的'政德'而获得的体制化'好结果'也视作'福',使'福'逐渐生长出人文的内涵。"②具有人文内涵的"福"之观念后来为先秦儒家及其后继者所坚守、继

---

① 赵浩:《中国社会中的"幸"与"福"及其"德福一致"信念》,《伦理学研究》,2015年第3期。
② 谭笑:《崇尚"福"而警惕"幸":先秦儒家幸福观小论》,《江海学刊》,2020年第3期。

承和发扬光大,发展出具有巨大影响力的"德性幸福观"。随着"礼崩乐坏"时代的来临,遵守规范往往不能获得世俗性的幸福。面对如此窘境,儒家幸福观改变了对问题的看法,抛弃遵守规范是为了获得幸福的宗教性功利心理,认为遵守道德规范本身就是幸福。"儒家坦承经验中为善无福的普遍性,用'时''遇'等词将此断裂偶然化以劝慰子路式的愤懑,但古代规范所解析的'福祸终始'的道理终归是对的,有着超越获取眼前实利的恒久价值。也许,正是出于信赖古代规范的正确性,又对身处行善无福境遇的清醒,儒者才将遵守古典人文规范的价值从向外获取'福'的途径改视为'福'本身。"①然而,无论如何,"福"的根本含义是遵守一定的规范而获得的好结果,无论这种规范是祭祀规范还是人文规范,也无论后来"德福悖论"问题的生成。与此相反,"幸"表示的则是偶然的、取巧的,常常违背规范而逃避坏结果,免于惩罚的好运气。"'幸'的意义是一种消极意义上的免灾,不受到不利事情的干扰,或者得到意想不到的成功与好运降临。"②中国传统幸福观的主流是崇尚必然性的"福"而贬抑偶然性的"幸",这一点尤其体现在儒家德性幸福观之中。然而,在中国人的世俗日常生活中,"幸"也并非完全消极的。"福"的前提是避免"不幸","求福"以"避祸"为基础,为了避免生活中似乎无法避免的意外,中国人的精神意识和行动策略中往往通过一系列的行为方式想尽各种办法将其变得可控,从而避免不幸,这些方法包含祭祀先祖、祷告神灵以及反省端正自己的行为等,如佛教幸福观中的"善报"和"恶报"联系着"幸"与"不幸"。"因而,对中国社会来说,好生活首先意味着尽可能地避免意外之'不幸'的发生,避免的方式包含着两个维度:对神灵的敬畏与对自身行为的自律。……'幸'的获得就会导致'福'的回报,这种'福'也可以归结为消极意义上的'福',通俗来说,一个人不会被意外降灾,生活在个人的行为与确定性的回报之中,何尝不是一种'福'的体现。"③由此可见,消极意义上的"幸"与积极意义上的"福"共同构成了中国式"幸福"观。

中国传统幸福观最典型地体现于"五福"观念之中,从根本上影响着中国人对好生活的看法。据有关学者考证,"据《尚书·洪范》记载,在西周,周武王拜访商纣王的叔父箕子时,箕子谈到,鲧用土堵水,扰乱了五行,治理天

---

① 谭笑:《崇尚"福"而警惕"幸":先秦儒家幸福观小论》,《江海学刊》,2020年第3期。
② 赵浩:《中国社会中的"幸"与"福"及其"德福一致"信念》,《伦理学研究》,2015年第3期。
③ 赵浩:《中国社会中的"幸"与"福"及其"德福一致"信念》,《伦理学研究》,2015年第3期。

下的常理遭到破坏,鲧被诛杀。禹继起,振兴大业,天帝给禹传授了'洪范九章',禹按此常理治理天下,出现了井然有序的局面。'洪范九章'的最后一章为'五福',即'一曰寿,二曰富,三曰康宁,四曰攸好德,五曰考终命'。按唐人孔颖达的解释,'五福者,谓人蒙福佑有五事也'"①。由此可见,"五福"是指人的幸福的五个要素,它不是意指五种"福",而是"福"的五个构成部分,体现了人们应当追求的人生价值目标和好生活的实际存在样态。在中华民族的传统幸福观念中,"福"之首是"寿",这充分体现于中国自古以来延续至今的"祝寿"观念和活动之中,追求"命不夭折而且寿数绵长"深刻影响了中国人的幸福观念,因而敬老养老变成中华民族自古以来的传统美德,各种思想流派也纷纷开出了能够长寿的"药方"。"富"是构成幸福的第二个要素,这里的"富"是指具有一定量的物质财富,并且常常与"贵"连在一起,称为"富贵"。在中国儒家、道家、佛家等思想中,"富贵"往往不是十分受到重视,但也并不否认其基础性的地位,如作为主流思想的儒家学派认为,追求富贵是人的自然欲望,但是其必须受到"德""义"的约束,"君子爱财,取之有道""不义而富且贵,于我如浮云"等,这与亚里士多德的以"德性"规划作为"外在善"的财富具有相通之处。"康宁"构成幸福的第三个要素,意指身体的健康和心灵的宁静两个方面的统一,即身心健康(这与伊壁鸠鲁哲学"身体无痛苦,灵魂无纷扰"的幸福观相似),同时也包含社会的健康,如无战祸,安定有序等。"攸好德"是幸福的第四个要素,其含义是指具有好的德性,同时通过加强个人的修养,不断使得德性完善,从而提升人生之境界。"德"作为幸福的构成要素在儒家学派那里得到了极端化的发展,正如前述,儒家把作为获得幸福途径的"德"改视为福本身,"颜之乐"便是明证,由此观之,"德福悖论"在儒家那里并不存在,从儒家对德福关系的处理方式可以清晰地看到儒家的人文特质②。"考终命"中的"考"是"老"的意思,其意指"老而得善终"。日常生活中,我们往往把高龄老人在无病痛中安然离世称为"福",蕴含着人生"善始善终"的价值取向。从"寿""富""康宁""德""考终命"的简要解析中,我们可以看到,它表达了人的一生中生活的多个方面的好状态,"兼顾了人一生纵向和横向或历史和共时两个维度,涵盖了人的生理和心理、物

---

① 江畅、宋进斗:《中国传统"五福"幸福观考论》,《湖北大学学报(哲学社会科学版)》,2018年第2期。
② 杨泽波:《从德福关系看儒家的人文特质》,《中国社会科学》,2010年第4期。

质生活和精神生活、代内和代际等各个方面。它是一种完整的幸福观,是一幅'好生活'的立体图景"①。中国传统"五福"幸福观是中华民族具有典型意义的特有价值追求,充分反映中华民族对美好幸福生活的热情向往和期待,也表征了"中国人"对于好的生活的总体把握和宏观认知,非常"接地气",民族性特征鲜明。正如习近平总书记在谈到新时代美好生活的内涵时指出的那样,我们的人民期盼生活变得更好,期盼房子更宽敞一些,期盼孩子的教育更好一些,期盼创业的机会更多一些,期盼……,这是对中华民族传统幸福观的务实朴素底色的创造性转化和创新性发展的生动表现。

"五福"幸福观是中国传统幸福观的核心要义,此外还包含其他充满生活智慧的幸福认知。儒家从其具有人文特质的学说出发,提出了"福者,备也"的命题,"贤者之祭也,必受其福。非世所谓福也,福者,备也,备者,百顺之名也。无所不顺者谓之备,言内尽于己而外顺于道也。忠臣以事其君,孝子以事其亲,其本一也。上则顺于鬼神,外则顺于君长,内则以孝于亲,如此之谓备。唯贤者能备,能备然后能祭。是故贤者之祭也,致其诚信与其忠敬,奉之以物,道之以礼,安之以乐,参之以时,明荐之而已矣,不求其为"②。这里的"福"虽然还和祭祀相关,但其已不是祭祀后鬼神的赐福,而是因为贤者完备地遵守("顺")内外规范,对上顺鬼神,对内孝亲,对外忠君。这里虽然表达了儒家的理论特征,但其也说明了"幸福的完备百顺的性质"。中国传统幸福观在指出什么是"福"的同时,也指出了什么是"祸"。"传统的'五福'是与'六极'相对立的。《尚书·洪范》在指出'五福'的同时,指出了'六极':一曰凶、短、折('遇凶而横夭性命也'),二曰疾('常抱疾病'),三曰忧('常多忧愁'),四曰贫('困之于财'),五曰恶('貌状丑陋'),六曰弱('志力尫劣也')。"③道家以朴素的辩证法表达了"福"与"祸"之间的辩证转化关系,"祸兮福之所倚,福兮祸之所伏",告诫人们求福以避祸为前提,但在"福"时不要忘记其可能向"祸"转化,因而要促进"祸"向"福"转化,竭力防范和避免"福"向"祸"的逆转。佛教的因果报应说以及心性向善为人们提升人生道德境界具有一定意义。这也是中国传统文化的重要内容之一,即是福是祸由

---

① 江畅、宋进斗:《中国传统"五福"幸福观考论》,《湖北大学学报(哲学社会科学版)》,2018年第2期。
② 孙希旦:《礼记集解》,北京:中华书局,1989年版,第1236页。
③ 江畅、宋进斗:《中国传统"五福"幸福观考论》,《湖北大学学报(哲学社会科学版)》,2018年第2期。

善恶所导致,"为善者致福,为恶者致极"。在求福的道路问题上,中国传统幸福观尤其强调祸福取决于个人自己,"永言配命,自求多福",正如习近平总书记指出的,"幸福都是奋斗出来的"。此外,"知足常乐""吃亏是福"体现了中国传统幸福观的豁达和智慧。在小农经济占主导地位的传统社会还认为"多子多福",这与中国文化特别重视家庭有关,"没有任何文化像中国文化这样,把家庭生活当作思考的出发点","家庭生活决定了人的最基本的生存状态"①。中国人的幸福观念之中,家庭这一伦理性实体与幸福之间具有本源性的关系,离开了家庭伦理实体中的幸福,很难说人是幸福的,这与西方主流原子化个人主义幸福观具有根本性的差异,具有鲜明的中国文化的伦理型特质。

中国传统幸福观是一种作为生活的整体美好的幸福观,尽管其思想流派众多,但其是一种完整的幸福观体系,系统回答了"什么是幸福""怎样达到幸福""谁之幸福"等幸福观的基本问题,共同构成了"中国人"特有的幸福观念,深刻地影响着中国人的生存方式。"福者,备也","自求多福","五福",幸福在于开启智慧,向内修为而不是向外一味地占有索取等幸福思想仍然具有重要的时代价值,它对于当今社会幸福观问题上的偏差具有导向纠偏意义。新时代中国特色社会主义语境中的新时代马克思主义幸福观的建构必须充分吸收中国传统幸福观中的合理成分,这是历史唯物主义的基本态度。同时,也秉持历史唯物主义的基本精神,构建新时代中国特色社会主义语境下的新时代马克思主义幸福观同样需要客观地承认中国传统幸福观的历史局限,如幸福主体和幸福立场上的个体化乃至精英化,通向幸福之路的主观化,忽视幸福所需的客观社会条件,看待幸福出发点的抽象人性论和历史唯心主义方法论等。正如有学者指出的,"中国古人主张的'五福'以及'德者备也'和'自求多福'等幸福观念……值得沉醉于感性欲望满足的当代人类反思和借鉴。但是,我们也应该清醒地意识到,中国古代的幸福观毕竟产生于几千年前的封建宗法时代,不可避免地会具有其历史局限性,其中也会包含某些消极落后的东西。例如,只重视长寿,而缺乏生活质量的视野;它只重视个人在道德人格上的不断完善,基本上忽视了个人在职业奋斗与幸福的关系这一重要维度,较少谈及职业上的成功对于幸福的重要意义;

---

① 吴飞:《论"过日子"》,《社会学研究》,2007年第6期。

它较多地着眼于个人的好生活本身考虑问题,而不太重视个人幸福所必需的社会环境和社会条件;它的践行产生了过分看重金钱、财富、功名、禄官的庸俗化倾向,等等。因此,即使是对于优秀的传统幸福观念也需要进行创造性转化和创新性发展"①。因此,在当前新时代中国特色社会主义语境下,我们必须继承和弘扬中国传统幸福观中的合理成分,绝不能简单地复古倒退,照抄照搬,正如毛主席所指出的,我们应该采取实事求是的科学态度,"向后看"不是留恋历史而是为了"向前看"。在马克思主义幸福原理的基本立场、观点和方法的指导下,根据新时代中国社会的具体实际、人类文明发展的总体性趋势,建构能够引领中国人民过上美好生活的新时代民族的、科学的、大众的马克思主义幸福观。在把马克思主义幸福观从"西方形式"转化为"中国形式"的同时,不断地将新时代中国特色社会主义幸福主题的"精神形态"转化为"现实形态",真正实现马克思主义和中国化马克思主义的最高价值追求:"人民的现实幸福"。

## 二、习近平新时代中国特色社会主义幸福观体系

"时代是思想之母,实践是理论之源",当经典的幸福命题遇上新的时代语境,其必然随着时代的变革和实践的发展而不断呈现新的样态。在历史唯物主义方法论的指导下,马克思主义幸福观的独特品格是其"现实性"特质,马克思主义经典作家从不空谈幸福,也绝不会以抽象的人性假设把幸福看作永恒的形而上范畴,而是把幸福看作一个历史的不断运动的范畴,不同的社会历史时期具有不同的幸福观。党的十八大以来,以习近平同志为核心的党中央审时度势,把握党和国家取得的历史性成就和发生的历史性变革,作出了符合社会发展实际的我国处于中国特色社会主义新时代的重大判断。在此基础上,以习近平同志为核心的党在治国理政的过程中,以实现人民的美好生活为奋斗目标,坚持以马克思主义幸福观为指导,坚持把马克思主义幸福观同中国具体实际相结合,坚持把马克思主义幸福观同中国传统幸福观相结合,创造性转化和创新性发展中国传统幸福观,同时积极继承和发展党成立以来百年"为人民谋幸福"的历史经验并积极借鉴人类文明有益成果,形成了习近平新时代中国特色社会主义幸福观。

---

① 江畅、宋进斗:《中国传统"五福"幸福观考论》,《湖北大学学报(哲学社会科学版)》,2018年第2期。

习近平新时代中国特色社会主义幸福观是习近平新时代中国特色社会主义思想的重要组成部分,是习近平新时代中国特色社会主义思想的价值追求,是贯穿习近平新时代中国特色社会主义思想的一条红线,形成了完整的新时代幸福观体系。习近平新时代中国特色社会主义幸福观以马克思主义幸福观的基本立场、观点和方法观察时代、把握时代、引领时代,科学回答了新时代语境下"谁之幸福""何谓幸福""何以幸福"等幸福观问题域的一系列基本问题,构成了崭新的、完整的、系统的幸福观体系结构,因而是马克思主义幸福观在新时代的创新和发展,是21世纪的马克思主义幸福观,是民族的、科学的、大众的新时代马克思主义幸福观。作为新时代"中国形态"的马克思主义幸福观,习近平新时代中国特色社会主义幸福观"以解决当今中国发展不平衡、不充分的问题为使命,以其他国家文明为借鉴、着眼于构建人类命运共同体的幸福观,它将幸福观以个人为指向转化为以人民为中心,将个人生活完善转化为人民生活美好,将注重修养转化为谋求发展,将天下情怀转化为人类情怀,充分体现了对中国传统幸福观的创造性转化和创新性发展,从而实现了从古典到当代、从理论到实践、从理想到现实的革命性转化与历史性跨越"[①]。这一幸福观既是马克思主义幸福原理的具体运用,又具有鲜明的中国特点,既具有中国作风、中国气质和中国精神,又具有人类情怀和世界视野,为世界人民的幸福提供了中国智慧和中国方案。

习近平新时代中国特色社会主义幸福观的根本立场是"以人民为中心"的人民立场,是一种新时代为"人民"谋幸福的幸福观,明确了新时代的幸福是"谁之幸福"。立场问题是具有根本性的问题,任何一种体系化的幸福观同样具有"谁之幸福"或者说幸福为了谁的根本立场问题。马克思、恩格斯在《共产党宣言》中公开地宣称,过去的运动是少数人的运动,是为少数人谋利益的,而共产主义运动则是大多数人的运动,是为绝大多数人谋利益的。习近平总书记在纪念马克思200周年诞辰大会上的讲话中深刻指出:"马克思主义是人民的理论,第一次创立了人民实现自身解放的思想体系。马克思主义博大精深,归根到底就是一句话,为人类求解放。在马克思之前,社会上占统治地位的理论都是为统治阶级服务的。马克思主义第一次站在人民的立场探求人类自由解放的道路,以科学的理论为最终建立一个没有压

---

① 王艳、李桂梅:《习近平幸福观的哲学意蕴与时代价值》,《湖南科技大学学报(社会科学版)》,2021年第4期。

迫、没有剥削、人人平等、人人自由的理想社会指明了方向。马克思主义之所以具有跨越国度、跨越时代的影响力，就是因为它植根人民之中，指明了依靠人民推动历史前进的人间正道。"①因此，人民立场是马克思主义幸福观的根本立场，马克思主义幸福观是为人民谋求幸福的理论。以马克思主义为指导思想的中国共产党一经成立就把为人民谋幸福作为自己的初心，并在革命、建设和改革的实践中践行这一初心。中国传统幸福观中也具有"治国有常，而利民为本"的民本的价值取向。在新的历史时代，立基于中国社会具体实际，根据马克思主义幸福观和中国共产党为人民谋幸福的理论和实践，同时创造性转化和创新性发展中国传统幸福观的民本立场，习近平新时代中国特色社会主义幸福观坚持"以人民为中心"的人民立场，尊重人民的主体地位，坚持谋求人民的幸福，为实现最广大人民群众的美好幸福生活而不懈努力。习近平总书记明确指出，人民立场是中国共产党的根本政治立场，是马克思主义政党区别于其他政党的显著标志。党与人民风雨同舟、生死与共，始终保持血肉联系，是党战胜一切困难和危险的根本保证，正所谓"得众则得国，失众则失国"。人民是历史的创造者、幸福的创造者，同样也应是幸福的享有者。习近平新时代中国特色社会主义幸福观既从总体上关照人民整体的幸福，为人民整体幸福提供社会条件，又从个体上关心每一个个人的幸福，一个都不能掉队。全面建成小康社会中的"全面"不仅指内容的全面性，更指主体的全面性。在实践中，党的全部工作就是在共建共享中保证人民不断增强获得感、安全感和幸福感，人民群众在什么方面感觉不幸福、不快乐、不满意，我们党就在哪个方面下功夫，正所谓"民之所好好之，民之所恶恶之"。新时代中国共产党的历史使命就是把人民对美好生活的向往作为自己的奋斗目标并使之成为生动的现实，中国共产党依靠人民的力量为幸福创造有利的社会条件，同时又在实践中把有利的社会条件服务于人民的幸福需求，正如国外研究中国问题的专家所指出的，"中国取得巨大成就的最核心'秘诀'就是作为执政党的中国共产党理解人民真正的需求"②。换言之，人民是党的存在之基、血脉之源、力量之本，人民就是江山，江山就是人民，共产党打江山、守江山，守的是人民的心。因此，人民美好生活需要的满足程度、人民幸福与否，是衡量党治国理政工作的评判标准，是

---

① 习近平：《在纪念马克思诞辰200周年大会上的讲话》，《人民日报》，2018-05-05(2)。
② 《瞩目中国道路 看好中国前景——外国人士热议中共十九大》，《人民日报》，2017-10-17。

党一切工作的出发点和落脚点,正如习近平总书记所指出的,"检验我们一切工作的成效,最终都要看人民是否真正得到了实惠,人民生活是否真正得到了改善,人民权益是否真正得到了保障"[①]。习近平新时代中国特色社会主义幸福观改变了历史上绝大多数以个人为本位的幸福观的价值立场,尤其对中国传统以个人为指向的幸福观进行了创造性转化和创新性发展,坚持"以人民为中心"的人民立场。由此可见,在新时代语境下,习近平新时代中国特色社会主义幸福观坚持历史唯物主义的基本立场,大力弘扬我们党全心全意为人民服务的根本宗旨,根据新时代、新情况、新特点把中国共产党为人民谋幸福的初心落到实处,这是马克思主义幸福观的新发展。

习近平新时代中国特色社会主义幸福观坚持以满足人民美好生活需要为根本导向,以共同富裕不断推进、生态全面改善、人的全面发展和人类共同幸福为基本内容,阐明了幸福的新时代内涵,明确了新时代的幸福是"何种幸福"。"立场问题是个根本问题,站在人民的立场与站在个人的立场,将会对什么是幸福问题作出不同的回答。立足点是个人的古典幸福观当然主要是考虑个人幸福,关心的是个人生活的各个方面,落脚点是个人生活的完善;立足点是人民的习近平幸福观所要考虑的问题就要复杂得多,它不仅关心人民中每一个体的幸福,个体的全面发展,而且要重视作为人民整体福祉实现的各方面条件。"[②]从幸福主体来说,习近平新时代中国特色社会主义幸福观当然关照每一个具体的中国人的幸福,但正如马克思主义幸福观的理论特质不是教导个人如何获得幸福,而是为每个人的自由而全面发展的幸福生活提供必要的社会条件一样,习近平新时代中国特色社会主义幸福观的重心是在新时代语境中为人民的普遍幸福生活提供经济的、政治的、文化的、社会的、生态的等各方面的社会条件。因此,习近平新时代中国特色社会主义幸福观的内涵要比中国传统幸福观更为丰富全面深刻。从形式上来说,中国传统幸福观的内涵总体上关注的是个人生活的完善化,涉及个人的物质生活、精神生活和道德生活等,儒家幸福观虽然从抽象的性善论出发把"五福"中的"攸好德"作了极端化的发展,构建了德性幸福观,但是儒家幸福观也并不否认遵循道义的物质生活的美好。习近平新时代中国特色社会主

---

[①] 习近平:《习近平谈治国理政》,北京:外文出版社,2014年版,第28页。
[②] 江畅、潘从义:《习近平幸福观对中国古典幸福观的弘扬与超越》,《武汉大学学报(哲学社会科学版)》,2018年第4期。

义幸福观对此进行了创造性转化和创新性发展,它充分认同幸福是人的各方面生活的美好,但又结合新时代中国特色社会主义的具体时代情况,提出新时代的美好幸福生活是物质生活、政治生活、精神生活、社会生活和生态生活的有机统一,是人与人、人与社会、人与自然之间关系的融洽和谐。正如习近平总书记所说,"我们的人民热爱生活,期盼有更好的教育、更稳定的工作、更满意的收入、更可靠的社会保障、更高水平的医疗卫生服务、更舒适的居住条件、更优美的环境,期盼孩子们能成长得更好、工作得更好、生活得更好"[①]。党的十九大报告更详细全面地将新时代人民更为广泛的美好幸福生活需要概括为物质文化生活的更高要求以及民主、法治、公平、正义、安全、环境等方面日益增长的需求。因而新时代人民幸福的内涵首先是全面的、丰富的、广泛的,是涉及人民生活的物质幸福、政治幸福、文化幸福、社会幸福和生态幸福辩证统一的整体的幸福,是新时代人民的总体美好的生存方式。值得强调指出的是,在新时代人民幸福的内涵中,"共同富裕"日益成为其重要的构成元素。在改革开放之初,邓小平同志创造性地提出让一部分人通过诚实劳动、合法经营先富起来,然后以先富带动后富,最终达到共同富裕的构想。经过改革开放四十余年的发展,尤其是全面建成小康社会以后,"共同富裕"成为亟须解决的问题,它直接关涉到社会主义的本质、社会主义优越性的发挥,关涉到人民的现实幸福。对此,以习近平同志为核心的党中央明确提出了新时代实现人民共同富裕的奋斗目标。"总体上看,人民美好生活就是共同富裕的生活,是'人的全面发展、社会全面进步'的生活,是人民有'获得感、幸福感、安全感'的生活,是人民在'富强民主文明和谐美丽的社会主义现代化强国'中生存发展的生活。"[②]习近平新时代中国特色社会主义幸福观内涵的本质就是在实现中华民族伟大复兴的同时,在社会全面进步,人民实现共同富裕,获得感、幸福感和安全感日益增强的基础上充分发挥个人的潜能,展示个人各方面的才能,实现人的全面发展。习近平新时代中国特色社会主义幸福观不仅谋求中国人民的幸福生活,而且继承和发展马克思主义幸福观为人类求解放幸福的价值追求,继承和弘扬中国传统幸福观"协和万邦"的天下情怀,致力于建构人类命运共同体。中国

---

① 习近平:《习近平谈治国理政》,北京:外文出版社,2014年版,第4页。
② 江畅、潘从义:《习近平幸福观对中国古典幸福观的弘扬与超越》,《武汉大学学报(哲学社会科学版)》,2018年第4期。

共产党不仅是为中国人民谋幸福的政党,也是为世界人民谋幸福的政党,在"百年未有之大变局"的时代语境中,中国共产党积极推进全球治理体系的变革,着力构建"持久和平、普遍安全、共同繁荣、开放包容和清洁美丽"的新世界。"习近平总书记在弘扬中华民族热爱和平、协和万邦文化传统的基础上,根据当代世界新情况对中国发展与世界和平关系的深刻阐述,以及他提出的构建人类命运共同体、建设'一带一路'等倡议,充分体现了习近平总书记的世界眼光、人类情怀,以及作为大国领导人的站位高度和对世界和平与人类幸福的责任担当。"[①]由此可见,习近平新时代中国特色社会主义幸福观是全面的、开放的幸福观,在新时代语境下极大地丰富了幸福的内涵,全面、丰富、立体地阐释了新时代人民幸福的现实意蕴。

习近平新时代中国特色社会主义幸福观坚持和发展党的基本路线,深刻指明了新时代人民幸福的实践路径,明确了新时代人民"何以幸福"的幸福之路。完整全面的幸福观体系不仅包含"谁之幸福"即幸福主体、"何谓幸福"即幸福内涵,而且要包含"何以幸福"即幸福之路,谋划通往幸福之路是任何一种幸福观都不能回避的问题。历史上种种幸福观体系从不同维度提出了如何获得幸福的方法,有的希望通过德性的修养获得精神的幸福,有的希望通过哲学思辨和道德实践获得自我完善化的幸福,有的希望通过改变自己的内心和看问题的角度获得宁静的心灵自由的幸福,有的希望通过信仰上帝等超感性实体获得彼岸世界的幸福,有的希望通过毫无差别的人类之爱获得利己和利他相和谐的幸福等等,种种幸福观体系由于脱离了活生生的社会实践,缺乏历史唯物主义的方法论,其通往幸福之路往往沦为空洞的抽象和幻想的乌托邦。习近平新时代中国特色社会主义幸福观继承和发展马克思主义幸福观的实践品格,创造性转化和创新性发展中国传统幸福观关注德性修养的致福之路,在新时代语境中进一步坚持和发展中国共产党百年为人民谋幸福的实践经验,提出了切实可行的实现新时代人民美好生活的"幸福方案"。

在十九大报告中,习近平总书记在阐明中国特色社会主义进入新时代的内涵后强调指出,"全党要牢牢把握社会主义初级阶段这个基本国情,牢牢立足社会主义初级阶段这个最大实际,牢牢坚持党的基本路线这个党和

---

① 江畅:《论习近平幸福观》,《思想理论教育》,2018 年第 1 期。

国家的生命线、人民的幸福线,领导和团结全国各族人民,以经济建设为中心,坚持四项基本原则,坚持改革开放,自力更生,艰苦创业,为把我国建设成为富强民主文明和谐美丽的社会主义现代化强国而奋斗"[①]。党的基本路线是党和国家的"生命线"、人民的"幸福线",科学地阐明了实现人民幸福的具体道路,在中国特色社会主义进入新时代的语境下,必须继续坚持和不断发展党的基本路线,从而保证新时代人民的幸福美好生活从理想转化为现实。

首先,实现新时代人民的幸福美好生活,必须坚持中国共产党的领导,发挥中国共产党的"政党引领"作用。中国共产党是在近代以后中国社会的剧烈运动中,在中国人民反抗封建统治和外来侵略的激烈斗争中,在马克思列宁主义同中国工人运动的结合过程中"应运而生"的,中国共产党一经成立就把"为人民谋幸福"作为自己的初心,从此中国人民谋求幸福的斗争就有了"主心骨",从而从精神上由被动转为主动,完成了其他政治力量无法完成的历史任务。在"站起来""富起来"到"强起来"的历史发展过程中,不管是处于顺境还是逆境,中国共产党始终是保障人民幸福的核心力量,这是从历史逻辑、理论逻辑和实践逻辑中得出的必然结论,是中国共产党百年奋斗的首要历史经验。在新时代语境下,习近平总书记强调指出,党的领导是中国特色社会主义的最本质的特征,是中国特色社会主义制度的最大的优势。正如革命时期中国共产党能够完成其他政治力量无法完成的历史任务,从而为中国人民的幸福提供政治前提和制度基础一样,新时代中国共产党定能不辱使命,为新时代人民的幸福美好生活保驾护航。

其次,实现新时代人民的幸福美好生活,必须坚持中国特色社会主义道路。道路决定方向,方向决定命运,道路问题是带有根本性的问题。在庆祝中国共产党成立100周年大会上的讲话中,习近平总书记指出,"走自己的路,是党的全部理论和实践立足点,更是党百年奋斗得出的历史结论"[②]。从"走俄国人的路"到创建"农村包围城市"的革命道路,从"以苏为鉴"到"走自己的路,建设有中国特色的社会主义"的建设道路,中国人民从来都是从实际出发,实事求是地独立自主地思考自己的幸福之路。以马克思主义基本

---

① 习近平:《决胜全面建成小康社会 夺取新时代中国特色社会主义伟大胜利》,北京:人民出版社,2017年版,第10-11页。
② 习近平:《在庆祝中国共产党成立100周年大会上的讲话》,北京:人民出版社,2021年版,第13页。

原理为指导,奠基于五千余年中华民族优秀传统文化、百年党的伟大实践的中国特色社会主义道路不是"简单延续我国历史文化的母版",不是"简单套用马克思主义经典作家设想的模板",不是"其他国家社会主义实践的再版",也不是"国外现代化发展的翻版",而是符合中国实际的社会主义"新版"。实践证明并将继续证明只有不断坚持和发展中国特色社会主义,持续回答好"新时代坚持和发展什么样的中国特色社会主义、怎样坚持和发展中国特色社会主义"的时代之问,才能够实现新时代人民的幸福美好生活。正如邓小平同志在改革开放过程中持续强调资本主义道路不能改善绝大部分人的生活一样,在新时代语境下,只有中国特色社会主义道路而不是其他什么道路才是正确的通往幸福之路。"中国特色社会主义道路是实现社会主义现代化的必由之路,是指引中国人民创造自己美好生活的必由之路。"①

再次,实现新时代人民的幸福美好生活,必须立足新发展阶段,贯彻新发展理念,构建新发展格局。从历史上看,中国传统幸福观特别强调个人的修身养性,德性修为是获得幸福的主要途径,尽管道德实践不能带来世俗的功利幸福,传统幸福观却认为其能达到道德幸福。然而,"个人身心修养是获得幸福的主观条件,但仅此并不能从根本上解决幸福问题。从社会的角度看,创造全体社会成员过上更加美好生活所需要的各种社会条件才是解决该社会幸福问题的具有决定性意义的前提和保障"②。在保障新时代人民的幸福的各种社会条件中,最基础的社会条件是社会生产力发展水平的不断提升,没有社会生产力发展水平的提高,通往幸福的道路必然是空想的和虚幻的,这是历史唯物主义方法论视野下马克思主义幸福观的基本要义。因此,实现人民的幸福,必须以经济建设为中心,把发展放在第一位,社会主义首要的任务就是大力发展生产力,比资本主义生产力发展得更快一些,这也是社会主义优越性的重要体现。习近平总书记深刻指出,发展是破解各种难题、实现人民幸福的关键,我们党领导人民治国理政,很重要的一个方面就是要回答好,实现什么样的发展、怎样实现发展这个重大问题。从"发展才是硬道理",发展是党执政兴国的第一要务到科学发展,我们党根据不同的实际情况制定了具有针对性的发展战略。在新的发展阶段,发展得不

---

① 习近平:《习近平谈治国理政》,北京:外文出版社,2017年版,第51页。
② 江畅、潘从义:《习近平幸福观对中国古典幸福观的弘扬与超越》,《武汉大学学报(哲学社会科学版)》,2018年第4期。

平衡、不充分问题已经成为制约人民美好生活需要满足的主要因素,这是发展中的新的"中国问题"。对此,以习近平同志为核心的党中央立足新的发展阶段,对发展理念和思路作出了重大调整,提出了"创新、协调、绿色、开放、共享"的新发展理念,回答了发展的目的、动力、方式、路径等一系列重大的理论和实践问题。值得强调指出的是,"这五大发展相互贯通、相互促进,是具有内在联系的集合体,要统一贯彻,不能顾此失彼,也不能相互替代。哪一个发展贯彻不到位,发展进程都会受到影响"①。五大新发展理念的每一个理念都与新时代人民美好生活幸福主题息息相关,人民的幸福是贯穿五大新发展理念整体的核心价值线索。因此,要实现新时代人民的幸福美好生活,必须立足新发展阶段,贯彻新发展理念,构建新发展格局,在新发展观基础上,统筹推进"五位一体"总体布局和协调推进"四个全面"战略布局。

最后,实现新时代人民的幸福美好生活,必须坚持新时代奋斗幸福观。新时代幸福美好生活的蓝图已经绘就,然而,幸福美好的生活不是从天上掉下来的,不是别人或者其他什么异己力量恩赐的,更不是自然而然就能够实现的,要规避幸福美好生活的蓝图沦为纸上谈兵的"理想国""乌托邦"的危险,其中介和桥梁只能是团结一致艰苦努力的奋斗。党的十八大以来,习近平总书记在讲话、演讲、新年贺词等多个场合深入浅出地发表关于幸福的系列重要论述,逐渐形成系统的、完整的、独特的新时代奋斗幸福观。习近平总书记以朴实无华的语言反复强调指出,新时代是奋斗者的时代,劳动是幸福的源泉,"世界上没有坐享其成的好事,要幸福就要奋斗","人世间的一切幸福都需要靠辛勤的劳动来创造","奋斗本身就是幸福",奋斗者是最懂得幸福也是最懂得享受幸福的人,"创造全体人民更加美好的生活,任重而道远,需要我们每个人继续付出辛勤劳动和艰苦努力"②。新时代人民的幸福美好生活的实现靠的不是坐而论道而是实干,"我们要坚持把人民对美好生活的向往作为我们的奋斗目标,始终为人民不懈奋斗、同人民一起奋斗",这是习近平新时代中国特色社会主义幸福观的伦理要求,是一种积极的、高尚的、科学的幸福观。新时代奋斗幸福观是马克思主义实践观、劳动幸福观的中国式表达和时代表达,是马克思主义幸福观的实践维度在新时代语境中的新的发展和新的表述。实践底蕴是新时代奋斗幸福观的底色。"'幸福都

---

① 习近平:《习近平谈治国理政》(第2卷),北京:外文出版社,2017年版,第51页。
② 习近平:《习近平谈治国理政》,北京:外文出版社,2014年版,第41页。

是奋斗出来的。'这是唯物史观关于劳动实践创造幸福的精粹阐明。唯物史观认为,劳动实践创造了人类生活的一切,人民幸福是人民自己劳动实践的结果。实践性是马克思幸福观的基本特征。它蕴含于两个方面:一是劳动实践是人民实现、获得幸福的基本方式与途径;二是自由自觉的活动是人民幸福的重要内容和本质要求。"①众所周知,马克思、恩格斯在批判旧唯物主义片面强调人的自然感性和唯心主义片面强调人的精神能动性的过程中,明确了实践第一性原则,把人理解为"感性活动",从而创立了历史唯物主义。因此,在马克思主义看来,现实的感性活动是人的根本性特征,人的感性实践活动、创造性劳动是社会进步和人的发展的根本动力,人的自由而全面发展的幸福图景的实现需要人的感性活动的持续展开,因此哲学的使命就不是以不同的方式"解释世界",而是"改变世界"。新时代奋斗幸福观不仅继承了马克思主义幸福观的实践精神,而且以"奋斗"概念对马克思主义的实践、劳动、创造等概念进行了语言转化,以"中国人"能够理解、听得懂的方式表达了历史唯物主义的哲学道理。同时"奋斗"一词"除了反映人的普遍主体性和创造性、实践性外,更意味着特殊环境和条件下创造性活动的艰巨性与紧迫性,更能体现人的主观能动性和发奋进取性"②。新时代奋斗幸福观的具体内涵可以从以下两个维度把握。一是从奋斗的结果来看,世上的幸福都是通过奋斗的方式来实现的,奋斗是实现幸福的根本途径和直接动力。从现实来看,不仅个人的幸福需要通过奋斗来实现,而且民族、国家、社会的幸福也要通过奋斗才能成真,因为幸福所需的各种社会条件需要奋斗才能被创造出来。中国共产党是为人民谋幸福的政党,是为最终实现共产主义理想幸福社会而奋斗的政党,纵观中国共产党的百年奋斗史,无论是为人民的现实幸福创造政治前提和制度基础,还是提供充满活力的体制机制条件,都是中国共产党带领中国人民以"为有牺牲多壮志,敢教日月换新天"的奋斗精神得来的,"奋斗与幸福的关系是重要的伦理问题之一,它不但涉及人生个体价值与意义、人的生活质量与幸福等根本性问题的解决,也事关社会发展、国家富强、民族复兴、人民幸福等前提性和动力性问题的探究"③。二是从奋斗的过程来看,"奋斗本身就是幸福",这是一种更高境界的

---

① 吴育林、吕培杰:《论马克思的人民幸福观》,《学术研究》,2019年第5期。
② 李建华:《奋斗幸福观的伦理意蕴》,《中国教育报》,2018-04-26(5)。
③ 李建华:《奋斗幸福观的伦理意蕴》,《中国教育报》,2018-04-26(5)。

幸福,实现了获得幸福的手段和目的的伦理性统一。奋斗是实现新时代人民幸福的基本方式和根本动力,在某种意义上是把奋斗当作一种工具性的价值存在,而"奋斗本身就是幸福"则把手段与目的有机统一起来了。"奋斗本身就是幸福"表达了马克思主义劳动幸福观中的劳动的自主性、积极性和创造性意涵,正如马克思在《1857—1858年经济学手稿》中批判斯密把不劳动的"安逸"看作幸福所指出的,"劳动尺度本身在这里是由外面提供的,是由必须达到的目的和为达到这个目的而必须由劳动来克服的那些障碍所提供的。但是克服这种障碍本身,就是自由的实现,而且进一步说,外在目的失掉了单纯外在自然必然性的外观,被看作个人自己提出的目的,因而被看作自我实现,主体的对象化,也就是实在的自由,——而这种自由见之于活动恰恰就是劳动"①。因此,幸福的根本是劳动的幸福,而不管这种劳动是多么的劳累、辛苦和紧张,当然,这需要一定的历史条件。奋斗就是幸福本身实现了幸福与奋斗的过程同一性和时空同步性,表达了马克思主义幸福观的幸福真谛。

　　古人说,"天下事以难而废者十之一,以惰而废者十之九","苦难""不幸"之所以是文学诗歌等艺术形式永恒不变的主题,不是因为"苦难""不幸"本身,而是因为人在直面"苦难""不幸"时所展现的百折不挠、不懈努力的奋斗精神和伟大的人性光辉。经历"苦难辉煌"的中华民族和中国人民,只要在中国共产党领导下,抛弃一切脱离实际的空谈幻想和贪图安逸享受的慵懒,始终发扬新时代伟大奋斗精神,新时代人民的幸福美好生活之宏伟目标就一定能够实现!

---

① 《马克思恩格斯全集》(第30卷),北京:人民出版社,1995年版,第615页。

# 参 考 文 献

（一）主要参考著作

[1] 马克思恩格斯全集:第 1 卷[M].北京:人民出版社,1995.
[2] 马克思恩格斯全集:第 2 卷[M].北京:人民出版社,2005.
[3] 马克思恩格斯全集:第 3 卷[M].北京:人民出版社,2002.
[4] 马克思恩格斯全集:第 10 卷[M].北京:人民出版社,1998.
[5] 马克思恩格斯全集:第 11 卷[M].北京:人民出版社,1995.
[6] 马克思恩格斯全集:第 12 卷[M].北京:人民出版社,1998.
[7] 马克思恩格斯全集:第 13 卷[M].北京:人民出版社,1998.
[8] 马克思恩格斯全集:第 14 卷[M].北京:人民出版社,2013.
[9] 马克思恩格斯全集:第 16 卷[M].北京:人民出版社,2007.
[10] 马克思恩格斯全集:第 19 卷[M].北京:人民出版社,2006.
[11] 马克思恩格斯全集:第 21 卷[M].北京:人民出版社,2003.
[12] 马克思恩格斯全集:第 25 卷[M].北京:人民出版社,2001.
[13] 马克思恩格斯全集:第 30 卷[M].北京:人民出版社,1995.
[14] 马克思恩格斯全集:第 31 卷[M].北京:人民出版社,1998.
[15] 马克思恩格斯全集:第 32 卷[M].北京:人民出版社,1998.
[16] 马克思恩格斯全集:第 33 卷[M].北京:人民出版社,2004.
[17] 马克思恩格斯全集:第 34 卷[M].北京:人民出版社,2008.
[18] 马克思恩格斯全集:第 36 卷[M].北京:人民出版社,2015.
[19] 马克思恩格斯全集:第 44 卷[M].北京:人民出版社,2001.
[20] 马克思恩格斯全集:第 45 卷[M].北京:人民出版社,2003.
[21] 马克思恩格斯全集:第 46 卷[M].北京:人民出版社,2003.
[22] 马克思恩格斯全集:第 47 卷[M].北京:人民出版社,2004.
[23] 马克思恩格斯全集:第 50 卷[M].北京:人民出版社,2022.
[24] 马克思恩格斯文集:第 1 卷[M].北京:人民出版社,2009.

[25] 马克思恩格斯文集:第 2 卷[M].北京:人民出版社,2009.
[26] 马克思恩格斯文集:第 3 卷[M].北京:人民出版社,2009.
[27] 马克思恩格斯文集:第 4 卷[M].北京:人民出版社,2009.
[28] 马克思恩格斯文集:第 5 卷[M].北京:人民出版社,2009.
[29] 马克思恩格斯文集:第 6 卷[M].北京:人民出版社,2009.
[30] 马克思恩格斯文集:第 7 卷[M].北京:人民出版社,2009.
[31] 马克思恩格斯文集:第 8 卷[M].北京:人民出版社,2009.
[32] 马克思恩格斯文集:第 9 卷[M].北京:人民出版社,2009.
[33] 马克思恩格斯文集:第 10 卷[M].北京:人民出版社,2009.
[34] 马克思恩格斯选集:第 1 卷[M].北京:人民出版社,2012.
[35] 马克思恩格斯选集:第 2 卷[M].北京:人民出版社,2012.
[36] 马克思恩格斯选集:第 3 卷[M].北京:人民出版社,2012.
[37] 马克思恩格斯选集:第 4 卷[M].北京:人民出版社,2012.
[38] 毛泽东选集:第 1 卷[M].北京:人民出版社,1991.
[39] 毛泽东选集:第 2 卷[M].北京:人民出版社,1991.
[40] 毛泽东选集:第 3 卷[M].北京:人民出版社,1991.
[41] 毛泽东选集:第 4 卷[M].北京:人民出版社,1991.
[42] 邓小平文选:第 1 卷[M].北京:人民出版社,1989.
[43] 邓小平文选:第 2 卷[M].北京:人民出版社,1994.
[44] 邓小平文选:第 3 卷[M].北京:人民出版社,1993.
[45] 习近平谈治国理政:第 1 卷[M].再版.北京:外文出版社,2018.
[46] 习近平谈治国理政:第 2 卷[M].北京:外文出版社,2017.
[47] 习近平谈治国理政:第 3 卷[M].北京:外文出版社,2020.
[48] 柏拉图.理想国[M].郭斌和,张竹明,译.北京:商务印书馆,1986.
[49] 亚里士多德.尼各马可伦理学[M].廖申白,译.北京:商务印书馆,2003.
[50] 亚里士多德.政治学[M].吴寿彭,译.北京:商务印书馆,2013.
[51] 伊壁鸠鲁,卢克来修.自然与快乐:伊壁鸠鲁的哲学[M].包利民,刘玉鹏,王纬纬,译.北京:中国社会科学出版社,2004.
[52] 塞涅卡.论幸福生活[M].覃学岚,译.南京:译林出版社,2015.
[53] 塞涅卡.强者的温柔:塞涅卡伦理文选[M].包利民,李春树,华林江,等译.北京:中国社会科学出版社,2017.

[54] 卢梭.论人类不平等的起源和基础[M].李常山,译.北京:商务印书馆,1962.

[55] 卢梭.社会契约论[M].何兆武,译.3版.北京:商务印书馆,1980.

[56] 卢梭.论政治经济学[M].王运成,译.北京:商务印书馆,1962.

[57] 康德.纯粹理性批判[M].邓晓芒,译.北京:人民出版社,2004.

[58] 康德.实践理性批判[M].韩水法,译.北京:商务印书馆,1999.

[59] 康德.判断力批判[M].韦卓民,译.北京:商务印书馆,1964.

[60] 康德.道德形而上学原理[M].苗力田,译.上海:上海人民出版社,2018.

[61] 康德.历史理性批判文集[M].何兆武,译.北京:商务印书馆,1990.

[62] 霍布斯.利维坦[M].黎思复,黎廷弼,译.北京:商务印书馆,1985.

[63] 边沁.道德与立法原理导论[M].时殷弘,译.北京:商务印书馆,2000.

[64] 莫尔.乌托邦[M].戴镏龄,译.2版.北京:商务印书馆,1982.

[65] 格雷.人类幸福论[M].张草纫,译.北京:商务印书馆,1970.

[66] 汤普逊.最能促进人类幸福的财富分配原理的研究[M].何慕李,译.北京:商务印书馆,1986.

[67] 斯密.道德情操论[M].蒋自强,沈凯璋,译.北京:商务印书馆,1997.

[68] 斯密.国民财富的性质和原因的研究[M].郭大力,王亚南,译.北京:商务印书馆,1974.

[69] 黑格尔.法哲学原理[M].范扬,张企泰,译.北京:商务印书馆,1961.

[70] 费尔巴哈.费尔巴哈哲学著作选集[M].北京:生活·读书·新知三联书店,1959.

[71] 鲍吾刚.中国人的幸福观[M].严蓓雯,韩雪临,吴德祖,译.北京:商务印书馆,1961.

[72] 卢卡奇.历史与阶级意识:关于马克思主义辩证法的研究[M].杜章智,任立,燕宏远,译.北京:商务印书馆,2009.

[73] 鲍德里亚.消费社会[M].刘成富,金志钢,译.4版.南京:南京大学出版社,2014.

[74] 列斐伏尔.日常生活批判:全3卷[M].叶齐茂,倪晓辉,译.北京:社会科学文献出版社,2018.

[75] 马尔库塞.单向度的人:发达工业社会意识形态研究[M].刘继,译.

11版.上海:上海译文出版社,2014.

[76] 马尔库塞.爱欲与文明[M].黄勇,薛民,译.上海:上海译文出版社,2005.

[77] 阿多尔诺.否定的辩证法[M].张峰,译.重庆:重庆出版社,1993.

[78] 哈贝马斯.交往行为理论:行为合理性与社会合理化[M].曹卫东,译.上海:上海人民出版社,2004.

[79] 布洛赫.希望的原理:第一卷[M].梦海,译.上海:上海译文出版社,2012.

[80] 安德森.西方马克思主义探讨[M].高铦,文贯中,魏章玲,译.北京:人民出版社,1981.

[81] 奥康纳.自然的理由:生态学马克思主义研究[M].唐正东,译.南京:南京大学出版社,2003.

[82] 弗洛姆.占有还是存在[M].李穆,等译.2版.北京:世界图书出版公司,2015.

[83] 弗洛姆.健全的社会[M].孙恺祥,译.上海:上海译文出版社,2011.

[84] 柯亨.自我所有、自由和平等[M].李朝晖,译.北京:东方出版社,2008.

[85] 孙英.幸福论[M].北京:人民出版社,2004.

[86] 张盾.马克思的六个经典问题[M].北京:中国社会科学出版社,2009.

[87] 贺来.有尊严的幸福生活何以可能[M].北京:中国社会科学出版社,2013.

[88] 颜军.马克思幸福思想研究[M].北京:中国社会科学出版社,2019.

[89] 于晓权.马克思幸福观的哲学意蕴[M].长春:吉林大学出版社,2008.

[90] 高延春.马克思幸福论[M].北京:科学出版社,2015.

[91] 李荣梅.《资本论》和《英国工人阶级状况》之幸福思想探究[M].北京:中国时代经济出版社,2016.

[92] 罗建文,周建华.民生幸福:中国特色社会主义的价值追求[M].北京:中国人民大学出版社,2017.

[93] 赵汀阳.论可能生活:一种关于幸福和公正的理论[M].北京:中国人民大学出版社,2004.

(二)主要参考论文

[1] 江德兴,庄立峰.马克思的"人是目的"思想与民生幸福[J].东南大学学

报(哲学社会科学版),2012(4):5-9.

[2] 阎孟伟.对幸福内涵的道德哲学理解[J].道德与文明,2021(2):46-53.

[3] 谭笑.崇尚"福"而警惕"幸":先秦儒家幸福观小论[J].江海学刊,2020(3):171-177.

[4] 包利民,徐建芬.时代巨变之际的希腊幸福论之争[J].伦理学研究,2014(6):45-52.

[5] 吴荣."幸福"概念的马克思主义诠释:兼论"劳动幸福"的哲学基础[J].宁夏社会科学,2021(5):37-45.

[6] 谢青松.中国传统幸福观的三个精神向度[J].云南师范大学学报(哲学社会科学版),2021(5):139-145.

[7] 曾长秋,邱荷.论马克思大学时代的幸福观[J].湖南师范大学社会科学学报,2013(1):42-49.

[8] 李荣梅,陈湘舸.论马克思主义的幸福本质与幸福构建[J].马克思主义研究,2012(1):104-113.

[9] 黄学胜.现代性生活体验与人民的现实幸福:兼论《共产党宣言》的当代意义[J].中共天津市委党校学报,2015(6):24-31.

[10] 马妮.边沁功利主义幸福观刍议[J].天津社会科学,2016(6):65-69.

[11] 卢永欣.费尔巴哈幸福观探析[J].广西大学学报(哲学社会科学版),2017(3):1-5.

[12] 雷勇.费尔巴哈在何种意义上肯定了人的社会性?——对费尔巴哈人本主义的一个重要问题的重新审视[J].世界哲学,2012(5):79-87.

[13] 张荣.奥古斯丁的基督教幸福观辨正[J].哲学研究,2003(5):76-82.

[14] 符海平.论费尔巴哈幸福观与宗教批判的内在关联[J].南京航空航天大学学报(社会科学版),2011(3):22-26.

[15] 杨鲜兰,程亚勤.论马克思对宗教信仰的超越[J].江汉论坛,2020(4):63-68.

[16] 王洪波,严松.超越理性主义的形式自由何以可能:马克思自由观的现代阐释[J].哲学动态,2021(6):17-26.

[17] 贺来.哲学是人幸福生活的仆人[J].吉林大学社会科学学报,2012(4):20-26.

[18] 颜军."占有"抑或"存在":马克思对幸福主体生存样态的澄明[J].天府新论,2018(1):26-32.

[19] 颜军.历史唯物主义:马克思幸福思想的理论出场[J].江苏大学学报(社会科学版),2020(2):1-11.

[20] 颜军.马克思幸福思想斗争意涵的生成理路及其价值旨归[J].天津师范大学学报(社会科学版),2020(1):36-41.

[21] 颜军.马克思幸福社会图景的异化批判逻辑及其价值意蕴[J].东岳论丛,2017(11):47-52.

[22] 牛小侠,汪卫东.论马克思"幸福生活"的内涵、实现路径及意义[J].学术界,2021(11):15-24.

[23] 杨楹.马克思哲学的最高价值诉求:"人民的现实幸福"[J].哲学研究,2012(2):9-12.

[24] 杨楹.马克思幸福论的特质[J].道德与文明,2013(5):25-29.

[25] 王燕.论马克思"否定的幸福观"及其实践智慧:以亚当·沙夫的幸福方法论为视角[J].南京师大学报(社会科学版),2015(2):12-19.

[26] 王燕."幸福"的两种研究方法:兼评亚当·沙夫的幸福方法论[J].道德与文明,2015(5):150-155.

[27] 王燕.马克思"战斗的人道主义"思想的优越性:评亚当·沙夫"马克思战斗的人道主义观"[J].道德与文明,2019(2):103-110.

[28] 郗戈.《资本论》中的亚里士多德:家政与资本主义[J].教学与研究,2014(9):28-35.

[29] 种海峰.马克思的幸福理论及其当代价值[J].马克思主义研究,2012(11):101-110.

[30] 王峰明."一个活生生的矛盾":马克思论资本的文明面及其悖论[J].天津社会科学,2010(6):11-20.

[31] 陈培永.物的哲学、资本逻辑与共产主义的新解[J].广东社会科学,2016(2):66-72.

[32] 陈江生,张滔.习近平关于"新时代"思想初探[J].马克思主义与现实,2018(2):1-6.

[33] 王伟光.唯物史观大的"历史时代"与习近平新时代中国特色社会主义思想[J].马克思主义研究,2019(1):5-12.

[34] 辛向阳.深刻把握新时代的丰富内涵和伟大意义[J].马克思主义研究,2019(7):26-31.

[35] 吴晓明."小康中国"的历史方位与历史意义[J].中国社会科学,2020(12):25-39.

[36] 吴晓明.世界历史与中国道路的百年探索[J].中国社会科学,2021(6):30-48.

[37] 项久雨.论美好生活的马克思主义逻辑[J].马克思主义研究,2020(7):5-14.

[38] 项久雨.美好社会:现代中国社会的历史展开与演化图景[J].中国社会科学,2020(6):4-25.

[39] 江畅,宋进斗.中国传统"五福"幸福观考论[J].湖北大学学报(哲学社会科学版),2018(2):1-9.

[40] 江畅,潘丛义.习近平幸福观对中国古典幸福观的弘扬与超越[J].武汉大学学报(哲学社会科学版),2018(4):5-12.

[41] 江畅.论习近平幸福观[J].思想理论教育,2018(1):10-18.

[42] 吴育林,吕培杰.论马克思的人民幸福观[J].学术研究,2019(5):30-36.

[43] 马妮,刘静涵.马克思实践哲学的幸福观变革[J].东北师大学报(哲学社会科学版),2019(3):91-96.

[44] 陈万球.马克思和亚里士多德幸福观比较[J].伦理学研究,2015(5):29-33.

[45] 罗晓颖.宁静? 抑或自由?:试析伊壁鸠鲁幸福观及其对马克思的影响[J].现代哲学,2011(6):25-28.

[46] 聂锦芳.何为幸福:"从哲学上进行思考":马克思早期文献《伊壁鸠鲁哲学》解读[J].马克思主义与现实,2016(1):26-35.

[47] 蒲德祥.幸福社会何以可能:斯密幸福学说诠释[J].哲学研究,2014(11):86-92.

[48] 蒲德祥,张雯.幸福哲学的范式修正:亚里士多德与马克思[J].浙江社会科学,2022(4):112-118.

[49] 孔祥润.从希腊哲学的"幸福"概念看马克思幸福观的现实性[J].东岳论丛,2013(10):138-141.

[50] 张曦.马克思会接受亚里士多德式的道德实在论吗？[J].马克思主义与现实,2016(4):86-93.

[51] 李进书,吴金娥.西方马克思主义的幸福观[J].河北大学学报(哲学社会科学版),2015(4):34-39.

[52] 陈学明.西方马克思主义对人的存在方式的研究[J].中国社会科学,2018(4):24-41.

[53] 陈曙光.文化精神与马克思主义的生存逻辑:理解"两个结合"的另一个视角[J].天津社会科学,2022(1):11-16.

(三) 外文文献

[1] White N P. A brief history of happiness[M]. Oxford:Blackwell Publishing,2006.

[2] Schaff A. Marxism and the human individual[M]. New York:McGraw-Hill,1970.

[3] Schaff A. A philosophy of man[M]. London:Lawrence & Wishart,1963.

[4] Nussbaum M C. The therapy of desire:theory and practice in hellenistic ethics[M]. New Jersey:Princeton University Press,1994.